Sartori

Wiesengrund

Ralf Sartori

WIESENGRUND

Über innere und äußere Gärten

Mit Malereien von
Chao-Hsiu Chen und
Veronica von Degenfeld

ATLANTIS

ATLANTIS wird herausgegeben von Hans Christian Meiser.

Bildnachweis:
S. 17, S. 69, S. 153, S. 181, S. 201, S. 221: Chao-Hsiu Chen
S. 51, S. 135, S. 171, S. 191, S. 211, S. 239: Veronica von Degenfeld

Die Deutsche Bibliothek – CIP-Einheitsaufnahme
Sartori, Ralf:
Wiesengrund : über innere und äußere Gärten / Ralf Sartori. –
Kreuzlingen ; München : Hugendubel, 2001
(Atlantis)
ISBN 3-7205-2175-3

Umschlaggestaltung: Zembsch' Werkstatt, München
Das Wiesengrund-Emblem wurde gestaltet von Roland Glesmann
Produktion: Maximiliane Seidl
Satz: Impressum, München
Druck und Bindung: Huber, Dießen
Printed in Germany

ISBN 3-7205-2175-3

Inhalt

Geleitwort

In der brandenburgischen Landeshauptstadt Potsdam haben Gärten und Gartenkunst eine lange Tradition. In fast 300-jährigem Wirken entstand ein Gesamtkunstwerk, das in weiten Teilen seit 1991 zum Weltkulturerbe zählt und unter dem Schutz der UNESCO steht.

Ausgehend von der idyllischen Naturlandschaft an der Havel und der Vision eines märkischen Arkadiens entstand in Potsdam eine einzigartige Kulturlandschaft, die die natürliche Schönheit ausgewählter Orte künstlerisch gestaltet und inszeniert.

Der Einfluß von Gärten und Natur auf die Seele des Menschen hat in Potsdam immer wieder sichtbare Zeichen gesetzt. Friedrich der Große z.B. erstritt gegen halb Europa Preußens Großmachtstellung, in seinem weltweit bekannten Park jedoch wurde er zum feinsinnigen Kunstsammler und Gartenfreund – zum König sans souci.

Im Jahr 2001 nun setzt Potsdam erneut auf den Verschönerungsgedanken berühmter Landschaftsgärtner wie Peter Josef Lenné. Mit der Bundesgartenschau 2001 wurden Parks, Plätze und Gärten in der ganzen Stadt neu angelegt oder aufgewertet und in die Perlenkette der historischen Kulturlandschaft eingereiht. Moderne Interpretationen ergänzen somit das Landschaftsbild gemäß dem Motto der Bundesgartenschau 2001: »Gartenkunst zwischen gestern und morgen.«

Das vorliegende Buch gibt erfrischende und belebende Denkanstöße und regt an zu neuen Erfahrungen in der sinnlichen Wahrnehmung von Gärten und Natur.

Zusammen mit diesem Buch lade ich Sie ein, sich auf eine Reise zu Ihren inneren und äußeren Gärten zu begeben. Ergänzen Sie dieses Erlebnis durch einen Besuch in Potsdam und lassen Sie sich von seiner Welt der Gartenträume verzaubern.

Potsdam, Januar 2001

Matthias Platzeck
Oberbürgermeister der
Landeshauptstadt Potsdam

Einige Gedanken auf dem Weg

Vorweg einige Gedanken auf dem Weg, meinem eigenen:

Der Weg ist zwar das Ziel,
wer aber kein Ziel hat, hat auch keinen Weg.

Wer noch nicht auf seinem Weg ist, ihn aber ahnt und sich darauf zubewegt, ist schon auf dem Weg zu seinem Ziel.

Viele Wege führen zum Ziel, manche entfernen uns aber auch davon. Wer das Ziel erreichen will, muß *seinen* Weg finden und auch bereit sein, ihn bis zu Ende zu gehen.
Von jedem Weg nur ein wenig zu kosten, und sobald man dabei auf Widerstände stößt, ihn wieder gegen einen anderen auszuwechseln, hält uns zwar in Bewegung, bringt uns aber dem Ziel nicht näher.

Dem Weg zu folgen, ist nicht immer ein Vergnügen, doch wenn wir an ihm unser Potential verwirklichen, werden wir uns selbst wirklich. Dadurch regen wir im Inneren eine Quelle an, aus der uns Freude und Lebenskraft zufließen, die uns nährt.

Der Welt die eigenen Ideale aufzudrängen, führt zu nichts.
Die Welt wird ihren Weg gehen, wie wir den unseren.
Stimmen Ideal und äußere Wirklichkeit nicht überein,
spricht das noch lange nicht gegen das Ideal.

Prolog

Damit sich unsere Seele öffnen kann, bedarf es eines natürlichen und menschengerechten Umfeldes. Es bedarf eines Ortes mit Seele, mit Seele und Geist. Diese Orte werden aber in unserer grauen Zweck- und Funktionswelt immer seltener.

Jedes Leben möchte sein *eigenes* Wesen entfalten, möchte sich ausgestalten, blühen, sich verströmen *und* in Beziehung treten, also auch *vernetzen.* Je höher entwickelt es ist, desto mehr ächzt es unter dem eingeborenen Drang, die eigene Individualität hinauszugebären, Stück um Stück, wie ein alleinstehender Baum im Gebirge, der seine Wurzeln in den felsigen Untergrund treibt und seine einzigartige Krone gegen die Stürme behauptet. Es läßt sich keinen Zwecken unterordnen – und schon gar nicht, wenn wir vom inneren –, unserem seelischen Leben ausgehen. Es verschließt sich einer ihm nicht gemäßen, von außen übergestülpten Ordnung. Und falls die Seele in der Außenwelt keine Resonanz mehr findet, zieht sie sich immer weiter zurück. Das kann so weit gehen, daß Teile ihres Wesens ganz aus unserem bewußten Blickfeld verschwinden, wenn sie immer weniger findet, womit sie in Verbindung treten kann und zu dem sie eine Affinität aufbauen möchte. Häßlichkeit erträgt sie nicht. Und häßlich ist alles, was kalt, kühl, versachlicht, unbeseelt ist und nicht zu ihr spricht, also im weitesten Sinne lebensfeindlich ist. Sie flüchtet sich womöglich in selbst erschaffene innere Welten, während sie sich nicht selten im Schleier der Melancholie verstrickt, oder noch schlimmer, in Destruktivität abgleitet. Sicherlich war es zu keiner Zeit so wichtig und entscheidend für das Überleben, auch und gerade im Äußeren Inseln und Oasen zu erschaffen, in denen sich unsere Seele wieder spürt, sich ihrer selbst erinnert, weil sie sich im Außen wiederfinden und sich so erneut öffnen und entfalten kann. So vieles liegt brach bei ganzen Generationen, die ohne Natur aufgewachsen sind, geprägt von der Schein- und Ersatzwelt der Medien, welche uns nur ein flaches und leicht konsumierbares Zerrbild des Lebens vor Augen halten. Da mag es nicht verwundern, wenn die Abhängigkeit von den Suchtmitteln der Konsumwelt an sich, die uns den eigentlichen Hunger unserer Seelen kurzfristig vergessen machen, dafür aber eine trostlose innere Leere hinterlassen, weiter zunimmt. So sind wir einer heillos wuchernden Unterhaltungs-Industrie ausgesetzt, die von uns genährt sein möchte, um den Preis, unsere Stille zu töten, unsere Kreise zu stören und unsere Lebenszeit zu vereinnahmen. Doch ist das nicht gerade das Kostbarste, das wir besitzen? Wozu synthetische Erlebniswelten? *Warum beginnen wir nicht endlich wieder, selbst zu leben? Wecken wir unsere Seelen aus dem Gefrierschlaf unserer Zeit. Muten wir ihnen den Schrecken zu, aufzuwachen, sich klar zu werden, welche Wüste wir um uns herum geschaffen haben. Legen wir wieder blühende Gärten an, innen und außen, im großen wie im kleinen. Dann können wir auf wildwuchernde Ersatzwelten verzichten.* Die Frage nach Gestaltung berührt das Thema der Kreativität im allgemeinen. Ich persönlich glaube nicht, daß man Kreativität durch Ratgeberbücher *erwecken* kann. Dafür lassen sich keine simpel gestrickten Rezepte anbieten. Daher enthält dieses Buch auch nur selten explizit formulierte Verhaltensregeln. Wer kann sich außerdem anmaßen, einem anderen Menschen einen Rat zu geben, ohne ihn persönlich gut zu kennen? Verantwortlich für das eigene Leben ist und bleibt schließlich jeder selbst. Dieses Buch will vielmehr bestimmte Blickwinkel aufzeigen, den Leser, die Leserin auf einen Spaziergang mitnehmen, mit Bildern berühren, Funken überspringen lassen, zum *Tanzen* einladen, will der Schwester, dem Bruder ein komplizenhaftes Augenzwinkern *zufliegen* lassen, die Fenster aufreißen und Frühlingsluft beschwören. Denn mehr, glaube ich, kann man nicht tun. Etwaige Anregungen und Vorschläge werde ich daher weder aus den gedanklichen, noch dem stilistischen Gewebe der Essays herausheben und in keinem Fall Regeln formulieren. *Denn auch dieses Buch ist ein kleiner Garten – Teil meines Lebens- und Seelengartens – und kein Exerzierfeld.* Und es tritt durchaus nicht ohne künstlerische Ambition auf. Aber vor allem soll das Buch Mut machen, *die eigene innere Stimme freizulegen.* Ich kann Ihnen wirklich nicht sagen, wie sie Ihren Garten anlegen sollen. *Niemand kann das.* Und Sie selbst werden es nur herausfinden, wenn das Verlangen nach *Ihrem* Garten stark genug ist, wenn Sie sich von ganzem Herzen auf die Suche begeben und auf das Abenteuer der Kreativität einlassen. Erste und wichtigste Voraussetzung dafür ist, die Angst vor Fehlern, die Angst, etwas falsch zu machen, die Angst, vom allgemeinen Weg abzuweichen, zu überwinden. Denn der allgemeine Weg ist naturgemäß *der Weg der Masse, die keinen Weg hat.*

Die handwerkliche Seite ist natürlich nicht zu vernachlässigen. Bücher dazu gibt es jedoch schon mehr als genug. Und auch in diesen Anleitungen weichen die Meinungen nicht selten voneinander ab. Letztendlich bleibt es uns nicht erspart, durch wiederholtes Ausprobieren selbst herauszufinden, was, wann und in welcher Weise zu tun ist und so unser Gespür und unsere Wahrnehmung für die Natur zu vertiefen. Vergessen wir auch nicht, die alten Leute zu fragen. Manche haben in *ihren Gärten Schätze* bewahrt, die wir nicht in Büchern finden. Doch lassen Sie sich von niemandem einreden, wie sie ihren Garten anlegen sollen. Dafür gibt es weder eine Vorgabe noch ein Ratgeber-Buch. Ich schlage vor: Schreiben Sie dieses Buch selbst, auf der Grundlage des Austausches zwischen *ihren* Eingebungen und *ihren* Erfahrungen bei deren Umsetzung.

Gärten anzulegen, weist ohnehin Parallelen zum Schreiben von Büchern auf. Man ist dabei allein mit seinen Gedanken und Gefühlen, versenkt in die eigene Innenwelt. Schreiben wir Bücher, so bringen wir Blumen hervor, aus unserem inneren Garten, bereits bekannte – und auch andere, die wir vielleicht selbst gerade erst entdeckt haben und entdecken, um daraus *einen Strauß zu binden,* den wir verschenken wollen. Und sicherlich sind einige Blumen darunter, deren Geheimnisse unserem Auge auch weiterhin verborgen bleiben werden, welche nur der aufmerksam Lesende entdecken wird. Wir möchten unser Inneres darbringen und zeigen, wer wir sind. Das ist eine Stufe in der eigenen *Kristallisation.* So können wir das Bild, das wir aus uns heraus entwerfen, auch durch die Augen anderer sehen und prüfen. Wie wir uns zeigen, so wird man uns begegnen. Das stößt Dialoge an – auch in uns, mit uns selbst.

Legen wir einen äußeren Garten an, beginnen wir ein neues Buch, in dem etwas Großes unentwegt seine Handschrift neben die unsere setzt, wobei sich beide Linien immer mehr zu einer einzigen Kalligraphie verbinden können. Schreiben wir ein Buch, geschieht günstigstenfalls dasselbe.

Einen Garten anzulegen bedeutet, ein Vielerlei zu einem harmonischen Ganzen zu verbinden. Im Garten wirken die Kräfte der Natur. Das macht ihn zu einem großen Buch der Weisheit. Er lehrt uns zu schauen und schauend zu begreifen.

Öffnen wir uns der Schönheit der Natur, so wird der Garten, solange wir ihn gestalten oder schauend mit ihm im Austausch stehen, zum Gärtner unseres inneren Gartens. Während wir ihn hingebungsvoll formen, wird er unser Inneres gestalten.

Geben wir ihm durch unsere Arbeit die Inspiration zurück, die wir von ihm fortwährend empfangen, wird er für uns zu einem Weisheitsbuch, in dem wir täglich eine neue Seite aufschlagen. Dabei wird der Garten teilhaben und mitschreiben am Buch unseres Lebens.

Manche Menschen haben einen festen Plan, von dem sie nur ungern abweichen. Die Gestaltung folgt ihrer Vorgabe. So werden oft auch Bücher geschrieben. Zuerst ist da das *Konzept,* dann kommt die Gliederung. Die vorgegebene Struktur ist wie ein Skelett, welches das fertige Lebewesen schon vorwegnimmt. Der Inhalt braucht nur noch *eingefüllt, die Knochen mit Fleisch bemäntelt werden.*

Wieder andere *pflücken* ihre *Eingebungen* wie verlorene Kinder. Sie setzen einzelne Inseln, die sie erst einmal, eine jede für sich, ausgestalten. Die Inseln wachsen nach den Eigengesetzlichkeiten ihres Werdens im Austausch mit dem, der sie ersinnt. Der Gärtner wählt, verändert, gruppiert, löst auf und setzt neu zusammen. Schließlich werden Beziehungen zwischen den Inseln geknüpft. Eine Gesamt-Struktur entsteht und verändert sich, wirkt im Verlauf des Werdens auf ihre Teile zurück, bis über den Weg zahlloser Umwandlungen am Ende ein in sich stimmiger Organismus steht.

So kann man Gärten anlegen oder auch Bücher schreiben. Ich selbst bevorzuge den mittleren Weg zwischen vorangestelltem Entwurf und der Offenheit, während des Arbeitsprozesses immer wieder neue Inspiration zu empfangen und in diesen noch einfließen zu lassen.

Es gibt ein arabisches Sprichwort, das lautet: »Ein Buch ist ein Garten, den man in die Tasche stecken kann.« Gerne möchte ich die Leserin und den Leser nun einladen, mir in *meinen* Garten zu folgen.

Pieve di Tremosine, Lago di Garda, April 2000 RALF SARTORI

Schöpfung und Mythos

Kosmischer Garten – Menschliche Gärten

Eine Grundannahme dieses Buches ist, daß der Mensch einst aus der ursprünglichen Einheit mit seinem Schöpfer in die Vielheit der von Polarität bestimmten Stoffwelt gefallen ist und nun die Reise zu seinem Ursprung antreten muß. Diese Reise führt ihn seiner eigenen Individuation und ihrer letztendlichen Überschreitung zum *Kosmischen DU* entgegen. Es ist keine Reise zurück, sondern eine Reise voran. Darauf spielt auch Heinrich von Kleist in seinen Betrachtungen »*Über das Marionettentheater*« an, wenn er bemerkt, »(wir) *müßten (...) wieder von dem Baum der Erkenntnis essen, um in den Stand der Unschuld zurückzufallen*«. Doch sei dies das letzte Kapitel der Welt. Das Paradies sei verriegelt und der Cherub hinter uns. Wir müßten die Reise *um* die Welt machen, und sehen, ob es vielleicht von hinten wieder geöffnet ist. Dieser Grundgedanke vom verlorenen Paradies, das es wiederzuerlangen gilt, durchzieht das ganze Buch, weshalb im ersten Kapitel davon auch ausgiebig die Rede sein wird. Es geht darin um Schöpfung und Mythos, den sogenannten Sündenfall und die unauslöschliche Sehnsucht des Menschen nach einem Paradiesgarten. Diese Sehnsucht ist es, die in uns die allegorische Gestalt des Gärtners erstehen läßt, Sinnbild eines weisen und kreativen Umgangs mit der Schöpfung und dem eigenen Leben, der uns einerseits ermöglicht, Gartenparadiese zu erschaffen, und anderseits, unseren Seelengarten und Lebensgarten zur Blüte, zur Vollendung zu bringen, und damit die Rückbindung zum *Künstlergeist des Kosmischen Gartens* zu erwirken. Die Figur des Gärtners wird uns durch dieses Buch also in zweierlei Hinsicht begleiten, zum einen als allegorischer Seelenführer, als Träger eines Ideals, als personifizierte Metapher für einen Menschen, der sich während seiner Lebensreise wieder bewußt, einer tiefen und verbindlichen inneren Entscheidung folgend, auf seinen göttlichen Ursprung zubewegt, zum anderen als ganz *handfeste* Manifestation eines Gärtners im konkreten und tätigen Umgang mit der

Natur. Beide Ebenen, die konkrete wie auch die symbolische, stehen miteinander im Einklang. Denn die Natur, besser noch die Stimme, die aus dieser Schöpfung zu uns flüstert, ist unser Lehrer. Jener Figur des Gärtners wird auf den kommenden Seiten immer wieder die Figur des Spaziergängers zur Seite gestellt, die Gestalt eines müßiggängerischen Wanderers, der in aristokratischer Weise seine beiden Hände frei hat und sich so *unbeschwert* treiben lassen kann. *Spaziergänger und Gärtner sind wie zwei Fächer derselben Schule, der Weisheitsschule der Natur, von welcher dieses Buch handelt.*

Gefangen im Labyrinth der Welt

Warum und seit wann gibt es die Welt? Wer hat sie gemacht und was war vorher? Wer bin ich; und wer sind die anderen? Warum bin ich ich und nicht jemand anders? Warum sind wir da und woher kommen wir? Was ist mit denen, die nicht sind, und was passiert mit uns, die wir sind, wenn wir sterben? Was liegt außerhalb des Universums und wer hat Gott erschaffen, fragt das Kind und steht schwindelnd am Abgrund seines Denkens. Das Kind fragt wieder und wieder, berauscht vom eigenen Fragen, von den letzten Fragen des Menschen, die auch seine ersten sind. Denn solange es fragt, spürt es den Anhauch des Geheimnisses. Und wir Erwachsene, die wir eher dazu neigen, uns an der Illusion der *eigenen* Bedeutsamkeit zu berauschen, bauen uns lieber eine Festung aus vermeintlichen Antworten vor dem Ansturm des LEBENS, da wir Tod und Wandlung fürchten. Auch das Kind fürchtet sich, während es noch auf zufriedenstellende Antworten hofft, welche die Erwachsenen schuldig bleiben. Doch es sieht so aus, als müßten wir diese Spannung tragen, solange wir nicht wieder zu unserem *Urgrund* zurückgekehrt sind, Kinder wie Erwachsene; denn im Angesicht des Lebens sind wir alle Kinder – Kinder, die in die Welt der Gegensätze und des Wandels gefallen sind und vergeblich Halt an etwas Festem und Unwandelbarem suchen. Sind wir letztendlich in dieser Welt nichts anderes als umherwirbelnde Blätter, *losgerissen vom Baum des Lebens* und *vorangepeitscht vom Sturm in unseren Herzen?*

So mag es nicht weiter verwundern, daß es oft die umfriedeten und geschützten Gärten sind, die uns zum Verweilen einladen und uns der Quelle des Lebens, die auch unsere eigene ist, wieder näher bringen. Es gibt dort keine *streunenden Hunde* und im gedämpften Lärm der Straße tut sich auch deren Distanz zu uns in wohltuender Weise kund. Nach biblischer Überlieferung begann unsere Reise ebenfalls in einem Garten, einem Garten, den wir vor langer Zeit verlassen mußten. Und auch im modernen Leben sind die Gärten und Parks immer noch, oder gerade wieder, die Orte, die sich auf unserer Pilgerreise durch das Leben als Inseln stiller Einkehr darbieten. Sind sie nicht wahre Oasen in den Beton-Wüsten unserer Großstädte?

Der Gärtner als Liebender und Künstler

Von einem vollendeten Gärtner namens *Lao Tse* stammt der Ausspruch, daß der SINN die Eins erzeugt, und die Eins erzeuge die Zwei. Die Zwei wiederum erzeuge die Drei. Und die Drei erzeuge alle Dinge. »*Alle Dinge haben im Rücken das Dunkle und streben nach Licht.*« Spricht Lao Tse hier von der Ureinheit, die in die Polarität zerfällt und mit *etwas Drittem* die unendliche Vielfalt der Daseinsformen hervorbringt? In jedem Fall weist er auf die Richtung des LEBENS innerhalb der Schöpfung hin. Und diese Richtung zielt auf Rückkehr zum göttlichen Ursprung. Das ist auch der Schlüssel, durch den sich der Gärtner im Einklang mit seinem Gegenstand befindet. Er ist Schüler, Liebender und Lernender. Er ist Dichter, Poet und Verehrender. Er ist ein großer Schweigender. Er lauscht auf die Melodie seines Herzens, das durch das Herz des LEBENS und die Natur erst in Schwingung versetzt wird. Er ist ein Maler, Architekt und Bildhauer, der *seine Geliebte,* die Mutter aller Schönheit, hinter den tausendfältig leuchtenden Schleiern der Natur fühlt und weiß und ihre Herrlichkeit in seinen Gärten zu verewigen wünscht.

Der Garten Eden

In *Platons* klassischem Meisterdialog, dem *Symposium,* begegnen wir dem Mythos vom *androgynen,* zweigeschlechtlichen Wesen. *Aristophanes,* der Dichter, führt darin aus, daß wir Menschen aufgrund eines Urfrevels gegen die Götter in eine weibliche und männliche Hälfte geteilt wurden. Denn der Hochmut über unsere Vollkommenheit habe uns aufbegehren lassen. Um uns nicht zu zerstören, sondern nur zu schwächen und der Vollkommenheit zu berauben, kam *Zeus* auf den Gedanken, uns in zwei Hälften zu zerschneiden. *»Jeder ist deshalb nur das Halbstück eines Menschen.«* Deshalb sucht ein jeder das ihm entsprechende Gegenstück. *Der Eros war geboren.*

In vielen Überlieferungen findet sich der Mythos eines vorweltlichen Paradieses. Und in den volkstümlichen Sagen mutiert das Paradies immer wieder zum Schlaraffenland. Jenes, so wird erzählt, sei ein Ort, an dem es keine Bedrängnis durch die materielle Welt gäbe. Alle Wünsche würden dort gedankenschnell erfüllt.

In der Bibel lesen wir, daß Gott den Menschen nach seinem Ebenbild erschaffen habe. Im biblischen Garten Eden begegnet uns dieser Mensch, wie schon bei Platon, als Wesen, das geschlechtlich noch nicht geteilt ist. Anders aber als bei Platon, nämlich damit der Mensch nicht allein sei, stellte Gott ihm nach vollzogener geschlechtlicher Teilung seine andere Hälfte als Gefährtin gegenüber. Er schuf sie aus seiner Rippe. Auch hier begegnen wir, ebenso wie bei Platon, der Überlieferung einer körperlichen Teilung. Doch war Adam bereits ein Mann, bevor es Eva gab? Mir scheint die Behauptung, daß der Mann zuerst da war und aus ihm die Frau hervorgegangen sei, gewagt, da erst durch Eva, die Frau, Adam zum Mann wird. Haben wir es in der christlichen Überlieferung auch bei Adam mit einem beidgeschlechtlichen, androgynen Wesen zu tun? Dialektisch gedacht – ja. Denn erst mit Eva tritt die Polarität der Geschlechter ins menschliche Leben. Damit scheint der Eintritt des Menschen in die polare, von Gegensätzen bestimmte Stoffwelt vollzogen zu sein. Seitdem läßt ihn, den einen mehr, den anderen weniger, eine unbestimmte Unruhe und ein Gefühl des Ungenügens am endlichen Sein, nicht zur Ruhe kommen, solange, bis er die ursprüngliche Vollkommenheit wiedererlangt hat.

Der Sturz in die Materie

Wird die Teilung bei Platon als Folge eines Frevels der Menschen gegen die Götter beschrieben, ist in der Bibel *an dieser Stelle* noch nicht von Frevel die Rede. Erst der sogenannte Sündenfall, aufgrund der sinnlichen Anziehung, scheint den Menschen nach biblischer Auffassung vollends in die dunkle Stoffwelt zu stürzen. Er wird aus dem Paradies vertrieben und, nach buddhistischer und hinduistischer Auffassung, auf das *Rad der Wiederkehr* gebunden. Fortan unterliegt er den Gesetzen von Raum, Zeit und Materie. Er hat vergessen, daß er Geist ist, hervorgegangen aus Geist. Er identifiziert sich mit seinem vergänglichen Leben und seinem sterblichen Körper, ist dazu verurteilt wieder und wieder die Bühne der Welt zu betreten, die Wünsche seines Herzens zu erfüllen und zu ernten, was er gesät hat. Der Mensch, seinem Ursprung nach männlich und weiblich zugleich, verfiel der *Täuschung.* Dabei kam nach biblischer Sicht der sinnlichen Lust, verkörpert durch die *Verführungskraft der Schlange,* die auch die *Kundalinienergie,* die sexuelle Energie, symbolisiert, eine Schlüsselrolle zu? So schien der Mensch schon bei seinem Eintritt in die Welt im polaren Spannungsfeld der Kräfte zu stehen, sein Bewußtsein allein den Sinnen und dem Körper zuzuwenden oder es in die geistige Welt zu richten, das Gesetz zu achten oder es zu brechen und durch die Erfahrung der Konsequenz zu Wissen und Erkenntnis zu gelangen.

Bei beiden Schöpfungsmythen scheint jedoch ein Abfallen vom göttlichen Willen durch den Gebrauch des menschlichen Willens die Ursache für den Abstieg in die Materie und den Verlust der Ureinheit auszumachen.

War es die menschliche Bestimmung, die eigene Herkunft nahezu zu vergessen und ganz in die dunkle Stoffwelt hinabzusteigen, um in deren Dunkelheit das Leuchten der eigenen Geistflamme wieder zu entdecken, *als Kind des kosmischen Geistes mündig zu werden, die eigenen schöpferischen Kräfte zu wecken und zu befreien, sich mit der Quelle wieder in Einklang zu bringen und das göttliche Erbe anzutreten?* In jedem Fall müssen wir heute unsere Vollkommenheit den Widerständen dieser materiellen Welt, mit Blick auf unseren wahren Ursprung, wieder abringen. Die *dunkle Welt* stellt unsere Geist-Natur am härtesten auf die Probe. Sie fordert ihre Wiederentdeckung und Entfaltung, in der Bedrängnis von allen Seiten durch die materielle Sphäre, geradezu heraus. In der östlichen Philosophie wird die materielle Welt als *Maja* (Dunkelheit) bezeichnet, weil sie ein Erfassen des geistigen Lichtes verhindert. *Sri Yukteswar,* der Meister *Yoganandas,* von dem an späterer Stelle noch die Rede sein wird, sagt, daß die materiellen Atome, die *Avidiya* (Unwissenheit) genannt werden, in ihrer Gesamtheit den Menschen auch über sein eigenes Selbst in Unwissenheit lassen. Er zitiert die Bibel, wo es heißt: *»Und das Licht scheint in der Finsternis, und die Finsternis hat's nicht begriffen.« »Er kam in sein Eigentum; und die Seinen nahmen ihn nicht auf.« (Joh. 1,5; 1,11.)*

Dieses geistige Licht ist es, das in unterschiedlichem Grad in der Natur und in allem Leben waltet, so auch in Garten und Gärtner. Eine Herausforderung für den Gärtner ist, soweit er es vermag, diesem Licht eine individuell künstlerische Ausdrucksform zu schaffen, es in seiner Weise zur Geltung zu bringen und dabei auch immer mehr mit diesem Licht in sich selbst in Kontakt zu gelangen. *Dieses Licht ist die gemeinsame ›Wurzel‹ von Garten und Gärtner; es ist das Licht seines inneren und seines äußeren Gartens. Goethe* läßt Mephisto, die Stimme des Egos, über dieses Licht Folgendes sagen: *»Ich bin ein Teil des Teils, der anfangs alles war / Ein Teil der Finsternis, die sich das Licht gebar, / Das stolze Licht, das nun der Mutter Nacht / Den alten Rang, den Raum ihr streitig macht, / Und doch gelingt's ihm nicht, da es, soviel es strebt, / Verhaftet an den Körpern klebt. / Von Körpern strömt's, die Körper macht es schön, / Ein Körper hemmt's auf seinem Gange; / So, hoff ich, dauert es nicht lange, / Und mit den Körpern wird's zugrunde gehn.«* Alles was ist, verströmt dieses Licht. Ist es das, was die Welt im Innersten zusammenhält? Vom libanesischen Dichter *Khalil Gibran* stammt der Ausspruch, daß wir nur leben, um Schönheit zu entdecken. Ist Schönheit identisch mit dem Ausdruck dieses Lichtes in der unendlichen Mannigfaltigkeit allen Seins? Diese Erde ist eine harte Schule für alles Leben. Jede Lebensform muß sich dauernd gegen den Ansturm feindlicher Umstände und konkurrierenden Lebens behaupten. Die Zeiten, in denen wir unsere Tage in einem geschützten Garten verbracht haben, sind vorbei. Vergeblich scheinen vor dem Hintergrund dieses kosmischen Dramas die Versuche der modernen Wissenschaften, uns gegen die Unbilden der Natur zu behaupten, sie zu beherrschen und zu domestizieren. Vielmehr entfernen sie den Menschen noch weiter aus seinen harmonischen Lebenszusammenhängen und zerstören die Gleichgewichte der Natur. Die Wissenschaften, die von einer rein naturalistischen Auffassung ausgehen, vermögen unsere Fesseln, die uns an die materielle Welt binden, nicht zu lösen. Zu sehr sind sie bis heute selbst in materialistischer Blindheit gefangen, um eine wirkliche Synthese mit der Kunst und den Religionen eingehen zu können, die im menschlichen Geiste nach einer höheren Einheit streben. Die Wissenschaften hingegen zerstückeln das Reich der Natur immer mehr. Und viele Forscher bewachen eifersüchtig ihr Gebiet vor Eindringlingen aus anderen *Revieren.* Dabei scheint uns doch gerade auch ein Universalist und Künstler wie *Goethe,* der sich ebenso die Naturwissenschaften als Betätigungsfeld erschlossen hatte, vor Augen zu führen, wie wenig ein wahrhaft kreativer und suchender Geist vor den künstlichen Grenzen verschiedener Disziplinen, sowie den Grenzen zwischen den Künsten, den Wissenschaften und spiritueller Lehren, Halt macht.

Wille zum Einklang oder Wille zur Macht

Für den Philosophen *Friedrich Nietzsche* gehörte Ausbeutung *»(...) nicht einer verderbten oder unvollkommenen und primitiven Gesellschaft an«.* Für ihn gehört sie *»(...) ins Wesen* (allen) *Lebendigen, als organische Grundfunktion«.* Für ihn ist Leben folglich *»der Wille zur Macht«.* Diese *Ethik des Fressens und Gefressenwerdens* scheint in der Tat ein Naturprinzip zu sein.

Aus der modernen Physik wissen wir aber, daß es neben jener Wirklichkeitsdimension, in der die allgemein bekannten Naturgesetze gelten, welche über die fünf Sinne erfahrbar sind, noch eine andere gibt, in der diese Gesetze keine Gültigkeit mehr besitzen, sondern davon verschiedene, eine Realitätsebene, in der die uns geläufigen Regeln sogar auf den Kopf gestellt werden. Verhält es sich aber mit dem Leben nicht ebenso? Müssen wir nicht unterscheiden lernen zwischen natürlichem Leben und geistigem Leben, zumal wenn wir beide zu einer Einheit führen wollen? Von Nietzsche stammt auch das Bild des Menschen als *»Seil über einen Abgrund«.*

Dem Menschen stellt sich die große und gefährliche Aufgabe eines Brückenschlages, zwischen dem, was er ist, und dem, was als

Möglichkeit in ihm schlummert, was er werden kann, zwischen Natur und Geist, zwischen dem begrenzten Leben seines natürlichen Körpers und seinem höheren geistig-seelischen. Kann er Befreiung von den Gesetzen des Dschungels finden, denen er bislang zu unterliegen glaubte, wenn es ihm gelingt, sein Dasein nach einer *höheren Ordnung* auszurichten? Was vermag der Tod, wo die Liebe herrscht? Die meisten Dichter wußten um diese Rangfolge – und der *Poet* Nietzsche?

Morgenland und Abendland

»*Wissen ist Macht.*« Dieser einfache Satz des englischen Philosophen *Francis Bacon* weist auf die Fähigkeit des Menschen hin, in das empfindliche Gefüge der Natur einzugreifen, und schürt seitdem bei nicht wenigen den Glauben, die Natur beliebig lenken und beherrschen zu können. Spätestens seit dem Zeitalter der Aufklärung zog man in der westlichen Welt aus, weiter voranzutreiben, was in der *Renaissance* begonnen hatte, nämlich die Natur systematisch und experimentell von außen her zu erforschen und zu verstehen, sie zu beherrschen, um sie unseren persönlichen Interessen, den Interessen des *natürlichen Menschen,* dienstbar zu machen. Dabei geriet die vorrangig philosophische Frage nach unserer Einbindung in den Kosmos, nach geistigen Gesetzmäßigkeiten, die lange mit monopolistischem Wahrheitsanspruch von der Institution der Kirche besetzt war, immer weiter aus dem Blickfeld. Nicht mehr Gott und die Ewigkeit standen im Mittelpunkt des menschlichen Lebens, der Mensch verschrieb sich zunehmend dem Diesseits, sicher auch in einer Gegenreaktion gegen dessen Verneinung und Verteufelung seitens der Kirche, sowie ihre Bevormundung. Und die schnellen Fortschritte im Bereich der Wissenschaften nährten seinen Glauben, allein durch die Partikularfunktion seines überentwickelten Intellekts sein Schicksal lenken zu können, was heute schließlich darin gipfelt, daß man bereits daran forscht, das Gen aufzuspüren und zu isolieren, das für Alter und Tod verantwortlich ist. Doch niemand stellt die Frage, ob dieser Triumphzug wissenschaftlicher Intelligenz im Sinne eines ganzheitlichen menschlichen Evolutionsprozesses ist. Zu groß ist die Versuchung, selbst die Zügel in die Hand zu nehmen, sich auf den *äußeren Weg* zu verlassen. Doch was ist, wenn es uns tatsächlich gelingen sollte, was noch fraglich ist, Alter, Krankheit und Tod zu besiegen? Wer rettet uns dann vor uns selbst? Muß die Welt nicht verknöchern und versteinern, wenn keine neuen Darsteller mehr die Bühne betreten? Wird unser Ego nicht erst recht die letzten Schranken zu seiner Alleinherrschaft niederreißen, wenn die Hoffnung auf dauerhaften irdischen Besitz und Macht uns anlächelt? Wieviel unerbittlicher wird dann noch darum gekämpft. Wird die Feigheit im selben Maße zunehmen wie auch die Höhe des Einsatzes? Um wieviel schwerer wird es dann, uns über irdisches Festhalten hinaus zu etwas wahrhaft Unvergänglichem aufzuschwingen? Glauben wir, daß wir so leicht das Gesetz von Ursache und Wirkung, dem auch Krankheit und Leid folgen, aushebeln können?

Im Orient hingegen widmete man sich schon seit Jahrtausenden der Aufgabe, die Welt in der Kontemplation und Meditation von innen her zu ergründen, ihre tieferen Wesens-Zusammenhänge aufzudecken, das eigene Leben mit einer höheren und gegebenen Ordnung in Einklang zu bringen, es so zu meistern und in einer anderen Weise den Tod zu besiegen, wie die uralte Wissenschaft des Yoga bezeugt.

Der Gärtner weiß, daß nur die Kraft der Sonne den Nebel zu lichten vermag. Gilt das nicht auch für die spirituelle Sonne und den geistigen Nebel, der sich nur allzu leicht in den Senken und Niederungen unseres ›Tieflandes‹ anzusammeln pflegt?

Auch im Westen gab es solche Strömungen geistiger Innenschau seit jeher. Warum nur ließ der westliche Mensch das *Pendel seines Schicksalsfadens* so bedenklich weit auf eine Seite ausschlagen? Woher kommt seine Vermessenheit, sich als Herrscher über die Natur zu stellen, ohne auch nur ein wenig *über ihren Tellerrand* hinauszusehen? Ist der Grund dafür mehr im Befreiungsschlag der Wissenschaft gegen eine Jahrhunderte währende Kontrolle der Kirche zu sehen oder eher in einem möglichen Mißkredit, in welchen das *Numinose* selbst durch diese Institution geraten zu sein scheint? Liegt die Ursache womöglich in der Natur des westlichen Menschen an sich begründet? Fest steht nur, daß unser *Schicksalspendel* nun so heftig auf eine Seite ausgebrochen ist, daß seine Rückbewegung, zumindest für unsere Zivilisation, nicht mehr als gesichert scheint.

Die *Entwicklungshilfe* durch geistige Schulen des Ostens hat unsere Spiritualität zwar neu belebt; doch warum besinnt sich der westliche

Mensch nun nicht wieder mehr auf seine eigenen Traditionen, die seinem Wesen näherstünden? Ich glaube zwar nicht an westliche oder östliche Spiritualität, wohl aber an verschiedene spirituelle Wege.

Im Zuge der globalen Vermischung hat anderseits die mechanistische Weltsicht des Westens auch auf den Osten übergegriffen. Heute tun sich gerade manche asiatische Staaten am hemmungslosesten damit hervor, über die Forschung gewaltsam in die Integrität des Lebens einzugreifen, die Natur mit modernstem wissenschaftlichen Rüstzeug zu manipulieren. Diese Entwicklung wird dort durch einen gegenüber den westlichen Ländern geringeren gesellschaftlichen Konsens hinsichtlich humanistischer Ideale und das Fehlen entsprechender Traditionen sogar noch begünstigt. Die Grenzen zwischen Ost und West verwischen zwar immer mehr, doch Synthese bedeutet etwas anderes.

Es bleibt zu hoffen, daß es möglichst vielen von uns gelingt, wieder *ins Lot* zu kommen, daß wir es schaffen, die Gegensätze zu versöhnen und zu integrieren, bis ihre vermeintliche Widersprüchlichkeit schwindet. Denn ohne eine harmonische Vereinigung der Gegensätze dieser Welt kann der Einzelne nicht über die Ebene der Polarität hinausgelangen. Und ohne das wird auch die Welt nicht zu Gleichgewicht und Ruhe finden. Der Sturz aus der ursprünglichen Einheit warf den Menschen in *die Zersplitterung der polar angelegten Stoffwelt.* Der Rückweg zum Paradiesgarten, zur ungeteilten Einheit durch Bewußtheit und eigenverantwortliche Gestaltung, ist folglich ein Weg der Berücksichtigung, Umwandlung und Integration und kein Weg unversöhnlichen Gegeneinanders und ausgrenzenden Sektierertums. Bemühen wir uns, diesem Ideal näherzukommen, dann können sich auch die materialistischen Wissenschaften in Ost und West auf einen spirituellen Überbau zubewegen und damit sowohl eine verbindliche Ethik wie eine wesentlich erweiterte Perspektive erhalten. Herz und Intellekt, Ratio und Intuition, empirische Forschung und innere Schau, Ost und West könnten sich harmonisch vereinigen. Diese Straße wäre der kürzeste Weg, sozusagen *die Autobahn zum Paradiesgarten,* zur Vollendung. Doch beschreiten muß diesen Weg, ungeachtet, wie sehr er sich in der Gesellschaft abzuzeichnen beginnt oder noch nicht, ohnehin jeder selbst. Ein Mensch, der sich um sein inneres Wachstum bemüht, bringt Licht in die Welt und hebt so ihre

Schwingung an, was die Bedingungen für alle anderen Menschen ebenfalls erleichtert.

Poliphilo muß während seiner Initiationsreise, auf der Suche nach der Weisheit, den *gläsernen Garten der Vernunft* und den *Seidengarten der Sinne* entdecken, durch die er jeweils von den Nymphen *Logistia* und *Thelemia* geführt wird. Er enträtselt die Spuren alter Kulturen und meistert sich selbst. (Mehr darüber unter Eros und Individuation.)

Der Universalist und Naturforscher Bose

Schon immer gab es in Ost *und* West große Geister, die über die Bedingtheiten und Traditionen ihrer Hemisphäre und jeweiligen Kulturen so weit hinausragten, daß sie sich deren Schemata nicht fügten. Von *Sir Jagadis Chandra Bose,* dem genialen indischen Naturforscher und Universalisten, über dessen Arbeit in der *Encyclopädia Britannica* 50 Jahre nach seinem Tod zu lesen ist, daß sie seiner Zeit so weit voraus war, daß man ihren wahren Wert bis heute noch nicht genau einzuschätzen vermag, stammt folgender Satz: »*Physiker, Chemiker und Biologen betreten das Reich (*der Natur*) durch verschiedene Pforten, jeder hat sein eigenes Wissensgebiet und jeder ist der Meinung, daß sein Teilbereich nichts mit den anderen zu tun hat. Aus dieser Einstellung entwickelte sich unsere heute geltende Unterteilung in anorganische, vegetabile und empfindungsfähige Bereiche.*« Er selbst wies jedoch in revolutionärer Weise nach, daß sich typische Verhaltensweisen tierischer Gewebe, bezüglich äußerer Einwirkung, auch bei Pflanzen finden. Und er dokumentierte als erster Reaktionsmuster bei Metallen und Erzen, Stoffen aus der sogenannten anorganischen Welt, die man zuvor nur bei lebenden Organismen für möglich gehalten hatte. Er sprach von der Lebenskraft in den Metallen, die auf schädliche Reizmittel anders reagierten, als auf heilsame. Seine hochempfindlichen Meßinstrumente, die er selbst entwickelt hatte, konnten die typische Energiebewegung wiedergeben, die durch den inneren Bau der Atome bedingt ist. Chloroformierte er das Metall, kam diese Bewegung augenblicklich zum Erliegen. Verätzte der Forscher die Oberfläche des Metalles, kam das ihm innewohnende Leben zitternd zum Stillstand und verlöschte.

Natürlich hatte er mit Sabotage und der Ignoranz von Kollegen anderer Disziplinen zu kämpfen. »*Ich war, ohne es zu wissen, in das*

Gebiet eines unbekannten Kastensystems geraten und hatte gegen dessen Etikette verstoßen«, formulierte er in der Eröffnungsrede seines Institutes. Bose war ein tief religiöser Mensch. Von vornherein war sein Blickfeld nicht eingeengt durch die Tabus einer ausschließlich materialistischen Weltsicht. Das Hauptgebäude seines Forschungsinstitutes in Kalkutta wird *»Indischer Tempel der Weisheit«* genannt. Eine Inschrift beginnt mit den Worten: *»Dieser Tempel ist den Füßen Gottes geweiht* ...« Jener tiefe und unzweifelhaft poetisch begabte Mensch war aber auch ein brillanter Wissenschaftler. Er betätigte sich ebenso als Physiker wie auch als Physiologe und Psychologe. Die Apparaturen, die er entwickelte, um Wachstum und Verhalten von Pflanzen sichtbar zu machen, arbeiten mit bis zu zehnmillionenfacher Vergrößerung. Viele Wissenschaftskollegen lehnten seine revolutionären Erkenntnisse ab, schon alleine deshalb, weil es ihnen nicht gelang, seine Versuche, deren Ergebnisse eindeutig verbürgt waren, zu wiederholen. Wer mehr über diesen Forscher in Erfahrung bringen möchte und ahnt, daß Pflanzen Lebewesen mit Gefühlen sind, die sogar unsere Gedanken lesen können, für den ist das Buch *»Das geheime Leben der Pflanzen«* von *Peter Tompkins* und *Christopher Bird,* dem vorangegangene Zitate entstammen, eine Pflichtlektüre, ebenso die *»Autobiographie eines Yogi«,* der einige folgender Aussagen zu *Boses* Werk entnommen sind.

Der Forscher *Jagadis Chandra Bose,* der für die Erfindung seines Crescographen und einer Vielzahl anderer Entdeckungen 1917 zum Ritter geschlagen wurde, gilt als Ausnahmeerscheinung eines Menschen, der sowohl indische Spiritualität als auch streng empirische Forschung miteinander in Einklang bringen konnte. Dabei gelangen ihm Entdeckungen, die seinen rein naturalistisch orientierten Kollegen verwehrt blieben, da sie auf dem *anderen Auge* blind waren. So verbanden sich in der Arbeit Boses richtungweisend Ost und West, spirituelle Innenschau sowie wissenschaftliche Logik, ein heißes poetisches Herz und ein kühler messerscharfer Verstand. Darin allein, gepaart mit tiefer Demut vor dem Wunderbaren, liegt womöglich die bedeutendste Vision für unsere Zukunft begründet.

In einer Dialogstelle zwischen *Jagadis Chandra Bose* und *Paramahansa Yogananda* (einem Meister, der den *Kriya-Yoga* in der ersten Hälfte des zwanzigsten Jahrhunderts in den USA eingeführt hatte), welche sich in der *»Autobiographie eines Yogi«* befindet, sagt *Bose,* daß die wissenschaftlichen Gesellschaften im Westen Interesse an seinen hochempfindlichen Geräten zeigten, mit denen die *unteilbare Einheit allen Lebens* nachgewiesen werden könne.

In einer Fußnote auf dieser Seite vertritt Yogananda den Standpunkt, daß jede Wissenschaft transzendent sein müsse, um bestehen zu können. Damit befindet er sich ganz im Einklang mit Bose, wenn dieser feststellt, *daß die graphischen Darstellungen seines Crescographen selbst den größten Skeptiker davon überzeugen könnten, daß die Pflanzen ein empfindsames Nervensystem und ein wandlungsfähiges Gefühlsleben hätten, und daß es bei ihnen Liebe, Haß, Freude, Furcht, Lust, Schmerz, Erregbarkeit, Erstarrung und zahllose andere Reaktionen auf bestimmte Reize ebenso gebe, wie bei den Tieren.* Dieser Erkenntnis folgt sein Fazit, *daß der eine Pulsschlag des Lebens, der das ganze Weltall durchdringe, von nun an nicht mehr als dichterische Einbildung gelten könne.*

Nach Boses Ansicht unterschied sich der isolierte tierische Nerv keineswegs von seinem pflanzlichen Pendant. Um so ketzerischer mußte diese These auf viele westliche Wissenschaftler wirken, als man sich unter ihnen noch nicht einmal mit der Idee wirklich anfreunden konnte, daß Pflanzen Nerven und damit Empfindsamkeit und womöglich sogar eine gewisse Intelligenz besitzen.

Yogananda erwähnt im Gespräch mit Bose einen indischen Heiligen, der es nie übers Herz gebracht habe, eine Blume zu pflücken, da *er den Rosenstrauch nicht seiner stolzen Schönheit berauben* und *durch diesen rohen Eingriff seine Würde verletzen* mochte. Yogananda weist daraufhin, daß diese Haltung durch Boses wissenschaftliche Entdeckungen buchstäblich bestätigt würde.

Darauf erwiderte der Wissenschaftler Bose, *daß der Dichter in einem innigen Verhältnis zur Wahrheit stehe, während sich der Wissenschaftler ihr nur in unbeholfener Weise zu nähern vermöge.* Boses Anliegen war, *Wissen in seiner Gesamtheit zu erlangen.*

Ihm war gelungen, große Bäume zu verpflanzen, indem er sie zuvor mit Chloroform beruhigte. Andernfalls wären sie an einer Schockreaktion gestorben. Warum sind diese Erkenntnisse heute, nach so langer Zeit, noch nicht Allgemeingut? Wer verhindert ihre Verbreitung? Nicht zuletzt könnte der Berufszweig der Baumschulen und Landschaftsgärtner daraus Nutzen ziehen.

In einem anderen Gespräch mit Paramahansa Yogananda, anläßlich einer Führung durch sein Institut, spricht Bose *über das Herz der*

Bäume; und er tut es nicht in seiner Eigenschaft als Dichter, sondern als Wissenschaftler: Er erklärt, daß das Aufsteigen des Pflanzensaftes sich nicht nur durch die üblichen mechanischen Ursachen wie Kapillarität oder Verdunstung in den Blättern erklären läßt. Er spricht von der *Tätigkeit lebender, röhrenförmiger Zellen, die den Baum in Längsrichtung durchziehen und die Funktion eines Herzens ausüben, indem sie peristaltische Wellen aussenden.*

Es mag nicht weiter verwundern, daß ein Band der Freundschaft Jagadis Chandra Bose mit dem großen bengalischen Dichter *Rabindranath Tagore* verband, der 1913 den Nobelpreis für Literatur erhielt. Die Metaphorik seiner Poesie verbindet meist den Eros mit der Natur, dem kosmischen Ganzen und seiner Quelle. Von ihm stammen die Worte, daß im *Empfangssaal der Welt »auf dem gleichen Teppich der schlichte Grashalm neben dem Strahl der Sonne und den Sternen der Mitternacht seinen Platz* (hat)«. *»So teilen im Herzen der Welt auch meine Lieder ihren Sitz mit der Musik der Wolken und der Wälder.«* Im weiteren Verlauf hingegen stellt er in Abrede, daß der Schatz des reichen Mannes Anteil hat am einfachen Reichtum und der Schönheit der Schöpfung: *»Der Segen des allumspannenden Himmels liegt nicht auf ihm. Und wenn der Tod erscheint, so bleicht und welkt er und zerfällt zu Staub.«* Auch zu den Bücher-Gelehrten bezog er einen deutlichen Standpunkt: *»Wo ist der Markt für dich mein Lied?«* fragt er in einem seiner Gedichte. *»Ist er da, wo die Gelehrten mit dem Staub ihrer alten Pergamente die Sommerbrise trüben, wo die Menschen sich endlos darüber streiten, ob der Kern sich nach der Schale formt oder die Schale nach dem Kern (...), ist er da, (...) wo die Prosa auf dem Pult hockt und die Poesie sich im Herzen verbirgt?«*

Der Gärtner als Weltenschöpfer und der Spaziergänger

Wenn es möglich ist, daß ein Naturwissenschaftler wie Bose eine solche Nähe zum Wunderbaren bewahren oder erreichen kann, um wieviel leichter mag es da dem Gärtner fallen, dessen Herz noch nicht blind durch die Dogmen der Wissenschaft und das Mittelmaß ihrer Vertreter geworden ist. Ist der Gärtner nicht immer von der Vorstellung angetrieben, *ein* Paradies zu erschaffen, es in die Welt zurückzubringen, aus seiner eigenen Welt; es hinauszugebären aus Staub und Erde, den Schöpfungsvorgang zu wiederholen, eigene Welten zu schaffen, wie jeder andere Künstler auch? Doch gibt es einen Unterschied zu den anderen Künsten. Sein Handwerkszeug ist die lebende Natur. Zwischen ihm und seinem Gegenstand stehen keine von Menschen geschaffenen Mittel. Er benötigt weder Farbe noch Sprache. Sein Instrument ist die Palette pflanzlichen Lebens, seine *Grundfarben* sind die Elemente Erde und Gestein sowie Wasser und Holz. Noch weniger als Künstlern anderer Richtungen kann ihm verborgen bleiben, daß noch andere Kräfte an seinem Wirken beteiligt sind als nur der durch das eigene Wesen, die eigene Persönlichkeit geleitete Schaffensimpuls. Er lernt im Umgang mit der lebendigen Natur deren inneres Wesen erahnen und sich ihren Gesetzen anzupassen. Die Erfahrung zeigt ihm, daß er seinen Garten nicht gegen ihre Kräfte zur Entfaltung und zum Blühen bringen kann, sondern nur im Einklang mit ihnen. Durch die Verwendung seines *Materials* verdichtet er die Schönheit und das geistige Wesen der Natur in einem Maße, daß sich der Besucher des Gartens seiner Wirkung kaum mehr zu entziehen vermag. – So verstanden ist *Gartendichtung* eine Ver*dichtung* der Naturschönheit, der tieferen Wahrheiten, die sich uns manchmal ahnungsvoll durch die *Schleier der greifbaren Welt* mitteilen. In diesem Sinne steht Dichtung, und das läßt sich auch auf jede andere Kunstform übertragen, wie die Literatur, die wir zuallererst mit ihr zu assoziieren geneigt sind, niemals im Gegensatz zu Wahrheit. – Im Gegenteil: Sie ist der bestmögliche *Rahmen,* die tieferen Wahrheiten aus einem *Stoff herauszudestillieren* und sie von Belanglosem zu reinigen. Solche Gärten halten uns magisch fest und nötigen uns, den grauen Alltag loszulassen. Sie stellen uns, wenn wir es erlauben, die Muse wieder zur Seite. Es findet eine Art Entgrenzung und Erweiterung unseres Bewußtseins, in die Natur hinein, statt, die in uns, ähnlich der Liebe, die Poesie erweckt. Diese Poesie ist *unser Feuer und unser Rauch, entsprechend der Reinheit unseres Brennens.* Sie lenkt unseren Blick, dem Funkenflug folgend, zu den Sternen.

Gärten sind Räume der Stille und Verinnerlichung. In ihnen gehen diese seelischen Notwendigkeiten und der krasseste Luxus, den wir heute dem modernen Leben überhaupt abtrotzen können, nämlich den der Stille, und die Möglichkeit über freie Zeit für uns selbst zu verfügen, eine seltsame *Mesalliance* ein. In den Gärten befreit sich unser Dasein vom Zugriff einengender Bindungen und Bedingungen, aus den Fesseln seiner lebenserstickenden Verplanung und zeitweise vom Bewußtsein der Zeit.

Der Gärtner verweilt in diesen geschützten *Luxusgemächern der Natur* länger als jeder Spaziergänger. Er ist innig mit ihnen verbunden, da er ihr Schöpfer und Medium ihrer Erstellung war und ist und in einem anhaltenden seelisch-geistigen wie auch körperlichen Dialog mit ihnen steht. Anders als der Gärtner ist der Spaziergänger äußerlich eher untätig und läßt sich nur von den Kräften wechselnder Anziehung leiten, um so dem *freien Flug* seiner seelischen Aktivität Raum zu geben. Der Gärtner hingegen ist jemand, der in seinem meditativ von der Welt zurückgezogenen Wirken kontemplativ mit den Elementen und der Natur umgeht. Sein Geist leert sich in der einfachen Tätigkeit und kann sich mit Ahnung füllen. Wo sich die Kunst des Gärtners im jahrelangen Dialog mit der Natur und den geistigen Kräften vollendet hat, vermag er dem Spaziergänger oder Besucher seines Gartens etwas wie einen *heiligen Hain* zu schenken, einen Ort, wo die Atmosphäre dünner wird und sich der Himmel weiter herabsenkt. Rühren diese Orte an eine Urerinnerung eines vorweltlichen Paradieses in uns, einer geistigen Welt voller Schönheit und Kraft? Das Wort Paradies, das aus dem Persischen stammt, bedeutet ohnehin nichts anderes als umfriedeter Garten. *Rainer Maria Rilke* hat es einmal so ausgedrückt, daß die Schönheit dieser Welt am besten geeignet sei, uns auf die Schönheit einer anderen vorzubereiten. Darin vermag uns die Vision eines Gärtners zu unterstützen. Doch gewissermaßen ist der *Spaziergänger* dabei auch eine notwendige Bedingung für den Gärtner, jener nämlich, der verinnerlicht in ihm selbst lebt. Denn ist nicht gerade *die Kunst des Spaziergangs,* das mußevolle Umherwandern, die Fähigkeit des schauenden Durchdringens der Erscheinungen, auch eine entscheidende Grundlage für das Erkennen der höheren Harmoniegesetze, die wir in jeglicher natürlichen Gestaltung entdecken können, was wiederum eine Voraussetzung dafür darstellt, selbst gestalterisch in der Natur tätig zu werden?

Kleiner Exkurs
durch den Seelengarten

Die vollendete Harmonie eines Gartens kann uns helfen, aber auch als Vorbild und Quelle der Inspiration dienen, unseren inneren Garten zu bestellen, zu Gärtnern unserer Seele zu werden und diese, so wie die äußeren Gärten, mit Geist und Schönheit zu besiedeln. Es soll darin keinen versteckten Winkel, *keinen unansehnlichen alten Schuppen voller alten Gerümpels* mehr geben, der uns als *Müllabladeplatz* dient. Werden wir uns selbst ein vollendeter Gärtner, kann sich unser *innerer Garten* vollenden. *Kompostieren* wir all die tote Last der Vergangenheit, alles, was an unserem Leben abgestorben ist. *Ein Baum schleppt ja auch nicht sein Laub aus all den vergangenen Jahren seines Lebens als immer schwerer werdende Bürde weiter durch sein Dasein. Er läßt es einfach los.* Damit das aber gelingt, verlangt manch *zerstörtes Beet* noch nach Erneuerung, manch achtlos von uns *zertretene Blume,* auch in *fremdem Garten,* nach einer Träne, die *uns* heilt und ein Bemühen, das *ihre* Blüten wieder hebt. So befreien wir unsere Lebenskraft von den Zwängen, Überlebtes weiter an uns zu binden und festzuhalten, führen sie dadurch zurück in unser gegenwärtiges Sein, das sich, wie unser Garten, in unentwegtem Werden befinden soll. Die aus dieser Aufbereitung und *Kompostierung* gewonnenen Erfahrungen werden, wenn wir sie kreativ anwenden, zum fruchtbaren Nährboden für unser inneres Wachstum, im Voranschreiten der eigenen Bestimmung entgegen. Darüber hinaus gibt es auch viel Fremdes in unserem Garten, das da weder hineingehört, noch hineinpaßt. Graben wir ihn gründlich um, bevor wir ihn neu anlegen, um uns all dessen zu entledigen, das andere dort ohne unsere Einwilligung gesät haben. Doch sind wir nicht nur das Ergebnis fremder Einflüsse, die für unser Sein, weil sie in uns eingewachsen sind und unser Wachstum geformt haben, auch heute noch bestimmend sind. Unser Wesen und unsere Seele verunreinigen wir permanent auch selbst. Ist das nicht, wie wenn wir all unseren Müll einfach in den eigenen Garten werfen würden? Nimmt es Wunder, wenn dieser nicht zum Verweilen einlädt? Dabei ist doch der Seelengarten der Bereich unseres Daseins, der uns am nächsten steht und am unmittelbarsten berührt. Wir passen uns innerlich unseren Gedanken, Worten und Handlungen an. Wir formen uns pausenlos selbst. Das gilt es zu bedenken: daß wir unser eigener Bildhauer und Gärtner sind, daß in uns, möglicherweise unbedacht oder leichtfertig in Kauf genommen, etwas heranwächst, das uns zunehmend bestimmt, den Kristall unseres Herzens trübt und ihn so immer undurchlässiger für das Licht von Wahrheit, Schönheit und Liebe macht. Allein wir selbst bestimmen über unser Glück oder Unglück, darüber, wie unser Garten sich entwickelt, ob es in ihm einen sprudelnden Quell gibt, der ihm Blüte und Fülle schenkt, oder ob diese Quelle unter altem und immer wieder neu aufgestautem Schutt langsam, fast zwanghaft, begraben wird. Beständig werden wir den Kräften ausgesetzt sein, die wir durch Entsprechung an uns binden; und welche das sind, entscheiden nur wir. Um uns aber der Eindringlinge in unserem Garten zu erwehren oder gar zu entledigen, bedarf es großen Mutes, ihnen gegenüberzutreten. Leichter ist es, wenn wir uns in einem kleinen Winkel unseres Hauses verstecken und uns einreden, daß wir doch den schönsten Garten der Welt besitzen. Noch einfacher wäre es, wenn wir das den anderen glaubhaft machten. Dann könnten wir uns ganz leicht ihrer guten Meinung über uns anschließen. *Vielleicht ziehen wir es aber doch vor, unser altes Dornengestrüpp im Scheinwerferlicht eines unbestechlichen Bewußtseins aufzuspüren und es im Feuer des Geistes zu verbrennen,* damit sich die Seele tatsächlich befreien und wachsen kann. Dazu bedarf es jedoch einer Selbstliebe, die noch größer als unser Selbstmitleid ist, um dieses zu überwinden. Lernen wir dem Spiegel standzuhalten, uns mitleidlos und unverwandt anzusehen. Dazu schlage ich folgende praktische Übungen vor:

1. Schulen wir den *unbestechlichen Zeugen* in uns, der uns in allem genauestens beobachtet, der uns immer zuhört, wenn wir sprechen und der uns gnadenlos immer die Fragen stellt, die wir uns von anderen keinesfalls gefallen lassen möchten. Dieser Zeuge darf es niemals versäumen, die Frage nach dem Motiv einer Handlung zu stellen. Er wird ausgesprochen lästig fallen, während er sich zu unserem besten Freund entwickelt, weil er uns nichts durchgehen läßt. Gewinnen wir diesen Zeugen zum Freund, indem wir ihn achten und diese Freundschaft pflegen, dann ist das der Beginn einer lebenslangen Liebe zu uns selbst, denn wir gewinnen uns selbst zum Freund. Voraussetzung dafür ist allerdings, daß wir die Eigenschaften entwickeln, die wir uns bei unserem besten Freunde wünschen. Wer

sich selbst nicht achtet, hat die Liebe anderer ohnehin nicht verdient. Doch diese Achtung ist nicht allein durch sogenannte *Affirmationen,* durch *Autosuggestion* zu erlangen, wie uns manche *Berufs-Esoteriker* und ›Mentaltrainer‹ heute gerne einreden möchten. Sie will verdient sein. Denn die Arbeit des Gärtners oder Bauers ist manchmal auch eine harte Arbeit, und ein blühender Garten entsteht nicht über Nacht. *Das ›Gestein unseres Charakters‹ ist ein ziemlich widerstrebendes Material. Der ›Steinmetz‹, der sich daran versucht, braucht Ausdauer, um aus seinem alten Gesicht die feineren Züge seines höheren Wesens freizulegen, wobei diese obendrein von den alten Zügen immer wieder überdeckt werden.* Falls Sie es aber eher mit dem Zeitgeist halten und schnelle Resultate bevorzugen, steht uns ja das umfangreiche Angebot eines bunten *Esoterik-Jahrmarktes* zur Verfügung. *August Everding* brachte es mit dem Ausspruch, daß *wer den Zeitgeist heirate, morgen Witwer sein werde,* so glänzend auf den Punkt.

2. Die zweite Übung möchte ich *Spiegelmeditation* nennen. Sie ist im Grunde keine Meditation im eigentlichen Sinne. Sie ähnelt eher einer *Kino-Vorführung.* Und der Film sind Sie. Alles, was wir dazu benötigen, ist ein Spiegel, bequeme Kleidung und ein Raum, in dem wir ungestört sind. Wir geben uns nun die Ehre und nehmen uns selbst gegenüber Platz. Das ist jetzt nicht der Beginn einer urnarzißtischen Zeremonie – im Gegenteil: Wir üben uns nämlich darin, uns mit offenem Blick und entspanntem Gesichtsausdruck möglichst unverwandt anzusehen. Dabei stellen wir den Blick so auf uns ein, daß wir nichts in unserem Gesicht direkt fixieren. Ideal wäre es, wenn unser Blick den *unseres Gegenübers* mit zwei parallelen Blickachsen trifft. Doch sollte er so *weit* und entspannt sein, daß wir nicht nur unsere Augen wahrnehmen, sondern das ganze Gesicht, Mimik und Haltung. Wir werden feststellen, daß sich *unser Spiegelgesicht* immer wieder zwischen uns und unsere Wahrnehmung zu schieben versucht, daß es entweder kritisch skeptisch oder Gefallen heischend dreinschaut. Antworten wir ihm einfach: »Liebes ›Kind‹, laß uns unsere Zeit nicht noch mehr vergeuden. So lange haben wir dieses Spiel schon gespielt. Ab heute möchte ich *Dich* kennenlernen.« Und nun schauen Sie es an, Ihr Kind, das so oft mißhandelte, gedemütigte und verratene, das Sie aber doch nie verlassen wird. Schauen Sie auf seine tief entspannten Züge und versenken Sie Ihren Blick darin mit

einer liebenden Haltung. Dieses entspannte Gesicht wird Ihnen nun nach und nach zu einer *Kinoleinwand* geraten, über die, mehr oder weniger flüchtig, alle möglichen Gesichter, Fratzen, Dämonen hinweghuschen. Sie werden mehr und mehr Gesichter sehen, die Sie nicht selbst machen, sondern die einfach da sind. All diese Gesichter sind Ausdruck verschiedener Wesenszüge und Persönlichkeitsmerkmale, die sich im Laufe der Zeit gebildet haben. Manche Gesichter werden häufiger und stärker wiederkehren, andere seltener oder verhaltener. Falls Sie ebenso zwielichtig sind wie ich selbst, werden Sie vielleicht auch furchteinflößende oder abstoßende Wesen und Dämonen sehen. Doch bleiben Sie unverwandt und bemühen Sie sich einfach nur zu schauen, ohne zu werten oder zu urteilen. Nähren Sie diese *Wesen* nicht durch Ihre Angst und lassen Sie sie auch wieder von der Bühne gehen. Dabei kommt immer wieder das *innere Kind* zum Vorschein, das trotz der Dämonen rein und schön geblieben ist. *Dieses Kind erblicke ich manchmal wie im Traum an der Hand eines weisen alten Mannes, von unbeschreiblicher Schönheit, gehend. Ist dieser Führer der Freund, der still an unserer Seite geht, um den wir uns bemühen sollten?*

Führen Sie diese Meditation so lange fort, wie sie wollen. Wenn Sie sie beenden möchten, falten Sie Ihre Hände vor der Stirn und verneigen Sie sich vor dem Gott in Ihnen, unter Hindus und Buddhisten eine übliche Grußform. Vielleicht falten Sie Ihre Hände ein zweites Mal vor dem Herz und verneigen sich noch einmal, mit Augenkontakt, vor Ihrem *inneren Kind,* für das Sie um Licht und Heilung bitten. Sagen Sie ihm, daß Sie es lieben und von nun an zu ihm halten werden. Machen Sie diesem Kind doch die Freude, sich fortan um ein Leben zu bemühen, das seinem Wesen und seiner Schönheit würdig und gerecht ist, um ein *kindgerechtes Leben.* Dann wird seine Lebendigkeit und Echtheit auf Sie übergehen.

Der Gärtner arbeitet für die Ewigkeit. Wie kein anderer weiß er, daß er mit seiner Vision nur ein Auf-den-Weg-Bringender ist. Die Zeit und das LEBEN erfüllen sein Beginnen und begleitendes Wirken von Augenblick zu Augenblick, fortlaufend fließend*, durch die Spirale jahreszeitlichen Wandels,* oft über viele Generationen hinweg, wie uns die alten englischen Landschaftsparks mit ihren mächtigen alten Baumbeständen vor Augen führen. Er ist sich bewußt, daß er ebenso einen langen Atem benötigt, wo sein tägliches Kultivieren die *eigene* Vervollkommnung zum Ziel hat. Und er weiß, daß er auch dort die Arbeit nicht alleine zu tun braucht. Er wird genausowenig diese Aufgabe scheuen, auch wenn gleichfalls sie in einem Leben nicht gänzlich vollbracht werden kann.

Das innere Kind und sein Schlüssel zu Liebe, Arbeit und Kreativität

Vorgeschichte

Wenn ich wieder einen neuen Garten der Worte und Gedanken anlege, gehört es zum Arbeitsprozeß, mir in einem ruhigen Café oder auf einer Parkbank selbst gegenüberzusitzen. Leider werden die Cafés, wo Stille nicht von einem lärmenden Radio oder Ähnlichem torpediert wird, immer seltener. Als ich deshalb in meinem Lieblingspark an folgendem Essay feilte, geschah es mir gleich zweimal hintereinander, jeweils an zwei verschiedenen Nachmittagen, daß jedesmal ein kleines Mädchen im Alter zwischen drei und vier Jahren direkt auf mich zulief, völlig offen, strahlend und vertrauend, ohne den Blick auch nur einmal von meinem Blick zu lassen, mir nur zu deutlich aus der Erinnerung rufend, daß Lächeln etwas ist, das im Herzen geschieht und sein Licht in Augen und Gesicht wirft. Diese Begegnung, die mir zeitlich nicht meßbar schien und der jedesmal ein längeres konzentriertes Arbeiten am Essay zum inneren Kind vorausgegangen war, schenkte mir in geheimnisvoller Weise selbst ein bisher nicht gekanntes Gefühl überströmender Offenheit, einen Zustand von Glück und Freiheit, der während des ganzen darauffolgenden Spazierganges anhielt, *wie ein Vorgeschmack darauf, wie es sich anfühlen könnte, wenn das eigene innere Kind befreit ist;* als hätte es seinen Thron im Leben bereits wieder eingenommen. Dieses wiederholte Erlebnis war und ist mir eine überdeutliche Bestätigung für die Richtigkeit und Wichtigkeit dieses Essays und seine zentrale Stellung in diesem Buch. Er berührt und durchwandert im Fluß der Gedanken naturgemäß *alle* Bedeutungsebenen des Bildes *Garten,* da sie, dergestalt einander abwechselnd, sich immer wieder gegenseitig *die Tür öffnen.* Daß dabei nicht immer ausdrücklich benannt wird, von welcher Ebene gerade die Rede ist, ist durchaus beabsichtigt, da die jeweiligen Bedeutungen der Aussagen sich meist auch nicht auf nur eine Ebene beschränken lassen.

Besagtes Gefühl flachte jedesmal wieder ab, nachdem ich den Park verlassen hatte und in meine gewohnten Verhältnisse zurückgekehrt war. Es sollte doch zu denken geben, wenn sich *ein Kind,* in dem Fall, *das eigene innere Kind,* vor solchen Verhältnissen verstecken muß. Bedeutet es, daß es noch zu schwach ist, vor ihnen zu bestehen? Was muß zu seinem Schutze unternommen werden?

Wesen und Bedeutung des inneren Kindes

Wenn ein Kind über eine Wiese rennt, Purzelbäume schlägt und außer sich vor Freude ist, entspringt dieser Zustand einer Art Raserei, einer *Wut der Abtrennung.* Es möchte eins werden mit der Welt, der Natur. Es will aus sich hinaus und zugleich alles mit seinen Sinnen fassen und so in sich hineinnehmen. Seine Seele ruft: Es sei in mir; ich sei in ihr. Diese Lust will Ewigkeit und betrachtet jegliche Trennung und Zerstückelung als inakzeptabel. Während das Kind durch hohes Gras robbt, taucht es in den Mikrokosmos der Insektenwelt. Am Flußufer laufend weitet seine Seele sich in die ganze endlos scheinende Auenlandschaft hinein. Es möchte sich hingeben, an etwas verlieren. Anderseits will es dieses Etwas formen und gestalten. Es staut Bäche und gräbt Kanäle. Oder es baut sich eine Hütte aus Moos und Zweigen im Wald. *Friedrich Schiller* unterscheidet beide Tendenzen der Seele in seinen *»Briefen zur ästhetischen Erziehung des Menschen«* als *Stoff-* und *Formtrieb.* Der sogenannte Stofftrieb beginnt den Menschen in der sinnlichen Erfahrung der Welt zu erfassen, durch die er die Welt *er*greifen möchte. Dieser Trieb ist zutiefst rauschhaft und eros-behaftet. Der Formtrieb hingegen erwacht mit der Erfahrung der Gesetze, der Ordnung und Struktur, *durch* die der Mensch die Welt *be*greifen und selbst gestalten möchte. Beide, ebenso in der Natur selbst vertretenen Prinzipien, werden auch als *Eros* und *Logos* bezeichnet. Diese polar angelegten, einander entgegengerichteten, Kräfte hält das Kind spielend in der Balance. *»(...) der Mensch spielt nur, wo er in voller Bedeutung des Wortes Mensch ist, und er ist nur in voller Bedeutung des Wortes Mensch, wo er spielt«* – so *Friedrich Schiller.* Das innere Kind ist also der Träger unserer schöpferischen Kräfte und somit eine Voraussetzung für den inneren wie äußeren Gärtner. Für Kinder ist Spielen ein Weg, den Umgang mit dem Leben zu üben – und auch für das Kind im Erwachsenen – kreative Lösungen zu finden. Doch Spiel an sich ist immer zweckfrei und ein Ausdruck von Freude und Begeisterung. *Freude und Liebe für das, was man tut, die Hingabe daran, sind dabei ein nicht zu trennendes Paar und bilden mit dem inneren Frieden den ›Dreiklang‹ unseres ›höheren Wesens‹.* Liebe weckt den Geist. In der Be-Geisterung, dem Enthusiasmus, liegt das Geheimnis allen schöpferischen, also auch gärtnerischen Tuns begründet. Enthusiasmus ist göttlicher Rausch. Kinder sind dazu fähig. Doch wie oft fällt ihre Wildheit und Begeisterung den Erwachsenen lästig. Wie oft äußern sie sich abfällig und geringschätzig darüber gegenüber dem Kind, wie schon ihre eigenen Eltern, verfinstern ihre Mienen, zeigen sich gereizt, bis das Kind sich schließlich selbst sein wildes Ungestüm verbietet, um nicht die Liebe der Erwachsenen zu verlieren. Schließlich werden sie ganz *brav,* wie sich die Erwachsenen auszudrücken pflegen, und passen sich an, verlieren so immer mehr die Fähigkeit, etwas aus sich selbst hervorzubringen, echt und wahrhaftig zu sein. Leitet sich das Wort brav im übrigen nicht von *Bravour* ab? Wird in dieser *Tapferkeit* womöglich der Grundstein zu einer Art Heldentum gelegt, für das *hierarchiegetrimmte Ja-Sager* geradezu prädestiniert sind – eine Art von Tapferkeit, die daraus resultiert, *daß man unserem Herzen den Mut abgekauft hat, nein zu sagen, um den Preis der Liebe, in zweifacher Hinsicht? Zum einen wollten wir die Liebe der Eltern nicht verlieren, zum anderen lernten wir so, den ersten Schritt gegen unser eigenes Herz tun.*

Doch Liebe ist mehr als nur Gefühl. Sie ist die Urkraft, die ›kosmische Intelligenz‹ selbst, deren männlicher Aspekt beständig aus der Quelle der Schöpfung in diese hinein, durch diese hindurch fließt und sie dadurch erhält. Sie ist das ›magische Netz‹, das alles Seiende durchdringt, verbindet und auch die Gegensätze eint. Ihr weiblicher Aspekt fließt uns aus der mütterlichen Mater(ie), unserem Wurzelgrund, der Natur, zu. Das menschliche Herz, in dem sich die Pole von Innen und Außen, Männlich und Weiblich verbinden können, ist das ›Einfalls-Tor‹ der Liebe in unser Leben. Dieses ist zugleich ›die Sonne des individuellen Seelengartens‹. Jenes Licht fließt im selben Maße in unser Herz ein und durch dieses hindurch, in dem wir dessen innere Entsprechung, den ›Göttlichen Funken‹, der keimhaft darin ruht, zum Leben erwecken. Erlischt für uns dieses Licht, weil sich das Herz zunehmend verhärtet, verödet unser innerer Garten in Kälte und Dunkelheit. Als Kinder hatten wir noch offene Herzen. Sie waren so offen und transparent wie unsere Minen und unser Blick. Sie haben sich erst später *im Kalkül* zunehmend verschlossen. Im Augenblick schöpferischen Tuns aber können wir wieder ganz Kind sein. Gelingt es uns, Tätigkeiten zu wählen, denen sich das Herz öffnen kann, weil wir Freude daran haben, weil sie im Einklang mit dem GEIST und *unserem* Geist gemäß sind, kann die Liebe wieder in uns eindringen, uns zunehmend reinigen und verwandeln. Dann strahlt das innere Kind durch die verhärteten Züge unserer verschiedenen Masken des Erwachsenen-Daseins erneut hindurch. Ausschlaggebend für eine wahre Umwandlung ist aber, daß wir dieses Licht, entgegen aller inneren und äußeren Widerstände, auf sämtliche Tätigkeits- und Beziehungsfelder all unserer Gärten ausdehnen, indem wir unsere Kreativität maximal beanspruchen, diese so zu gestalten, daß das auch möglich wird und dabei unseren unverwechselbaren Weg finden. Dadurch werden wir nach und nach zum *Kanal für die Liebe* und unser Leben zum Schauplatz durch sie bedingter Metamorphosen. So tragen wir dazu bei, sie in unserem Inneren und dem eigenen Umfeld zu akkumulieren. Sie ist das Licht, das die Täuschung, die Dunkelheit der materiellen Welt auflösen kann. Wo wir in unserem Tun von ihr getragen sind, gibt es keine Zeit mehr. Dort sind wir ganz und gar im ewigen Meer der Gegenwart, im Augenblick des Schaffens, der Begegnung, der Beziehung; wir sind in der Fülle, angekommen; die Unruhe fällt von uns ab. Niemand kann uns das besser vor Augen führen, als ein spielendes Kind oder ein Kind, das sich in jeder nur vorstellbaren Form dem Moment hingibt. So wie die Menscheit ihre äußere Einheit im Geist durch wachsende Bewußtwerdung, Erkennen und Handeln, neu zu erringen hat, wiederholt sich die *Vertreibung aus dem Paradies* in jedem Menschenleben noch einmal im Kleinen. Auch hier beraubt uns der Verlust dessen, was wir während der Kindheit noch unbewußt besessen hatten, unserer Glücksfähigkeit. Diese schmerzhafte Erkenntnis läßt uns auf die Suche gehen: *nach dem verlorenen Paradies* – im Kleinen wie im Großen.

Ist der Eros die Anziehungskraft, die innerhalb der polaren Zerstückung der Welt zu einer neuen Ganzheit hin wirkt, so ist die Liebe die Kraft, die uns aus der ungeteilten Ganzheit des Absoluten entgegenströmt. Liebe kann dort am besten in uns, aus uns und durch uns fließen, wo wir in Kontakt mit unserem *inneren Kind* kommen. Und nirgends geht das einfacher, als im spielerischen Umgang mit der Natur – Kinder, so sagte der italienische Dichter *Giacomo Leopardi* sähen alles in nichts, Erwachsene dagegen nichts in allem. Ein weiser Gärtner lernt, alles in allem zu sehen, wie dieser Ausspruch genaugenommen lauten müßte, wenn man auf den literarischen Effekt verzichtet. Unsere Sinne beanspruchend und spielend, lernen wir wieder, allseitig in Beziehung mit den Dingen zu treten, damit diese sich uns mitteilen können, unsere Einbildungs- und Vorstellungskraft anregen, womit sich das Geheimnis des Ganzen abermals in scheinbar unbedeutenden Details anzudeuten beginnt. *Doch wir müssen uns den göttlichen Rausch der Begeisterung wieder erlauben und ›unserer Seele die Zügel lassen‹.* Eine Voraussetzung dafür ist, daß wir uns eine Umgebung schaffen, ein Lebens-Umfeld, in dem wir es uns auch gestatten können, uns seelisch wieder zu öffnen und das *innere Kind* einzuladen. Denn die Seele ist wie eine Blume, die sich vor widrigen Einflüssen, der rauhen Atmosphäre der Fremdbestimmung verschließt und erst *einer neuen Morgensonne* wieder öffnet. *Innerhalb der Familie, in die wir hineingeboren wurden, wird diese Öffnung schwierig sein. Denn dort herrschen ja gerade die Mechanismen vor, die uns, wie auch unsere Eltern und meist schon deren Eltern, verschlossen haben.* Schützen wir *unser Kind* also so lange vor diesen Einflüssen, bis es sich innerlich von ihnen befreit hat. Dann kann das heilsame Licht, das von ihm ausgeht, auch unsere Familie erreichen. Denn wenn einer aus den familiären Mechanismen ausbricht, ist bereits ein unglückliches Band zerrissen, und es können die Glücklicheren zwischen den Mitgliedern der Familie genährt und gestärkt werden. Wir dürfen uns im Interesse der Weichheit, Offenheit und Transparenz unseres wahren Wesens auch von der Familie nicht in das Zwangskorsett unserer Masken und Rollen einsperren lassen. Dazu gehört, daß wir uns bewußt schützen lernen, wo es nötig ist, um auf dauerhafte Festungsmauern verzichten zu können, die sonst zum Kerkerverlies für unser inneres Kind zu werden drohen. Ein Kind kann sich der Umstände noch nicht erwehren. Deshalb verschließt es sich. Doch als Erwachsene liegt es in unserer Hand, das *innere Kind zu befreien,* der *Bravour* die *Courage* entgegenzuhalten. *Wir müssen unsere Kinder-Seele befreien, damit die Seele sich mit Hilfe des Herzens reinigen und dem Geist wieder öffnen kann.* Überwinden wir unser *Selbstmitleid* und nehmen den schwierigen, weil an äußeren und inneren Widerständen reichen Weg der Befreiung an. Haben wir *Mitgefühl* mit unserem *inneren Kind* – gerade dann, wenn wir auch selbst einmal Kinder *haben wollen* oder bereits *haben* (*haben!* – eine schreckliche Formulierung, diese so übliche). *Denn nur ein Kind kann ein Kind verstehen. Nur ein gesundes, freies Kind ist schöpferisch und zur Liebe fähig. Und nur ein glückliches Kind kann ›seinem‹ Sohn, ›seiner‹ Tochter einen kindgemäßen Boden bereiten.*

Und vielleicht sollten wir der Phantasie und Kreativität unseres *inneren Kindes* dann auch nicht gleich wieder mit dem *erhobenen Zeigefinger* eines *Garten-Ratgeber-Buches* neue Fesseln anlegen. Lernen wir doch erst einmal wieder zu spielen, bevor wir unseren Garten anlegen. Besinnen wir uns auf die Dinge, die wir von Herzen schon immer gerne tun wollten. Manche von ihnen werden den Versuch überdauern und vielleicht zu grundlegenden Gestaltungs-Elementen unseres *Gartens* werden. Zwar möchte und braucht jedes Kind, daß man es schützt, es lehrt, also grundsätzliche Dinge zeigt und vormacht. Doch darf das keinesfalls so weit überhandnehmen, daß sein Zutrauen in die eigenen Fähigkeiten und Einfälle schwindet. Denn die Kreativität übt sich an der Herausforderung, *eigene* Antworten auf unvorhergesehene Situationen finden zu müssen, die selbst provoziert wurden. Beweglich eine *Antwort* auf ein Problem geben zu lernen, ist auch eine Grundvoraussetzung dafür, Ver*Antwort*ung zu übernehmen und ein *fähiger Mensch* zu werden. Dazu gehört vor allem auch, Fehler machen zu dürfen. Sie sind eine Voraussetzung, eigene Lösungen zu finden, was gleichbedeutend damit ist, seine Intelligenz zu entwickeln, deren Grundwesen selbsttätig und schöpferisch ist. Ein Kleinkind besitzt meist noch die Fähigkeit, *ohne* Ängste vor Fehlern in Beziehung zu seiner Umwelt zu treten, ohne Wenn und Aber etwas zu *probieren,* daraus zu lernen und sich so spielerisch zu entwickeln. Dort sollte unser Weg wieder hinführen.

Doch welches Kind hatte schon Eltern, die immer geduldig waren und es fortwährend ermutigten, nicht aufzugeben, die eigenen Ideen zu erproben und sich selbst zu vertrauen. Wie bekannt sind uns allen Reaktionen wie: »*Du machst das falsch. Du kannst das nicht. Komm laß mich das machen. Ich habe dir doch gleich gesagt, daß das so nicht geht.*« Solche Sätze prägen sich tief ein und werden zu *Programmierungen,* die jede Initiative untergraben und so unsere Kreativität bereits im *Aufkeimen* blockieren. Wie sollen wir aber ohne unsere Kreativität lernen, unseren unverwechselbaren Garten anzulegen? Ohne sie wird er vielleicht aussehen wie der Nachbarsgarten oder bestenfalls wie der aus irgendeiner Illustrierten, falls wir die Ausdauer dazu besitzen. Wenn wir aber herausfinden wollen, wie *unser* Garten aussehen soll, müssen wir uns wieder mit unserem *inneren Kind* verbünden. Wir müssen in seine *Seelen-Landschaft* schauen lernen. Wir müssen es förmlich befreien von all den einengenden negativen Glaubenssätzen, die in unserer Familie von Generation zu Generation weitergereicht wurden. Wir müssen uns Zeit für unser Kind nehmen, es fragen, was es gerne möchte, treu zu ihm halten, es annehmen und nach all den erlittenen Demütigungen und Mißachtungen wieder in den Stand setzen, der ihm zusteht. Denn dieses Kind, das sind wir selbst. In ihm liegt das Zentrum unserer Kraft. Um diesem Kind wieder zu begegnen, das wir einst waren und unter vielen Schichten verschüttet noch sind, müssen wir uns zuerst einmal zurückerinnern an die Erlebnisse, die in uns unauslöschlich den Abdruck eines Zaubers der Lebendigkeit hinterlassen haben. Dort gilt es erneut anzuknüpfen. Unnötig zu betonen, daß es dazu freier Zeit und Muße bedarf, daß es nötig ist, sich Inseln zu schaffen in diesem allgemeinen Totentanz fremdbestimmter leerer und lärmender Betriebsamkeit.

Sensibilisieren wir erneut unsere Sinne in der Natur. Dadurch können wir uns wieder an ihre Schönheit verlieren, in der wir während der Kindheit ganz aufgegangen sind. Denn *»ehe ihr nicht wie die Kinder werdet, werdet ihr nicht ins Himmelreich kommen«.* Ohne unser Kind-Sein wird es auch sehr schwer werden, auf der Erde Paradiesgärten anzulegen, geschweige denn diese Erde selbst in einen zu verwandeln. Wir stehen dabei nicht nur dem eigenen inneren Kind gegenüber in der Pflicht, sondern auch denen der anderen. *Denn so wie wir unser inneres Kind behandeln, gehen wir auch mit denen der anderen um. Letztlich lassen sich doch jeglicher Narzismus und Egoismus, worauf dieses Christus-Zitat anspielt, auf die Verletzungen des Kindes in uns zurückführen. Wer in seiner Kindheit mißachtet wurde, hat gelernt, sich selbst zu mißachten. Wie soll er andere achten? Wer sich selbst mißachtet, liebt sich nicht. Wer sich nicht liebt, will glänzen und ist ohne Unterlaß auf der Suche nach Anerkennung und der Liebe anderer. Fehlende Selbstliebe, die auf Mißachtung und Verletzung des Kindes in uns beruht, ist der typische Nährboden zu jeglichem Narzismus.* Ein solcher Mensch läuft Gefahr, sich an die Güter der Welt und seine krankhafte Geltungssucht zu verlieren, sich daran totzufressen, eine Spur der Verwüstung hinterlassend und dabei am ärgsten Mangel, dem seiner selbst, zu verhungern, falls es ihm nicht gelingt, seine

Verletzungen zu heilen. *Doch um dieses Himmelreiches wegen, zu dem nur die Kinder Zutritt finden, bedarf es eines reinen Herzens, das frei ist von Hintergedanken, befreit vom Würgegriff seelenkorrumpierender Erwachsenenschlauheit.*

Um die Fähigkeit zum kreativen Spiel zurückzuerlangen, müssen wir wieder zu träumen lernen. Unsere Träume und Vorstellungswelten geben uns die Ideen, Bilder und Visionen ein, welche zu Grundlagen unserer Gestaltungen werden können. Jedoch nutzt das alles gar nichts, falls es nur beim Träumen bleibt, wenn wir nicht Mut entwickeln und uns täglich darin üben, *über unseren eigenen Schatten zu springen.* Wir müssen die Schranken, in die man uns gewiesen, hinter die man uns verwiesen hat, täglich überschreiten, Schritt für Schritt, immer ein wenig mehr, damit wir aufhören, uns mit ihnen zu identifizieren. Tun wir das nicht, dann legitimieren wir unser eigenes Minderwertigkeitsgefühl rückwirkend. *Es zählt eben nicht allein die persönliche Erfahrung. Sie ist ohnehin meist subjektiv und spiegelt und bestätigt nicht selten nur unsere bestehenden Meinungen von den Dingen, entsprechend unserer engen Beschränkungen, den Fesseln und Knebeln unserer Vorstellungen und Verhaltensmuster. Genauso wichtig wie Erfahrung sind Selbstdistanz, Kreativität und Ideen. Erst die konsequente Anwendung einer bestimmten Idee verhilft uns zu neuen Erfahrungen. Ein Mensch, der die eigene Erfahrung absolut setzt, ohne sie, und dabei sich selbst, zu hinterfragen, ist unfähig, eine gegebene Situation anders einzuschätzen, als er es gewöhnt ist, unfähig, weitere Möglichkeiten zu sehen und somit seine Verhaltensgrenzen zu erweitern.* Sein Garten droht zu versteinern.

Wir müssen die kindliche Fähigkeit zu absichtslosem Tun wiedererlangen, damit die *Ideen* aus ihrer eigenen Dynamik heraus Gestalt annehmen können. Nicht wir übernehmen dabei die Führung, sondern die Idee. Ein Kind fragt auch nicht, wozu es etwas tun soll. Es wird einfach tätig, aus Begeisterung und spielerischem Antrieb, weil es das liebt. Und so erschafft schon das Kind ganze Welten im Spiel, die es mit seinem *inneren Kosmos* besiedelt. Dabei spricht aus seinem Spiel eine Stimme zum Kind, die sagt: Gestatten, das bist Du. Der Urdrang zu jeglichem künstlerischen Tun ist also bereits im Kinde verankert. Dieser Antrieb ist sein göttliches Erbe – d*as Kind des Schöpfergottes als potentieller Schöpfer eigener Welten und neuer Gärten.*

Wieder wie die Kinder zu werden, bedeutet natürlich nicht, daß wir regredieren und uns zurückentwickeln sollen, wie manch seniler

Greis, dem die Geisteskräfte schwinden. Es kann nicht erstrebenswert sein, wieder kindisch und unreif zu werden, unseren Verstand zu verleugnen – im Gegenteil –, denn es gibt keinen Weg zurück. Der Verstand soll uns aber im Herzen wohnen. Denn es geht sowohl um *die Balance zwischen ›Stoff- und Formtrieb‹* als auch um *die Reinheit der Motive.* Das spielende Kind hat das WESENtliche noch nicht verloren. Wir müssen erst auf höherem Niveau wiederfinden, was wir bereits, vielleicht unbewußt, besaßen, bevor es uns durch die Umstände genommen wurde. *Falls wir diese Reinheit nicht zurückerlangen und uns nur von Zwecken beherrschen lassen, degradieren wir unser Leben zum Mittel.* Nur die Liebe zu allen Dingen gewährt *Unmittelbarkeit.* In dem Garten, in dem die Liebe regiert, sitzt ein Kind auf dem Thron und der Verstand hat Ministerrang. Das ist die Voraussetzung dafür, daß wir unser Leben leben und es nicht *zu Markte tragen. Wer etwas nur für Lohn tut, verkauft sein Herz scheibchenweise.*

So hängen Liebe, Kreativität und inneres Kind zusammen. Und wenn wir einen Paradiesgarten anlegen wollen, ist unser inneres Kind unser wichtigster Verbündeter. Da kann uns kein Ratgeber-Buch weiterhelfen. Entwickeln wir Strategien, unser inneres Kind zu befreien, um sein Potential zur Liebe, zu Freiheit und Kreativität zurückzuerlangen. *Fassen wir uns ein Herz.* Ziehen wir also das *geschärfte Schwert unserer Unterscheidungskraft* und schneiden seine Fesseln mit entschiedener Konsequenz durch. *Wie Sie das konkret tun können? Ich weiß es nicht, denn ich kenne weder Sie noch Ihre persönliche Geschichte.* Ich weiß nur, daß ich selbst immer noch auf dieser *Reise* bin. Seien Sie also so kreativ, wie es Ihnen gerade möglich ist! Ein Sprichwort sagt: Den Mutigen gehört die Welt. Doch davon einmal abgesehen, daß es des Mutes bedarf: *Welche* Welt ist damit gemeint? Was würde Ihnen die Welt schon nutzen, was würde es Ihnen helfen, die ganze Welt zu besitzen, solange Ihnen der Zutritt zu ihrem *eigenen einzigartigen Garten* verwehrt bleibt? Wahrhaft groß ist nicht, die Welt zu erobern, sondern die eigene Welt in Besitz zu nehmen und hinauszugebären, diese persönliche Welt der Welt zu schenken, sie um diese eine Facette zu bereichern. Wer sich aufmacht, seinen Weg zu finden und unerschrocken Prüfungen besteht, muß in der Regel auf den *inneren Führer,* die *innere Stimme,* die auch untrennbar mit unserem Gewissen verbunden ist, nicht lange warten. Ein weiser Mensch hat zu mir einmal gesagt: Je öfter wir diese Stimme mißachten, um so seltener und undeutlicher werden wir sie hören. Dem Umkehrschluß, der sich aus dieser Aussage ergibt, möchte ich meine Empfehlung aussprechen.

Bisher ging es um Kreativität, die von Liebe getragen ist; jedoch auch um die blockierte Kreativität. Nicht zuletzt sei aber darauf hingewiesen, daß die Kreativität eine Kraft ist, die auch bereit ist, andere Wege zu gehen, in den Dienst eines anderen Herren zu treten, wenn das Herz verschlossen bleibt und so Machtbesessenheit, Eitelkeit und Egoismus die Oberhand gewinnen, wie all die *Machiavellisten* und Drahtzieher manch raffinierter *Liaison dangéreuse,* die genialen Schöpfer finsterer Machwerke und obskurer Gärten, uns seit jeher vor Augen führen.

Das Kind im Garten des Eros

Zu Anfang des Essays war bereits die Rede davon, daß die Kreativität des Kindes durch die sinnlich-seelische Erfahrung der Natur geweckt wird, wodurch es im Spiel gestaltend mit der Natur umgeht. Damit haben wir bereits ein wesentliches Grundmotiv gärtnerischer Arbeit entdeckt. Diese sinnlich-seelische Einwirkung durch die Schöpfung ist eine zutiefst erotische. Und so ist es auch nicht verwunderlich, daß die seelische Sensibilität und die Aufwallung schöpferischer Kräfte einen Gipfelpunkt erreichen, wenn im Übergang von der Kindheit zur Pubertät die Macht des Eros die Seele voll erfaßt. Diese Art von Liebe ist es doch, die unseren künstlerischen Schaffensdrang, unsere Vorstellungskraft am stärksten anregt und das Edelste unseres Wesens zum Vorschein bringt. Denn mit nichts Geringerem wollen wir uns doch dem *geliebten Du* zeigen, als dem Besten, das wir aus uns hervorbringen zu können glauben. Und nichts anderes wiederum als ihr Edelstes und Bestes erlaubt uns die Liebe in der Geliebten selbst wahrzunehmen. Zweifellos offenbart sich der liebende Eros in seiner reinsten Form meist in der ersten Liebe – noch bevor der Haben-Drang des Sexus voll erwacht ist. Die natürliche Befangenheit und Schüchternheit, dieses *dämonische Neuland* gemeinsam zu betreten, schenkt der ersten Liebe oft einen Zauber und eine geistige Höhe, die bei allen weiteren Beziehungen nicht selten durch eine mögliche Profanisierung seitens eines vertraut gewordenen und direkter fordernden Trieblebens abgeschwächt werden

kann. Zweifellos ist es dieser liebende Eros, der unser inneres Kind sich zu seinem vollen Schöpferdrang aufschwingen läßt. Denn die Aussicht, daß die Geliebte unseren Garten besuchen könnte, genügt, all unseren Ideenreichtum herauszufordern, diesen in ein Paradies zu verwandeln, zu einem gestaltgewordenen Liebesgedicht zu formen, in dem wir uns auch selbst erkennen und uns so der Geliebten mittelbar schenken können. Und ebenso bauen wir dabei dieser Liebe ein bleibendes Denkmal, etwas, das auch dem Idealbild, das wir von der Geliebten in uns tragen, würdig sein kann. *Im Anlegen eines Gartens drückt sich immer eine tiefe Sehnsucht nach Vollkommenheit aus – eine Sehnsucht, hinter der unser Seelengarten selbst zuweilen zurückbleibt. Gerade an diese Sehnsucht rührt aber der ›liebende Eros‹.* Von König *Nebukadnezar* ist beispielsweise überliefert, daß er für seine Gattin riesige Terrassengärten, die von Gartengewölben getragen wurden, anlegen ließ, um ihr Heimweh nach dem Gebirge zu lindern. Die Liebe beflügelt, schöpferisch über die eigenen Grenzen hinauszuwachsen, da sie uns verwandelt und dadurch auch unseren Blick auf die Dinge verändert, sie vor unserem inneren Auge transzendieren läßt, und verklärt. *Und vielleicht trifft uns gerade diese Liebe mit dem Stachel göttlichen Giftes, das uns eine Sehnsucht nach Vollkommenheit einpflanzt, die in uns ein tiefes Ungenügen am gewöhnlichen und endlichen Sein sät.* Glücklich darf sich schätzen, wem bereits in der ausgehenden Kindheit die Erfahrung einer solchen Liebe zuteil geworden war. Er wird dieses innere Leitbild nie ganz verlieren, und sofern sein inneres Kind nicht ganz verschüttgeht, wird dieser Zauber seinen Glanz über jede weitere Liebe breiten. Es wird helfen, im Geliebten immer seine besten Eigenschaften zu sehen und an diese zu appellieren, anstatt sich auf den faulen Handel einzulassen, die Schwächen des anderen zu suchen, um damit das eigene Mittelmaß zu rechtfertigen, zu dem unsere Trägheit und die Macht der Gewohnheit im Alltag nur allzu gerne zurückzukommen bereit sind. Die Erfahrung einer solchen ersten Liebe ist wie ein Licht, das uns den Weg zu unserem inneren Paradiesgarten erhellen kann.

Garten als Spiegel von Gesellschaft und Psyche

Ideal und Wirklichkeit des Gärtners

Idealität

Man mag scheinbar zu Recht behaupten, daß es sich in diesem Buch um gänzlich realitätsferne und romantisierende Darstellungen eines Berufsstandes handelt. Tatsächlich gehe ich von einem selten anzutreffenden Ideal aus:

- Der Gärtner kann über seine Lebenszeit frei verfügen und befindet sich nicht in einem weisungsgebundenen Arbeitsverhältnis.
- Seine Auftraggeber, falls es sich nicht um den eigenen Garten handelt, lassen ihm weitgehend freie Hand in der Gestaltung.
- Gartenarchitekt, also Planer und ausführender Gärtner sind unabdingbar in einer Person vereinigt. Andernfalls wird der Gärtner zum reinen Handlanger eines von der Natur meist getrennt in seinem Bureau abgeschieden arbeitenden Menschen degradiert, der die Planung in einem Wurf macht, anstatt innerlich flexibel zu bleiben und in direktem Umgang mit der Natur ausprobiert, verwirft, ändert und in diesem Dialog auch bereit ist, neue Inspiration und neue Einfälle zu empfangen.
- Der Gärtner findet trotz aller äußeren Widerstände, kraft seines Willens und seiner Hartnäckigkeit, Wege, *seine* Vision in einer seinen Verhältnissen entsprechenden Größenordnung zu verwirklichen, wenn nicht beruflich, so privat.

Alle anderen sind, gemessen an meinem Ideal, eher Gartenarbeiter als Gärtner. Jenes Ideal richtet sich an einem Menschen aus, der sowohl Künstler als auch Gärtner ist, wie das bei *Pierre-Auguste Renoir* oder *Claude Monet,* einem anderen großen Impressionisten, der Fall war. In seinem prachtvollen kleinen Park, den Monet in *Giverny* angelegt hatte, herrschte zu jeder Jahreszeit eine rauschhafte blumige Fülle vor, die für einen französischen Garten damals gänzlich untypisch war.

Monet galt in seiner Zeit auch unter Botanikern als Koryphäe und als bedeutender Sammler von Pflanzen, der so seinen Beitrag zur Bereicherung der Gartenkultur leistete. Er war aber alles andere als eine zwanghafte, rigide Persönlichkeit. Er konnte *lassen*. Viele Wildblumen durften sich bei ihm selbst aussäen und so verbreiten. Dadurch bildeten sie in ihrer schlichten Vollkommenheit eine harmonische Einheit mit spektakuläreren Zuchtformen. Ein Garten von solch vielfältiger Koexistenz wie der Monets, stellt sich wie eine *jahreszeitliche Uhr* dar, dessen ständiges Werden und Vergehen das Voranschreiten der Zeit durch das Jahr in allerkleinsten Einheiten, von Tag zu Tag sichtbar macht. Pausenlos ist er in Veränderung. Neue Blumen kommen, andere gehen. Schichten der Vegetation streben empor, überschreiten den Gipfel ihres Lebenszyklus, sterben ab und werden von neuen, andersartigen durchdrungen und abgelöst. Ein solcher Garten ist wie eine *Jahreszeitenuhr mit Sekundenzeiger.* Er ist ein Mikrokosmos des Werdens und Vergehens, pausenloser Metamorphosen. Blumen manifestieren sich in verschiedenartigster Schönheit, und viele liegen, kaum daß man ihrer gewahr geworden, bereits wieder auf dem Altar des Todes, hinter dem das LEBEN ewig neu und verschwenderisch die Farben mischt. Die Quelle von Monets Wirken lag in seiner persönlichen Beziehung zu den Dingen. *»Das Sujet ist für mich von untergeordneter Bedeutung. Ich will darstellen, was zwischen dem Objekt und mir lebt.«* Sein Schaffen *entbrannte* sich ihm am Funken der durch eigene Affinität entstandenen Begegnung, war also ein zutiefst erosbehaftetes. Gerade diese Verbundenheit öffnet den Künstler in seiner Hingabe und läßt ihn über sein Herz etwas von der inneren Natur, dem Wesen der Dinge erfassen, während er sich dabei zugleich selbst ergründet. Diese *Essenzen* werden dabei durch seinen subjektiven Filter, seine individuelle Wahrnehmung gelenkt und eingefärbt. So ist auch seine Kunst zum einen immer Ausdruck subjektiver Wahrnehmung und Beziehung, zum anderen, dem Grad des eigenen Bewußtseins entsprechend, ebenso von essentieller Aussage. Was für den Maler Monet gilt, charakterisiert ihn als Mensch und berührt deshalb ebenso seine Haltung gegenüber der Naturgestaltung.

Dabei braucht man aber für dieses *gärtnerische Ideal* weder ein Maler zu sein, noch ist es von aufwendigen und so großflächigen Anlagen abhängig, wie dem Garten von *Giverny.* Ein Schrebergarten oder ein Balkon genügen. In Japan, dieser Inselnation mit sehr begrenztem Raum, wurde eine Gartenkunst entwickelt, die sich in der *Bonsai-Kultur* sogar auf wenigen Zentimetern entfaltet. Zur geistigen Versenkung und dem Dialog mit der Natur ist selbst diese Fläche nicht zu klein. *Wesentlich ist, daß wir lieben, was wir tun.* Wir können uns nicht erlauben, nur für äußeren Lohn zu arbeiten. Natürlich ist die Bezahlung wichtig, denn sie ermöglicht im Idealfall, uns voll und ganz dem widmen zu können, was wir lieben; doch wo sie das zentrale Motiv des Handelns abgibt, verkaufen wir unsere Lebenszeit für Geld, ohne sie für unser inneres Wachstum einsetzen zu können. Und was nutzt uns alles Geld der Welt, wenn unser unwiederbringliches Leben verkauft ist? Falls es aufgrund äußerer Umstände aber nicht gelingen sollte, tun zu können, was wir lieben, begegnen wir der Herausforderung, den Bedürfnissen unseres inneren Kindes wenigstens so weit entgegenzukommen, daß es Liebe in alle täglichen Tätigkeiten einfließen lassen kann. Wenn es uns nicht möglich ist, aus dem äußeren Gefängnis ganz auszubrechen, müssen wir unseren Garten eben *hinter den noch verbliebenen Gitterstäben* zum Blühen bringen, damit unser Leben nicht verlorengeht, die Sonne des Seelengartens nicht erlischt.

Zwischen uns und dem höchsten Ideal befindet sich eine Art Stufenleiter. Es ist immer eine Frage des eigenen Anspruchs, auf welcher *Sprosse* wir Ruhe finden, eine Frage unseres persönlichen Ideals und wie ernst es uns damit ist. Und nicht zuletzt kommt es darauf an, wie untrüglich unsere Selbst-Wahrnehmung und die Wahrnehmung der eigenen Situation ist. Trifft das nicht auf alle Bereiche, all unsere Gärten zu, den Seelengarten, den Garten des Eros und der Freundschaft, unser Aufgabenfeld im Leben, die Kunst, wie auch den ganz konkreten Garten vor unserer Haustür? All diese Arten von Gärten sind doch in inniger Wechselbeziehung miteinander verwoben.

Ein *sogenannter Realist,* der sich stets am Mittelmaß, am üblichen Lauf der Dinge ausrichtet und keine Wirklichkeit daneben anerkennt, wird seinen Garten niemals kennenlernen. Er hat sich bereits bequem in einem *kleinen Winkel seines Vorgartens* eingerichtet, ohne meist auch nur Bereitschaft zu zeigen, der Möglichkeit einer Besitznahme seines *vollständigen Territoriums* und dessen eigenverantwortlicher Gestaltung Einlaß in sein Bewußtsein zu gewähren. Nie wird er seine Tiefen kennenlernen, nie seine Gipfel. Und wie soll er seine Grenzen erweitern, wenn er ihnen nicht einmal begegnet?

Ein *Idealist* hingegen, der sich mit seinen Träumen von der rauhen Realität abschottet, hat etwas Tragikomisches. Meist ist er eine edle, aber allzu zarte Pflanze, die Angst hat, draußen unterzugehen.

Ein Idealist, der jedoch mit sich ringt und nicht darin ruht, unbeirrbar seine Ideale zu erproben und zu verwirklichen, ist ein Visionär, ein Mensch, der die ›reale Welt‹ mitformt. War es Hermann Hesse, von dem der Satz stammt, daß man *das Unmögliche wagen* muß*, um das Mögliche zu erreichen?* Egal von wem er auch ist – Wahrheiten kann ohnehin niemand besitzen, man kann sich ihnen nur öffnen, ihnen durch das eigene Leben Gestalt geben, an ihnen selbst wahr werden.

Realität

Kehren wir vom Idealen zurück zum ›Realen‹ und damit auch wieder zum konkreten Hausgarten: Moderne Reihenhausgärten zeugen nicht selten vom Zeitmangel ihrer Besitzer. Pflanzen dienen häufig in erster Linie als Barrikaden gegen die Blicke der allzu nahen Nachbarn. Und oft stellt ihre Konzeption bestenfalls eine Art Verlegenheitslösung für die Probleme dar, vor welche die Natur uns scheinbar stellt. So wie den Menschen häufig im Alltagsstreß zu wenig Zeit bleibt, ihren inneren Garten zu durchwandeln, liegt auch ihr äußerer meist brach im monotonen Rasengrün, eingesäumt von den obligatorischen Rabatten und Hecken. Die große Zeit der Gartengestaltung scheint mit dem Verschwinden des Feudalsystems zu Ende gegangen zu sein. Unsere heutigen Grünanlagen, dieses technokratische Wort charakterisiert sie treffend, ordnen sich eher den sportiven Bedürfnissen der modernen Freizeitwelt unter. Auch in der Ausbildung von Gartenbau-Architekten und -Ingenieuren überwiegen technische Schwerpunkte. Der Vermittlung humanistisch-universaler Bildungsinhalte sowie einer ästhetischen Sensibilisierung wird dort, wie an den Schulen im allgemeinen, zu wenig Bedeutung beigemessen. Darüber hinaus ist der ganze Berufsstand heute extrem spezialisiert. Der Gärtner an sich existiert ohnehin nicht mehr, wie es auch den Bauern nicht mehr gibt. Im produzierenden Bereich haben wir es mit einem *Pflanzentechniker* zu tun, der ohne chemisches Arsenal und industriell gefertigte Substrate unter den bestehenden Verhältnissen des Marktes nicht mehr auszukommen meint. Und auch im Dienstleistungsbereich hantiert der Gärtner meist mit einem ganzen Fuhrpark technischer Gerätschaften herum, umgeben von Motorenlärm und eingehüllt in die Qualmwolken der Dieselabgase. Häufig ist dem modernen *Gärtner* sogar der Gebrauch des Besens oder Rechens bereits zu beschwerlich geworden. Lieber benutzt er dröhnende Laubgebläse und lärmende *Staubsauger:* vorbei die Zeit stiller Beschaulichkeit? Und wie verbringt dieser Gärtner seinen Feierabend, etwa im Fitneß-Studio? Absurderweise zwingt jener *Gärtner* die Natur unserer Gärten durch eine entsprechende Vorgehensweise in die Rolle einer *Umweltsünderin,* durch deren notwendige *Handhabung* und *Pflege* er permanent nicht regenerative Ressourcen verbraucht und die Natur in ihrer Ganzheit durch Schadstoffe belastet.

Der Gärtner als Gegner der Natur

Nicht selten befindet sich der Gärtner heute sogar in direkter Gegnerschaft zur Natur, indem er, um nur einige Beispiele zu nennen, großflächig und nachhaltig das Bodenleben durch Versalzung mit künstlichen Düngemitteln, zugunsten kurzfristigen Pflanzenwachstums, zerstört oder zumindest gefährdet, oder indem er große Mengen Torf für die Ansiedlung nicht einheimischer Azaleensorten und Moorbeetpflanzen verbraucht. Torf ist ein nicht nachwachsender Rohstoff, der durch Raubbau an Heide- und Moorlandschaften gewonnen wird. Vielfach vergiftet der Gärtner von heute die Natur mit zahlreichen Pestiziden, da er auf natürliche Gleichgewichte und Regulative in seinen Gestaltungen nur allzu selten Rücksicht nimmt. Gemeint ist damit unter anderem die Anlage von Monokulturen, in denen sich *Schädlinge* besonders leicht ausbreiten oder die Wahl nicht artgerechter Standorte, welche die Pflanzen anfällig für Krankheiten werden lassen, sowie völlig überzüchteter und hochempfindlicher Sorten, die, wie mancher Mensch, kaum mehr ohne *eigene Apotheke* auskommen. Schnell greift man zur *chemischen Keule,* um der *kapriziösen Natur* ein wenig *auf die Sprünge zu helfen.* Was nicht *funktioniert,* weil es sich nicht im Einklang mit seinem Umfeld befindet, wird eben erzwungen. Antwortet die Natur in unerwünschter Weise auf unsere Zumutungen und Anmaßung, wird sie an die Kandare genommen und bekommt die Sporen. Vom Willen zum Einklang ist da nicht mehr viel zu spüren. So orientiert sich unser

Schönheitsideal nicht immer an der Natur. Manchmal versucht der Gärtner, ihr sein eigenes Schönheitsideal mit Gewalt aufzuzwingen. Für einen naturnahen Garten spricht hingegen, daß sich dort bei der großen Vielfalt pflanzlicher wie auch tierischer Arten schnell ein Gleichgewicht von sogenannten *Schädlingen und Nützlingen* einstellt. *Doch zeugt nicht bereits eine solche Überlegung von Anmaßung, nämlich jener, die Natur immer gleich einem Legitimations-Zwang gegenüber unserer egozentrischen Sichtweise von Vor- und Nachteil zu unterziehen?* Ist das die Haltung von Liebe und Respekt, die man gegenüber einem Lehrer oder einer Mutter einnimmt? Besitzt die Natur keinen Eigenwert? Liegt nicht ihr Zauber gerade im Geheimnis *ihrer* Entfaltung begründet? Warum sollte sie sich vor einer vorwiegend ignoranten Haltung menschlicher Selbstbezogenheit und Eigendünkels zu rechtfertigen haben?

Und nicht zuletzt kompromittieren wir die Garten-Natur, indem wir sie zum Müllverursacher degradieren. Anstatt die ihr entnommenen Stoffe über Kompostierung und Zerkleinerung wieder in ihren Stoffkreislauf zurückzuführen, um die Böden nachhaltig zu verbessern, stopfen wir sie in Plastiksäcke, zum Abtransport bereit. Wir entnehmen ihr in dieser Weise unentwegt organische Substanz und ersetzen diesen Verlust meist durch schädliche Düngesalze und sterile, maschinell vorgefertigte Erdmischungen auf Torfbasis.

So wie wir mit uns selbst umgehen, behandeln wir auch die Natur. Betreiben wir nicht oft ebenso Raubbau an den eigenen Ressourcen – zu wenig Schlaf, Ruhe und seelische Nahrung? Der Mangel wird durch Kaffee, Drogen und Zerstreuung kompensiert. Für das *seelische Restrisiko* hoffen wir auf unseren Therapeuten, damit wir in unserer Unvernunft nicht gänzlich untergehen. Doch kann der uns auch nur helfen, den inneren Garten selbst in Ordnung zu bringen. Anstatt uns unseren eigenen Reichtum in der Natur zu erschließen, veröden wir, während wir uns von Fernsehserien und Illustrierten berieseln lassen. Und so wie unsere äußeren Gärten verdorren dabei auch die inneren – kein Wunder, wenn wir sie nicht mehr gerne betreten. Was finden wir darin überhaupt noch? Mancher, der seinen Boden nie kultiviert hat, findet sich womöglich auf einer *Giftmülldeponie* wieder. Doch zum Aufräumen ist es nie zu spät. Und wer dazu ernsthaft bereit ist, hat immer auch das Recht, um äußere menschliche wie auch spirituelle Hilfe zu fragen.

Jede Kultivierung erfordert natürlich Zeit und liebevolle Hingabe. Nur sollten wir weder die Natur noch unser Leben ständig als Quelle ewig neuer Probleme betrachten. Fiel es uns als Kind denn so schwer, diesem *bodenlosen Mysterium* spielend, mit spielerischer Leichtigkeit, zu begegnen? Verlieren wir uns nicht an Nebensächliches. *Denn nicht selten wird diese Möglichkeit gerade von einem rigiden Netz formaler Ordnungsmaßnahmen erstickt, dessen ›enge Maschen‹ unsere Zeit zerstückeln und die ›Musen erwürgen‹.* Nicht selten zieht in unseren Gärten der Stahlbesen die Furchen tristen Konformismus' und die Gartenschere oder Hacke zählen gnadenlos ihren *Auszählreim,* was am Leben bleiben darf und was nicht. Meist kommt dabei die schlichte Schönheit äußerlich unscheinbarer Gewächse, die den Stempel Unkraut erhalten, zu kurz. In unserem Streben nach *konventioneller Aufgeräumtheit* übersehen wir die Ordnung der Natur und drohen zum *Arbeitssklaven des Gartens,* zu seinem *mühsalbeladenen Anhängsel,* zu werden. Wie oft hörte ich früher das Klagelied vieler Kunden, zu welcher Last der Garten für sie oft wird, welche Probleme er ihnen bereitet. Nicht wenige ließen es an Freude über dieses Privileg vermissen, eine gewisse Fläche unbebauten Naturlandes ihr eigen zu nennen, auf dem sie sich in völliger Freiheit kreativ betätigen oder einfach nur die Natur in ihrem selbstüberlassenen Tun betrachten können. *Ein Garten sollte immer möglichst pflegeleicht sein, fast wie die wilde Natur selbst. Wir würden ja auch nicht auf die Idee kommen, daß es unsere Ehe oder Beziehung bereichern könnte, wenn unsere Liebste zu einem ›Pflegefall‹ wird?* Bei unserem permanenten Zeitmangel gilt uns anderseits oft nur noch als schön, was uns wie eine Leuchtreklame bereits aufdringlich aus den Augenwinkeln *anspringt.* Kein Wunder also, daß die Rosenzüchter Hochkonjunktur haben. *Doch vielleicht sollten wir die Rose, uraltes Symbol der Liebe, nicht allzu bizarr überzüchten? Schon so manche hat dabei das unergründliche Mysterium ihres Duftes verloren.* Wer sich aber unter ständigem Zeitdruck befindet, kann die Zeit nie vergessen. Er bleibt ihr Gefangener und ist immer woanders, nur nicht hier. Feinere Signale aus der Gegenwart dringen kaum mehr bis in sein Bewußtsein vor.

Die weiße Blume

In Vaters Garten heimlich steht
Ein Blümchen traurig und bleich;
Der Winter zieht fort, der Frühling weht,
Bleich Blümchen bleibt immer so bleich.
Die bleiche Blume schaut
Wie eine kranke Braut.
Zu mir bleich Blümchen leise spricht:
Lieb Brüderchen, pflücke mich!
Zu Blümchen sprech ich: Das tu ich nicht,
Ich pflücke nimmermehr dich;
Ich such mit Müh und Not
Die Blume purpurrot.
Bleich Blümchen spricht: Such hin, such her,
Bis an deinen kühlen Tod,
Du suchst umsonst, findst nimmermehr
Die Blume purpurrot;
Mich aber pflücken tu,
Ich bin so krank wie du.
So lispelt bleich Blümchen, und bittet sehr, –
Da zag ich, und pflück ich es schnell.
Und plötzlich blutet mein Herz nicht mehr,
Mein inneres Auge wird hell.
In meine wunde Brust
Kommt stille Engelslust.

Heinrich Heine

Was heißt schon Unkraut – Ein weiterer Exkurs

Unkraut im Seelengarten

Die Frage, was Unkraut ist und was nicht, läßt sich wohl nur eindeutig beantworten, wenn von unserem innerem Garten die Rede ist. Manchen Blumen muß man in besonderer Weise das Terrain bereiten, damit sie sich behaupten können. Was zart in uns als Blume keimt, eine edle Regung, eine neu erwachte Tugend, ist vorerst noch wie eine verletzliche Pflanze. Wenn wir wollen, daß sie sich im Dickicht der *inneren Wildnis* behaupten kann, müssen wir sie vor weniger edlen Impulsen, Gewohnheiten und Neigungen schützen, bis sie groß und widerstandsfähig und selbst zu Gewohnheit und liebgewordener Neigung *herangewachsen* ist, damit sie sich durchsetzen kann. Erst wenn wir uns immer wieder an ihren Blüten und Früchten erfreuen, wird sie sich mühelos aus eigener Kraft behaupten. Wenn wir uns nachhaltig der Erfahrung öffnen, daß nur ein Handeln aus Liebe und wahrem Verstehen, das in einer Brauch-Beziehung schwerlich gedeihen kann, uns zu dauerhaftem Glück verhilft, wird unser *innerer Garten* in einer Weise blühen, wie es ihm beschieden ist. Voraussetzung dazu ist, daß wir lernen, das Alleinsein zu schätzen, eine Fähigkeit, die in Wechselwirkung mit unserer Selbstliebe und Kreativität steht. Die noch verbliebenen *Unkräuter* werden sich dann von alleine zurückziehen, da sie nicht mehr den *richtigen Boden* für sich vorfinden. Solange aber müssen wir sie diszipliniert jäten und eindämmen, um den bewußt gewählten Tugenden Raum und Schutz zu gewähren. Jedoch nur zu jäten, dürfte kaum genügen, solange wir nicht wissen, aus welcher Wurzel sie wachsen und wie tief diese reicht. Erst wenn wir in die Tiefe graben und sie entdeckt haben, können wir sie isolieren und ihr weitere Nahrung vorenthalten. Niemand kann uns ersparen, unsere Mechanismen zu ergründen und wie Poliphilo den Weg durch den *Wald des Schreckens* zu gehen, das Labyrinth zu durchwandern und mit dem Drachen zu kämpfen, wenn wir zum Urquell des Lebens in unserem inneren Garten, zur *Grotte der Offenbarung,* gelangen wollen. Einige *Wurzeln des Übels,* die sich fast in jedem Garten finden, sind: die Unfähigkeit allein zu sein, Vorurteile,

Dogmen, symbiotische Familienbande und der Narzißmus in jeder Form. Vielleicht wurden wir von einem Elternteil dem anderen gegenüber vorgezogen, was zur Ursache narzißtischer Selbstüberhebung geworden ist. Oder die Anerkennung blieb versagt. Haben wir uns schon von dieser Abhängigkeit befreit? Oftmals muß sogar das *Siegel des Familientabus* aufgebrochen werden, um den Weg zum eigenen inneren Garten zu öffnen. Manchmal ist auch der Boden, auf dem die Reise beginnt, unfruchtbar, ein Garten der Leblosigkeit, der Härte und Gewalt, des Mangels an Liebe, an Verständnis und all dessen, was das Leben bedarf. Dort steht uns, *sobald wir den Spaten selbst in die Hand nehmen,* einige Arbeit bevor, um *den düsteren Erbhof der Lebens- und Glücksunfähigkeit in einen blühenden Obstgarten zu verwandeln, mit vollen Granatäpfeln und den sonnenwarmen Herzkirschen des Eros, mit prallen Feigen und süßen Trauben und den rätselhaften Pflaumen, die sich noch an dem tiefen Blau des Herbsthimmels sättigen, bevor dieser ergraut.*

Überwinden wir das Erbe des Mißtrauens vor dem Lebendigen. Nicht das Leben, nicht der Tod sind unsere Gegner, denn sie sind eins, sondern die Leblosigkeit, die Mißachtung des Individuums, die *Liebe zum Leblosen,* die Nekrophilie, der so viele anhängen. Wo hingegen die Liebe zum Lebendigen genährt wird, zersetzen ihre weichen Wurzeln bald *den kalten Stein der Macht und Gewalt* in unserem *Garten.* Die Liebe wächst wie ein Baum nach unten und nach oben zugleich; und sie wächst von der Erde aus nach oben. Wer sagt, man könne das Göttliche ohne das Irdische lieben, soll es erst einmal vormachen. *Wie sollen wir über etwas hinauswachsen, an das wir noch nicht einmal heranreichen?*

Und immer wieder haben wir bei *unserer Arbeit* die Spannung zu tragen, die daraus erwächst, alten Grund zu verlassen und vom neuen noch nicht getragen zu werden, sowie die Spannung zwischen *Ist* und *Soll.* Denn bei jedem weiteren Vordringen in unseren Garten entdecken wir noch eine neue Stelle, ein neues *Feld,* das noch in Ordnung zu bringen ist. *Wir werden dabei feststellen, daß der Seelengarten nicht ganz so pflegeleicht ist wie ein naturnaher Hausgarten. Denn damit unser ›innerer Paradiesgarten‹ gedeihen kann, ist es erst einmal nötig, ›den Weg zum Licht freizuschneiden‹ und den Boden umzugraben, um ihn überhaupt wiederzubeleben.* Doch falls wir uns entscheiden, Gärtner des eigenen Seelengartens und Lebensgartens zu werden, für ihn Verantwortung zu übernehmen, anstatt die Dinge schleifen zu lassen, müssen wir ihn aktiv gestalten und, negativ ausgedrückt, alles Ungewollte daraus entfernen. Das können wir aber nur, wenn wir bereit sind, uns der Situation zu stellen, sie anzunehmen, wie sie ist. *Und das erfordert Mut, Kraft und Liebe. Doch wenn wir unseren Mut ›investieren‹ wächst uns größerer Mut zu. Je mehr wir die Liebe innerhalb unserer Grenzen zulassen, desto mehr können diese sich erweitern. Wo wir die Kraft finden, zu beginnen, wächst uns weit größere Kraft zu.*

Um unsere Grenzen erweitern zu können, müssen wir uns aber auch vor falsch verstandener Liebe schützen. Gehen wir diskret und verschwiegen mit unseren Vorsätzen um, denn das persönliche Umfeld pflegt nicht immer mit Begeisterung darauf zu reagieren, wenn einer ausbricht. Schützen wir die *zarte junge Saat* auch vor widrigem Klima, solange sie ihm noch nicht selbst standzuhalten vermag, damit sich unser *Enthusiasmus für den Neuanfang* nicht bereits in den ersten Diskussionen mit dem Ehepartner, den Freunden, der Familie etc. erschöpft. Seien wir alle Zeit diskret mit unseren *Perlen* und beginnen einfach mit konkreten Schritten. Positive Schritte finden eher Anklang als Vorträge oder gar Kritik – und wozu auch Kritik: Wir wollen schließlich *uns* ändern und nicht die anderen? Erwarten wir nicht, daß sie unserem Beispiel folgen werden – lassen wir uns auch nicht beirren, wenn sie es nicht tun. Man rettet einen Ertrinkenden nicht, indem man selbst ertrinkt. Wenn es einer schafft, nicht zu ertrinken, ist der Preis, den er manchmal dafür bezahlt: andere ertrinken zu sehen. *Liebe bedeutet jedenfalls nicht, alles mit sich machen zu lassen und aus sinnloser Loyalität mit unterzugehen.*

Kleine Philosophie am Gartenzaun

Als der Mensch von seinem Dasein als Nomade, Jäger und Sammler zu Ackerbau und Viehzucht überging, also seßhaft wurde, begegneten ihm Zäune zum ersten Mal. Eng verknüpft mit dem Phänomen Zaun ist auch der Begriff des persönlichen Eigentums. Die Identifikation mit einer Sache, mit einem bestimmten Grund und Boden, brachte die wesentliche Voraussetzung, daß der Mensch sich seinen eigenen Garten schuf. Der Zaun, in steinigen Regionen meist eine *Umfriedung,* in Form einer Natursteinmauer aus lose geschichtetem Gestein, markierte die Grenze dafür, wie weit der Bauer die Erde kultivierte und zur Nahrungserzeugung für sich und seine Angehörigen nutzte, und sie bot Schutz vor wilden Tieren.

Solche Zäune sind niemals unschön, ebensowenig wie Gebäude aus natürlichem Material das Bild der Natur beschädigen. In ihnen verkörpert sich die organische Weiterführung natürlicher Gestaltung durch den menschlichen Willen, was zu einer harmonischen Verbindung von *Kultur* und *Natur* führt. *Erst das aufkommende Industriezeitalter brachte Unfrieden in diese Ehe und trieb die beiden vor den ›Scheidungsrichter‹.*

Flurbereinigung und *Bau-Ordnung* taten das Übrige und gaben jener harmonischen Beziehung schließlich den *finalen Todesstoß.*

Vom künstlerischen Aspekt aus betrachtet, stellt der Zaun den *Rahmen des Bildes* unserer Gestaltung dar. Wie in der Malerei, und in der Kunst im allgemeinen, kommt es auch in der Gartengestaltung immer darauf an, den *passenden* Rahmen zu finden.

Maschendrahtzäune, um gleich mit einer Form zu beginnen, mit der man nichts falsch machen kann, wenn man ganz daneben liegen will, sind eher angetan, Assoziationen zu Straflagern zu wecken, als sich für irgendeine Art von Garten zu eignen. Eine *halbherzige Annäherung* an die Natur wäre da schon der sogenannte *Jägerzaun,* da er zumindest aus Holzlatten besteht. Doch weitere Eigenschaften, die ihn von den genormten Karrees des Maschendrahtes unterscheiden, sucht man vergeblich. Harmonieren wird hingegen mit jeder Art von Garten nicht feudalen Gepräges immer ein einfacher Lattenzaun, mit Querbalken, ebenfalls aus Holz, welche ihrerseits wiederum an Holzstelen verschraubt sind. Darauf weist auch *Dieter Wieland* in seiner Sendereihe *»Bauen und Bewahren«* hin, der diese und einige der folgenden Sichtweisen aus mir verwandten Augen entstammen: *Metallpfeiler entzögen einem Holzzaun bereits einen Teil seiner Wärme und Poesie und ließen ihn inkonsequent erscheinen. Wird ein Holzzaun gar auf einen geradlinigen, sauber verputzten Mauersockel gesetzt, verliere er vollends seine Glaubwürdigkeit, wie einer, der sich nicht entscheiden kann, was er sein will.*

Mauern hingegen sind immer eine *Gratwanderung* zwischen *Festungs-Charme* und der einladenden Wärme, die von der zurückhaltend bearbeiteten offenen Oberfläche natürlichen Gesteins ausgeht. Ebenso wie der Zaun als Rahmen mit unserem *Gartenbild* harmonieren sollte, soll er sich in das ihn umgebende Landschaftsbild, den Charakter des Dorfes oder unseres Stadtviertels einfügen. Jede Form industriell gefertigter Schmiedeeisen-Schnörkel, auch hierin stimme ich mit *Dieter Wieland* überein, sind unbedingt ganz und gar zu meiden. Falls wir ein Schloß oder wenigstens eine herrschaftliche Villa besitzen, können wir uns in der Tat einen Kunstschmied leisten, wenn nicht, verweigern wir dem Garten unsere Wertschätzung, indem wir seelenlose *Industrie-Rüschchen* über die Würde schlichter Schönheit stellen. Falls sich unser Geschmack allmählich gegen den eigenen Gartenzaun auflehnen sollte, leistet uns die breite Palette an Schling- und Kletterpflanzen, welche die Natur offeriert, beste Dienste.

Aus einem etwas profaneren Blickwinkel betrachtet, bietet der Zaun, je nach Beschaffenheit, auch Abschirmung und Schutz. Zumindest markiert er für andere eine Grenze, die besagt: *»Hier bist du mein Gast. Bitte respektiere meine Ordnung. Achte meinen Boden.«* Doch ist die Frage durchaus berechtigt, ob ein Zaun immer und überall vonnöten ist, und wo wir angesichts seiner Beschaffenheit Gefahr laufen, uns hinter ihm *einzumauern.* In diesem Essay ist vor allem von unserem *Seelengarten* die Rede. Auch hier stellt sich die Frage nach der Bedeutung des Zaunes.

Es hat natürlich wenig Sinn, das Unkraut im eigenen Garten zu jäten, was bereits mühsam genug ist, um sich zusätzlich vielleicht noch vom Unkraut anderer überwuchern zu lassen. Das Umfeld, die Freunde, die wir wählen, sind für unsere Entfaltung von entscheidender Bedeutung. Liebe erfordert oft, so paradox das klingen mag, uns so weit abzugrenzen, *Zäune um unseren Garten zu ziehen,* daß wir in unserer Gestaltung kompromißlos den eigenen Weg verfolgen können. Zäune können uns vor Übertretungen durch andere schützen. Sich zu verschließen muß kein Fehler – und Zäune müssen auch nicht notwendigerweise häßlich sein. Denn ohne einen gewissen Schutz, ohne Abgrenzung, ist Weiterentwicklung fast unmöglich. Wir müssen jederzeit frei entscheiden können, welchen Einflüssen wir uns aussetzen wollen und welchen nicht, wem oder was gegenüber wir uns öffnen oder verschließen. Auf diese Wahlfreiheit aus Rücksichtnahme auf Empfindlichkeiten anderer grundsätzlich zu verzichten, wäre falsch verstandene Freundschaft. Ziehen wir uns ruhig von Zeit zu Zeit für eine Weile in unseren Garten zurück. Vielleicht hängen wir ein Schild an den Zaun: wegen weiterer Umbauten vorübergehend geschlossen? *Aurelius Augustinus* sagt über die *innere Ordnung,* die ein jeder Mensch in sich selbst finden und zur Grundlage seiner Lebensgestaltung machen sollte, daß wir uns nicht der Ordnung des *Nächsten* unterwerfen dürften, sondern unsere eigene Ordnung unerschütterlich aufrechterhalten müssen.

Nur wenn wir uns gegen die *zähe Masse, den ›Kaugummi des Kollektivs‹* behaupten und unsere Individualität entfalten, werden wir im höheren Sinne gemeinschaftsfähig. Und jede Gemeinschaft benötigt einen Geist, der *über* ihr schwebt, zu dem sie aufblicken kann. *Nur wenn wir uns am Höchsten ausrichten, können wir dem Anderen überhaupt von Nutzen sein.* Zweifellos gilt: Ohne uns selbst zu entwikkeln, können wir auch andere nicht auf ihrem Weg unterstützen. Wie soll ein Blinder einen Blinden führen? Ein Mensch mit hohem Geist kann andere *heben.* Heben wir unseren eigenen Geist, sind wir für andere von Nutzen. Doch um den Geist zu heben, bedarf es sowohl des richtigen Umgangs wie auch der Abgrenzung. Wer vermag der Welt etwas zu schenken, der sich nicht immer wieder von ihr absondert und zurückzieht? Wer kann andere inspirieren, ihre Ordnung zu finden, der nicht in *seiner* Ordnung lebt? Hüten wir uns vor allem vor Menschen, die nie gelernt haben, ihr eigenes Feld zu bestellen, oder dies aus Angst und Unsicherheit verweigern. Mütter sind nicht selten geradezu prädestiniert dafür, den Garten des Kindes besetzt zu halten, vor allem, wenn es das einzige ist. Einen großen Teil ihres Lebens haben sie uns geschenkt, haben ihre Bedürfnisse zurückgestellt, um für uns da zu sein. Das ist eine Liebestat, die nicht aufgewogen werden kann. Wir können das auch dann nicht, wenn wir unser eigenes Leben weggeben – im Gegenteil, dadurch würden wir diese Liebestat ja geradezu entwerten. Jeder Mensch muß sein Feld bestellen und jeder Mensch muß irgendwann auf *sein* Feld zurückkehren. Das gilt für alle Familienangehörigen. Denn wer sein Feld, seinen Boden vernachlässigt, wird ihn im Laufe der Zeit in immer schlechterem Zustand vorfinden. Wenn wir ihn nicht pflegen und kultivieren, wird er von den Stürmen des Lebens schnell fortgerissen. Wilde Tiere nisten sich ein. Die Zäune werden morsch und verwittern. Der Regen der Melancholie und der Frost des Alterns lassen ihn rissig werden. Er fällt dieser Erosion anheim und wird fortgetragen. Und verständlicherweise wächst der innere Widerstand, den eigenen Garten so wieder an sich zu nehmen, im Verhältnis zu der Zeit, die wir, ihm gegenüber gleichgültig, verstreichen lassen, immer weiter an. Deshalb gilt es jetzt zu handeln. *Carpe diem.* Nutze und genieße den Tag.

Es gibt Leute, nicht nur in der Familie, die lieber den Garten anderer bestellen wollen. Hier kommen wir nicht umhin, ihnen ebenso liebevoll wie unnachgiebig Widerstand zu bieten. Denn sie schaden nicht nur sich selbst, sondern auch uns. Wahre Liebe bestellt das *eigene* Feld und verschenkt Blumen und Früchte, die nicht selbst gebraucht werden. Machen wir Wein aus unseren Früchten und trinken ihn mit unseren Lieben in manch langer Winternacht bei Kerzenschein. Denn was vereint sein möchte, muß zuerst getrennt werden. Was nutzt es, Unfertiges zu vereinen?

Das Wesen eines Gartens lebt auch von seinem magischen Fluidum, durch den Zauber seiner Abgeschiedenheit, seinen Geist. Lassen wir es nicht zu, daß Eindringlinge nach Belieben unsere Kreise stören. Und werfen wir unsere Rosen nicht den Schafen zum Fraß vor.

Liebe verlangt von uns nicht selten ein deutliches Nein, unerbittlichen Widerstand unseren Liebsten gegenüber, wenn sie uns zu den Komplizen *ihrer* Schwächen machen wollen. Wer selbst keinen Weg hat oder ihn nicht gehen mag, darf andere nicht aufhalten. Es kann nicht angehen, daß wir uns in den Sumpf der anderen mit hineinziehen lassen. Es beansprucht bereits die ganze Kraft, sich selbst aus dem *Sumpf eigener Mechanismen* herauszuziehen. *Die Bindekraft und der Sog dieses Sumpfes* sind schon groß genug.

Gerade in Beziehungen und Familien ist es häufig zu beobachten, daß man versucht, sich gegenseitig *unten zu halten,* da die Befreiung des anderen als bedrohlich empfunden werden kann, weil sie unbewußte Symbiosen des Stillstandes aushebelt, die eigene Trägheit und anspruchslose Selbstzufriedenheit in Frage stellt. Diese Art von Klammern ist genau das, was Liebe niemals sein kann – *Ketten und Fesseln.* Die größte Liebestat besteht aber darin, jemanden in der Befreiung von *seinen* Ketten und Fesseln zu unterstützen, damit er das eigene Fundament bauen kann, um darauf zu wachsen und Erfüllung zu finden – *falls er das will.* Doch gerade dann, wenn es nicht gelungen ist, dem eigenen Leben Sinn, Weg und Erfüllung außerhalb der Familie abzuringen, herrscht eine Tendenz vor, mit zunehmendem Alter den Garten des Kindes für sich zu beanspruchen, vor allem dann, wenn der Partner zuvor stirbt, womit es auch dem Kind erschwert wird, sich seinem Sinn zu widmen, seinem Weg zu folgen. Natürlich sollen wir uns um unsere pflegebedürftigen Eltern kümmern. Doch niemals können wir ihnen den SINN ersetzen. Sonst lassen wir uns mißbrauchen. Niemals kann es der SINN des Menschen sein, dem anderen die eigene SINNlosigkeit erträglich zu halten. Wie soll die Liebe ohne Abstand überhaupt zur Wirkung gelangen? Liebe muß sich allein deshalb distinguieren, um den SINN zu erhalten und aufrechtzuerhalten. Denn ohne ihn sind wir nur Bettler unter Bettlern. Wir sollen aber von *unserem Reichtum* abgeben. Doch müssen wir diesen Reichtum erst auch auf *unserem Weg* erlangen können. Denn *wo die Armut die Armut nährt, herrscht selten Liebe.* Oder um es in der Sprache der Gärten zu sagen: *Wenn wir selbst keine Rosen haben, können wir auch keine als Gastgeschenk bringen. Dann wuchern meistens die Kletten.* Wenn unser eigener Garten brachliegt, können wir auch niemandem zeigen, wie er seine Werkzeuge in Ordnung bringen und gebrauchen kann oder dabei helfen, *falls es gewünscht wird.*

Diese notwendige Abgrenzung erfordert jedoch immer wieder ein liebevolles Auf-den-anderen-Zugehen, um nicht in Kälte auszuarten. Nur wo liebevolle Akzeptanz waltet, kann Abgrenzung auch angenommen werden. Ich wage nun zu hoffen, daß diese Gedanken nicht geeignet sind, Illoyalität und Egoismus zu nähren oder zu rechtfertigen. Loyalität ist ein hoher Wert, zumal gegenüber der Familie, dem Liebespartner und auch den Freunden. Doch sind wir auch loyal unserer Seele gegenüber? Und was ist eigentlich der SINN und die tiefere Bedeutung von Freundschaft? Viele Menschen gebrauchen die Maske der Liebe, ohne es selbst zu wissen, um andere zu schwächen und von sich abhängig zu machen. Sie wollen unbedingt einen Menschen an sich binden, weil sie selbst schwach und abhängig sind und es mit sich alleine nicht aushalten. Das nenne ich eine *Brauch-Beziehung,* die in erster Linie vom Haben-Wollen des anderen beflügelt wird, um es kraß zu formulieren: *zwei Vampire, die es jeweils auf das Blut des anderen abgesehen haben, das der jedoch genauso wenig hat, wie er selbst. Wir sollen uns aber selbst lieben wie den Nächsten.* – So liest es sich, wenn man Subjekt und Objekt dieses allseits bekannten Appells vertauscht. Müssen wir nicht gar erst uns selbst lieben, um die Freiheit zu erlangen, den anderen lieben zu können? Lieben wir uns selbst nicht, ist unser eigener Garten eine Wüste. Dann brauchen wir den anderen als Oase. Doch wäre dieser andere tatsächlich die Oase, für die wir ihn halten, warum sollte er sich dann mit einer Wüste einlassen? In einem solchen Fall vereinigen sich also zwei Wüsten; und was dabei herauskommt, ist eine

noch größere Wüste? Vielleicht nicht immer – man kann solche Dinge nicht pauschal behaupten, wie man eine mathematische Gleichung aufstellt. Das wäre zu einfach. Denn was bei dem einen wüst darniederliegt, mag sich bei dem anderen tatsächlich oasenhaft ausmachen – und umgekehrt. Eine solche Beziehung bietet die Chance, aneinander ganz zu werden, wenn man bereit ist, voneinander zu lernen. Doch ohne Selbstliebe neigen wir nur allzuoft dazu, diesen Unterricht zu verweigern und den anderen als *Lückenfüller* zu mißbrauchen, anstatt sich selbst, und damit auch dem anderen, voneinander lernend, ganz Welt zu werden. Selbstliebe drückt sich vor allem darin aus, daß wir uns um unsere eigene innere Ordnung bemühen, zu der wir in der Zwiesprache mit unserem höheren Selbst und der Versenkung in die Natur finden können. *Denn ohne die eigene Ordnung, die sich am Höchsten ausrichtet, haben wir auch keinen Maßstab, mit dem wir dem Freunde gegenübertreten können. Wenn wir uns nicht haben, was hat er dann an uns?* Wenn er durch uns nicht Liebe und Weisheit fühlt, machen wir doch nur die eigene Unklarheit zum Geschenk gemeinsam verbrachter Stunden.

Der libanesische Dichter *Khalil Gibran* sagt über Freundschaft, daß, wenn wir von einem Freund weggehen, wir nicht trauerten, da das, was wir an ihm am meisten lieben, uns in seiner Abwesenheit noch klarer erschiene, so wie ein Bergsteiger den Berg aus der Ebene klarer wahrnehme. Für ihn soll Freundschaft keinen anderen Zweck haben, als den Geist zu vertiefen. Liebe, die etwas anderes suche, als die Offenbarung ihres eigenen Mysteriums, sei nichts anderes als ein ausgeworfenes Netz, in dem nur Nutzloses gefangen werde. Über die Ehe sagt er, daß jeder den anderen alleine lassen soll, »*so wie die Seiten einer Laute alleine sind und doch von derselben Musik erzittern. (...) Steht zusammen, doch nicht zu nah. Denn die Säulen des Tempels stehen für sich, und die Eiche und die Zypresse wachsen nicht im Schatten des anderen*«, womit wir wieder zur Metaphorik des Gartens zurückgekehrt wären. *Mein persönliches Ideal ist das zweier Gärten, deren Vollendung von der gegenseitigen Liebe füreinander beflügelt wird.* Ist es nicht schöner, jeder vollendet seinen eigenen Garten, bereit vom Geliebten zu lernen, als gemeinsam einen Garten zu schaffen, der weder des einen noch des anderen ist? – Dann schon lieber Garten an Garten leben und einander besuchen. *So sind beide sich selbst ganz Welt und auch dem anderen.* Was könnte schöner sein, als wenn die Geliebte in *ihrem* Garten auf dich wartet oder du die Geliebte in *deinem* Garten empfängst. Das verspricht reichen, nie endenwollenden Austausch zwischen Zweien, bei denen die Fülle herrscht und nicht der Mangel. Ich bitte diese *Konzeption zweier Gärten* nicht dahingehend mißzuverstehen, daß ich mit meiner Argumentation dem sogenannten *Single-Dasein* unverbindlicher, oberflächlicher und schnell wechselnder Beziehungen Vorschub leisten möchte – im Gegenteil. Ebenso wenig bin ich ein Verfechter unbedingten Alleine-Lebens. Doch gerade wenn man zusammenlebt, scheint mir besonders wichtig, daß jeder seinen Raum zur Entfaltung hat, sei es im bildlichen Sinne, von seinem beruflichen oder sonstigen Aufgabenfeld ausgehend, dem Freundeskreis bis zu den konkreten Räumlichkeiten in Wohnung und Garten. Es ist nicht gut, alles in einen Topf zu werfen. Bei vielen Paaren gerät gerade der Garten zum Austragungsort ständiger Konflikte und zur *Gestaltungsmasse unbefriedigender Kompromisse.* Doch welchen Sinn hat es, in dieser Weise seine Kräfte aufzureiben? *Lassen wir doch den anderen in seiner Andersartigkeit.* Warum kann nicht jeder bestimmte Bereiche des gemeinsamen Gartens in eigener Regie gestalten? So kann man aneinander Inspiration empfangen. Die Bereiche könnten in Dialog miteinander treten und durch einen gemeinsam gestalteten Übergangsbereich zu einer harmonischen Einheit gelangen. In jedem Fall aber gilt, um mit *Gibran* zu enden: »*Wenn die Liebe dir winkt, folge ihr, sind ihre Wege auch schwer und steil (...) Glaube an sie, auch wenn ihre Stimme deine Träume zerschmettern kann, wie der Nordwind den Garten verwüstet.*«

Als Gärtner unserer Seele beanspruchen wir also den Raum, den sie zur Entfaltung ihrer Individualität benötigt. Wir versuchen sie vor schädlichen Einflüssen zu schützen und dort so weit das Unkraut zu jäten, daß sich *die Rose in unserem Herzen* öffnen kann und nicht überwuchert wird. Wenn diese Rose sich öffnet, ist der Mensch nicht mehr verloren und sein Glück hängt nicht mehr von äußeren Umständen ab. Denn das Menschenherz ist der Tempel der Gottheit. Unser äußerer Garten soll uns dabei zwar als Rückzugsort dienen und Quelle der Inspiration sein, doch zu keinem Ort dauerhafter Weltflucht werden. Es geht nicht darum, nur noch im Garten und für den Garten zu leben, obwohl diese Schonfrist für eine Weile sehr heilsam sein und uns helfen kann, unsere Seele in der Stille zu klären und für die Schönheit zu öffnen, sie wieder zu nähren. Doch langfristig geht es um das

Lebens-Ganze. Erkennen und überwinden wir die Dämonen, würdigen dabei aber auch ihren positiven Aspekt für unser bisheriges Leben. Jäten wir Unkraut im Garten, damit *wir* Herr im Hause, Gärtner unseres Bodens sind und zum Meister unseres Lebens werden.

Erst Kultur erzeugt die Kategorie ›Unkraut in den Gärten‹

Vieles kann der Gärtner von seinem Garten lernen, vielleicht auch eine Ahnung davon, daß die Blumen Signale und Boten aus einer anderen Welt sind. Denn nur um ein Insekt zu bezirzen und zu bezaubern, bedarf es sicherlich nicht einer solch poetisch-geistvollen Gestaltung; mit Verlaub – nichts gegen Insekten. Wie könnte ein feinfühliger und naturliebender Mensch angesichts der schlichten Schönheit von Blumen und Kräutern, die noch in meiner Kindheit vielfach die Wegränder zierten, von Unkraut sprechen?

Wenden wir aber dennoch den Begriff Unkraut ›äußerlich‹, also nicht im bildlichen Sinne verstanden, an, sollten wir uns bewußt sein, daß wir damit, und das gilt selbstverständlich auch für das Wort Ungeziefer, zahllosen Seinsformen des LEBENS zumindest verbal die Daseinsberechtigung entziehen. Mit dieser Anmaßung wäre es gut, eher sparsam umzugehen, da darin immer eine feindliche Haltung gegenüber dem Leben mitschwingt. Warum? Finden Sie nicht, daß es mehr als nur ein unfreundlicher Zug ist, dem Schöpfer seine Geschöpfe vor die Füße zu werfen, sie auszureißen, mit dem Hinweis auf ihre Minderwertigkeit? Ist nicht jede Lebensform ein Kind des Mysteriums und sollte nicht leichtfertig ausgelöscht werden? Alles was ist, hat seinen Wert und Platz in der Welt und ein naturgegebenes Recht, sich unter dieser Sonne seines Lebens zu erfreuen. Lao Tse sagt: »*Die Welt ist ein geistiges Ding, das man nicht behandeln darf (...) Darum meidet der Berufene das Zusehr, das Zuviel, das Zugroß.*« Diese Haltung mag übertrieben erscheinen. Machen wir sie uns aber versuchshalber einmal für eine Weile zu eigen, so wird uns das Achtsamkeit gegenüber der differenzierten Ganzheit des Lebens lehren und in einer Weise für die eher schlichte Schönheit scheinbar unscheinbarer Lebensformen sensibilisieren, die es uns schwermacht, sie einfach auszulöschen.

Zwischen den Worten Unkraut und Ungeziefer auf der einen Seite und unwertem Leben, gesprochen von einem Tyrannen, auf der anderen, liegt zwar ein weiter Weg. Doch ist diese Linie überschaubar. Verbirgt sich hinter sauber aufgeräumten Beeten, brachgehaltener Erde und Reihenpflanzungen nicht manchmal auch eine innere Lebenskargheit bis hin zum Lebensfeindlichen, dessen letzte Konsequenz sich in sauber gereihten Soldatenfriedhöfen ausdrückt? Nur sollte uns das nicht zu allzu einfachen Schlußfolgerungen verleiten: Bedenken wir, daß es ebenso Menschen gibt, welche die Natur lieben und all ihre Liebe den Tieren oder Pflanzen schenken, aber gegenüber menschlichem Leid kalt und gleichgültig bleiben.

Wenn wir die Natur lieben und achten, werden wir sie nicht vergewaltigen. Der Liebende schändet seine Geliebte nicht. *In der Natur gibt es kein Unkraut. Ihr Wirken erzeugt Harmonie, Einheit auf der Grundlage unendlicher Vielfalt.* Gleichgewicht entsteht pausenlos neu im dynamischen Spiel des Wandels zwischen den Gegensätzen der Welt. Denn die Natur ist in ihrem Bestreben nach Gleichgewicht selbstregulierend. *Im Garten waltet jedoch nicht nur der ordnende Geist, der in der Natur verborgen liegt, sondern auch der gestalterische Wille des Gärtners.*

Ebenso wie der Mensch nicht nur Natur ist, sondern auch und vor allem individualisierter Geist und Kultur, also eigenschöpferische Gestaltung, sowie das Resultat von Tradition und Formung durch äußere Umstände, findet das gleichermaßen seinen Niederschlag in seinen Gärten. Im Idealfall finden auch dort diese drei Aspekte: Natur, Geist und Kultur, Einklang in vollendeter Harmonie. Der Gärtner wird diesen Einklang finden, wenn er die Natur liebt. Denn die Liebe findet immer ihren Weg. Er wird nicht gegen die Natur gestalten, sondern mit ihr, wenn er sein Herz von ihrer Schönheit führen läßt. Er wird immer bemüht sein, *seine Geliebte* maximal zur Geltung zu bringen, *ihre* inhaltliche Aussage künstlerisch zu verdichten, anstatt *gegen* sie zu arbeiten. Doch in jedem Fall ist sein künstlerischer Wille dabei mit im Spiel. Der Gärtner entscheidet, welche Aspekte er *herausarbeiten* möchte und welche nicht. Jeder künstlerische Eingriff in die Natur ist eine *Setzung* und somit immer auch eine Entscheidung gegen etwas. Erst der Wille des Gärtners erzeugt die Kategorie Unkraut, indem er die Welt der Pflanzen in für ihn erwünschte und unerwünschte teilt. Diese Eingriffe nehmen den Gärtner selbstverständlich in die Pflicht. *Er muß Unkraut jäten, damit sich seine Rosen behaupten.* Natürlich muß er das Gemüse und die Früchte, die er zu seiner Ernährung kultiviert, vor konkurrierendem Leben schützen. Doch ein naturliebender Mensch nimmt sich nicht mehr, als er braucht. Er nimmt anderen Lebensformen nicht mehr Raum, als er für seine Entfaltung benötigt. In seinem Garten werden auch eine Vielzahl von Wildblumen und somit bedrohte Insekten, die wiederum das Gleichgewicht der Natur unterstützen, Asyl finden. Ein solcher Gärtner wird meist bemüht sein, auf dem ihm zur Verfügung stehenden Raum ein möglichst dichtes Arrangement verschiedenster Arten und Sorten anzusiedeln. Das bringt natürlich mit sich, daß er zartere und langsamer wachsende vorerst gegen robustere und äußerlich vitalere Arten schützen muß, indem er letztere, zumindest anfänglich, eindämmt. Doch auch dabei ist sein Ziel, früher oder später ein gewisses Kräftegleichgewicht zwischen den Pflanzen zu erzielen, das es allen Arten erlaubt, sich in der *Gemeinschaft ineinandergreifender Vielfalt* weitestgehend zu behaupten. Je einschneidender der Gärtner dabei aber in die natürliche Ordnung gewachsener Pflanzengemeinschaften, oft zugunsten empfindlicher und anspruchsvoller Zuchtformen, eingreift, um so mehr wird er die Natur der Fähigkeit berauben, sich selbst zu regulieren und sich in neuer Gestalt und Form wiederherzustellen.

Sowohl der Gärtner als auch die Natur verkörpern das schöpferische wie das empfangende Prinzip. Zum einen führt die Natur und der Gärtner ist der Schüler, der Empfangende und Lernende, der dieser Bewegung folgt. Zum anderem wird er aber auch selbst aktiv, wobei sich die Natur seiner Gestaltung gedeihend fügt, wenn diese in ihrem Sinne ist. Als Gestaltender ist der Gärtner wie ein Tänzer, seine Tänzerin und Geliebte, die er führt, ist die Natur. Jedoch muß er sich in seiner Führung nach ihr richten, zu ihr hin ausrichten. Sie führt auf der Meta-Ebene mit. *Denn ein vollendeter Tanz kann kein Gegeneinander, sondern nur ein Miteinander sein.* Ein Gebot an den Gärtner lautet daher immer, wenn er sich nicht mit einer ignoranten Haltung, wie ein Eroberer, über die Natur stellen möchte, seine Kreativität an ihrer Schönheit entflammen zu lassen und so mit ihr gemeinsam zu gestalten, das heißt, seinen gestalterischen Willen mit ihrem Wirken in Einklang zu bringen. Ein poetisch begabter und naturliebender Gärtner, der aufmerksam mit Herz und Sinnen wahrnimmt, wird sich aufgrund jahrelanger Erfahrung meist mit sicherem Gespür für das richtige Handeln zum rechten Zeitpunkt entscheiden. Um noch einmal auf Lao Tse zurückzukomen: Je weniger der Mensch eingreift, um so besser ist es für die Welt, den Garten. Doch dort, wo der

Mensch sich einmischt, sollte dies immer im grundsätzlichen Einklang mit dem eigentlichen Geschehen stattfinden, um die bereits vorhandene Ordnung nicht zu stören. Das setzt aber voraus, daß der Mensch sich nicht arrogant und anmaßend über die Schöpfung stellt, sondern seinen Platz darin, als Teil davon, findet und einnimmt – auf der Erde seines Gartens und im Garten der Erde.

Der Gärtner als Kitschbild und Gartenzwerg

Im volkstümlichen Klischee steht der Gärtner meist im Ruf eines einzelgängerischen Sonderlings mit Strohhut und Pfeife. Das vor allem im deutschsprachigen Raum verbreitete Bonmot: »*Der Mörder ist immer der Gärtner*« zeigt uns, wie suspekt den Massen zuweilen eine solch eigensinnig zurückgezogene Persönlichkeit werden kann.

Oder aber man baut ihm ein Denkmal, das sich reibungslos der *kleinbürgerlichen Welt* fügt, indem man ihn in das heimelige Idyll des künstlich gestellten Treibens süßlicher Gartenzwerg-Figürchen verbannt, ganz gemäß der Feststellung: »*Du gleichst dem Geist, den du begreifst.*« Gartenzwerge traten im 19. Jahrhundert erstmals in Erscheinung, und zwar ebenfalls in Deutschland, was aber nicht heißt, daß sie ein rein deutsches Phänomen geblieben sind. Nicht ganz zufällig dürfte diese Kreation ungefähr zeitgleich mit dem Erstarken des städtischen Kleinbürgertums zusammenfallen. So wie Fürsten und Klerus während der Renaissance begonnen hatten, den Garten den Aspekten des *profanen Lebens* zu entheben, kam es nun dem Bürgertum zu, Idee und Privileg des Gartens wieder zu demokratisieren und dadurch erneut zu profanisieren. Die Zunahme bürgerlichen Wohlstandes und bürgerlicher Freiheiten brachte es mit sich, daß eine zunehmende Zahl von Menschen über eine eigene Gartenfläche verfügte, womit die künstlerischen und philosophischen Hintergründe der Gartengestaltung eher wieder in den Hintergrund traten. Wäre es ungerecht zu behaupten, daß diese *Talfahrt* gerade im Erscheinen des Gartenzwerges *gipfelte?* Zweifellos setzen diese Figürchen der Kunst den Kitsch gegenüber, von dem der Adel natürlich auch nicht frei war, nur daß er über ausreichend finanzielle Mittel verfügte, ihn mit exquisiter künstlerischer Maske inszenieren zu lassen. Verbirgt sich in der Kunst ein tiefes und sehnsuchtsvolles Verlangen, die Geheimnisse, das Wesen der Natur und des Daseins zu ergründen, ist Kitsch doch kaum mehr als die Ausgeburt überzuckerter Sentimentalität. Und bezeugt Sentimentalität an sich nicht bereits immer eine Fremdheit gegenüber dem Leben, eine Unfähigkeit, den Augenblick auszukosten, in seine Tiefe zu dringen? Meist ist sie doch zurückgerichtet und befindet sich im direkten Widerspruch zu echtem Gefühl. Ist sie nicht vielmehr eine Verhaltensweise des Gemüts, mit der man sich über die innere Unfähigkeit, etwas wirklich zu empfinden, hinwegtäuscht? *Arthur Schnitzler* bezeichnete sie einmal als *unter dem Einkaufspreis erworbenes Gefühl.* So sind Kitsch und Sentimentalität ein nicht zu trennendes Paar. Sentimentalität ist aber anderseits wiederum von Wert, wo sie das letzte Mittel eines Menschen darstellt, noch *weich* zu werden, nicht ganz zu *versteinern.* Sind *Gartenzwerge* sozusagen der letzte Strohhalm, der uns in einer eigentlich dem Wesen der Natur entgegengerichteten Weise noch mit dem Natürlichen verbindet?

Auf meiner Suche, die *Gartenzwerge* zu verstehen, mußte ich bald erstaunt feststellen, daß sich bisher noch niemand ernstlich der Aufgabe angenommen hat, die soziologische Dimension dieses Phänomens zu beleuchten, es psychologisch auszuloten. Deshalb habe ich zu diesem Thema nicht mehr anzubieten, als meine eigenen Fragen: Haben diese *Zwerge,* der Name allein scheint bereits einen Schlüssel zur Antwort in sich zu bergen, womöglich etwas mit kindlicher Regression zu tun? Oder sind die Figürchen so eine Art kompensatorischer Ausdruck des inneren Widerstandes gegen eine Welt, in welcher der Mensch nicht mehr im Einklang mit der Natur lebt und sie auf der Ebene des Bewußtseins schon radikal entvölkert hat von jeglichen Gnomen, Zwergen, Nymphen und anderen beseelten Naturgeistern? Oder trifft doch das Gegenteil davon zu: Stehen sie vielmehr, wie auch künstliche Blumen, dafür, daß wir die Natur eben *nicht* so nehmen können, wie sie ist, daß wir sie nicht in ihrer ganzen Tiefe zu durchfühlen und anzunehmen, in sie einzutauchen bereit sind, auch mit ihren dunklen, chaotischen und mystischen Seiten, mit Kampf, Verfall und Tod? Bekanntermaßen erfreuen sich solche Unwägbarkeiten in weiten Kreisen, namentlich dem Kleinbürgertum, um wieder ein wenig auf einem alten Klischee herumzureiten, nicht allzu großer Bereitschaft zur Offenheit. Ist uns womöglich die steril idyllische Ordnung umzäunter *Zwergenhaftigkeit* näher als die ozeanische Seelentiefe von Mutter Natur, mit ihren zeitweiligen Aufwallungen weiblicher Launen und vermeintlicher Unberechenbarkeit? Nicht selten sind es ja gerade die Vertreter eines einseitig männlichen Weltbildes (beiderlei Geschlechts), die das weibliche Element (bei beiden Geschlechtern) furienhaft zum Überkochen treiben oder die Natur als beliebige Verfügungsmasse mit Objektcharakter betrachten und dadurch aus ihrem Gleichgewicht bringen, wie uns der Philosoph *Fritjof Capra* in seinem Werk *Wendezeit* eindringlich vor Augen führt. Hat das vielleicht gar etwas mit unserer Gesellschaft zu tun? Gartenzwerg und Patriarchat! Auf, Ihr feministischen Soziologinnen – schnappt ihn euch, den Zwerg, mit seiner sexistischen Zipfelmütze – Spottbild männlichen Verkennens?!

Nun denn – ich möchte weder die Feministinnen verärgern, ihr Zorn ist gerecht, noch mir die Finger damit verbrennen, alle Gärtner oder Gärtnerinnen über einen Kamm zu scheren, selbst, wenn sie Neigung zu diesen Zwergen verspüren. Es ist von Klischees die Rede – und das ganz spekulativ. Diese Klischees zeugen jedoch gewiß nicht immer nur von einer vorurteilsbeladenen und undifferenzierten Wahrnehmung, sondern finden sicher gelegentlich ihre Entsprechung in der Wirklichkeit.

Der Garten als Spiegel der Persönlichkeit

Kennen auch Sie jemanden, der beim Anblick der ersten Blüten, die sich im Frühling auf seinem Handtuch-Rasen zeigen, gleich den Mäher aus dem Keller holt? Wenn ja, begegnen sie ihm mit Nachsicht und liebevoll. Denn ein Mensch, der den Anblick blühender Blumen nicht ertragen kann, hat ohnehin kein leichtes Los. Auch hier gilt der einfache Satz: wie innen so außen. Wer innerlich nicht blüht, kann auch schwerlich die rauschhafte Blütenfülle sommerlicher Wiesen ertragen. Auch die Monotonie monokultureller Grasplantagen macht eine Aussage über einen Menschen. Doch sollten wir, bevor wir leichthin urteilen, eines bedenken: Wir können letztendlich in niemanden hineinsehen. *Fassen wir uns bei unserem eigenen Garten.* Für manche Menschen ist es ganz einfach sinnvoll, eine strapazierfähige, dichte Rasenfläche zu kultivieren, weil sie Kinder haben, oder selbst gerne herumtoben, oder sehr gesellig sind. Allein ein strapazierfähiger und dichter Rasen ist imstande, den vielen Fußsohlen der Gästescharen zu trotzen, gibt man statt dessen nicht lieber Holz- oder Steinflächen den Vorzug. Und manch reihenhausbesitzender Steuerberater träumt vielleicht gar von einer Existenz als golfspielender englischer Landadeliger. Das ist doch auch menschlich – oder? Dieser Essay möchte keine *Persönlichkeits-Graphologie der Balkonbepflanzung* aufstellen. Manch gärtnerische Gestaltung zeugt einfach noch von Unerfahrenheit in solchen Dingen, oder von einem Berufsgärtner, der engagiert wurde, sich aber nicht kreativ engagieren wollte. Und wie in der Kunst allgemein gilt auch hier, daß der wundervollste Künstler ein schrecklicher Mensch, ebenso wie ein wundervoller Mensch etwas einfallslos in der Gestaltung oder minderbesaitet in seiner ästhetischen Wahrnehmung sein kann. Dennoch drückt sich in der Art, wie wir unseren Garten anlegen, auch unsere innere Landschaft aus. Denn es geht im Umgang mit der Natur immer um die Fragen: Wieviel Freiheit? Welches Maß an *Lenkung?* Mehr rauschhafte Fülle und Üppigkeit oder eher Eindämmung und nüchterne Kargheit? Die Ordnung der Natur zulassen oder sie der eigenen Ordnungsvorstellung unterordnen? Unsere Schöpfungen sind immer irgendwo zwischen den Extremen angesiedelt – *und eine vollendete Schöpfung beinhaltet und versöhnt die Extreme, um sie in ästhetischer Weise aussagekräftig aneinander zur Geltung zu bringen.* Es geht um Sinnlichkeit und Strenge, Formen oder Lassen. Überwiegen, falls wir im Süden wohnen, dunkle Zypressen-Haine oder blühende, lichte Wiesen mit Olivenbäumen? Geben wir einem bunten Bauerngarten den Vorzug oder bedecken wir die Erde lieber mit Cotoneaster, Kriechwacholder oder anderen steril wirkenden, eintönig-dunklen Bodendeckern? Ist unser Garten Ausdruck freudigen Gestaltens oder bemühter Darstellung? Ist er aristokratisch distinguiert? Fühlen wir uns zu Ordnungs-Elementen wie strengen Symmetrien, Skulpturen und Rabattenornamenten hingezogen, womit sich der Schwerpunkt zur architektonischen Seite hin verschiebt und der Akzent auf eine Form der Abstraktion gelegt wird? Oder entspricht unserem Wesen mehr ein fröhlich buntes Durcheinander? Lieben wir es einfach und wild wie ein Kind, dem Freiheit gelassen wurde oder streben wir ohne Unterlaß nach Sublimität und Verfeinerung, innerlich bereits so feinnervig, daß uns allein der Gedanke, auf die Straße zu gehen oder, noch schlimmer, einen Supermarkt zu betreten, Übelkeit und Depression bereitet. Glücklich dürfen sich dagegen jene schätzen, die beide Seiten in sich vereinen. Denn welchen Abgrund erschafft sich so eine differenzierte und verfeinerte Seele, indem sie auf ihrem Weg voranschreitet, durch die zunehmende Kluft zwischen dem, was sie ist, und dem, was ihr um sie her nicht mehr entspricht, wenn sie nicht zumindest noch die Verbindung zu ihrer Einfachheit und kindlichen Vitalität behält? Verfeinerung ohne Liebe ist ein Greuel. Doch wer die Liebe hat, dem schadet sie nicht. Sie gibt ihm zu dieser Krone noch den Purpurmantel als Zugabe. Ein solcher Mensch wird die Welt trotzdem irgendwie lieben können. *Oscar Wilde* gebrauchte einmal das Bild des Mutes zur Liebe für die befleckte Schönheit dieser Welt. Ich fürchte nur, daß diese Schönheit seit *Wildes* Zeit noch einige Flecken dazu bekommen hat.

Doch wenden wir uns wieder einer alltäglicheren und weiter verbreiteten Problematik zu: Oft bergen die Gärten genau dieselbe leblose Uniformität, die heute all unsere Lebensbereiche erfaßt hat. Pflanzen werden zu blockigen Gruppen gepfercht, die wie zu groß geratene bürgerliche Kommoden oder Schrankwände herumstehen, als hätte sie ein Umzugsspediteur zum Feierabend einfach stehenlassen. Man kümmert sich wenig um ihre Bedürfnisse. Wenn ihr Wachstum stört, kann man sie ja beschneiden. Somit teilen sie nicht selten das Jugend-Schicksal des Gärtners. Finden wir nicht in allen Bereichen des Lebens diese beiden Möglichkeiten, die Liebe zum Lebendigen und den Hang zum Leblosen, zur Mißachtung des Lebendigen, der sich im Überstülpen einer dem Leben nicht gemäßen Ordnung, einer Überbetonung des Ordnungsprinzips schlechthin, ausdrückt? Paradoxerweise bewundert manch einer dieser *Gärtner* dennoch die Lebendigkeit in fremdem Garten – ein untrügliches Zeichen dafür, daß im Inneren zumindest noch ein Sehnsuchtsfunke für das Leben und die Freiheit glimmt. Tragischerweise wird diese Quelle aber im eigenen Garten nicht erkannt und befreit, sondern immer mehr zugeschüttet. Ein Zyniker würde es vielleicht so formulieren: »*Sie sind gewissermaßen am Leben nicht so ganz nah dran. Dafür lieben sie ihren Rasen, den man schön niedrig halten kann. Im Wildwuchs sich verstecken vor euch Schönheit, Poesie; und ihr euch hinter Hecken. So finden sie euch nie.*«

Doch wem ist mit solchen Allgemeinplätzen schon gedient? Vielleicht zeugt ein besonders konformistischer und einfallsloser Garten einfach davon, daß sein Besitzer seine Kreativität nie leben durfte, er nicht mutig genug ist, etwas auszuprobieren oder es ihm am handwerklichen Hintergrund mangelt. Lieber greift er aus Unsicherheit auf allgemein anerkannte Lösungen zurück, die am wenigsten aufwendig sind. Er sorgt sich, was die Nachbarn denken könnten, wenn einer aus der trostlosen Norm ausschert? Er fürchtet sich vielleicht generell vor Fehlern, will alles auf Anhieb richtig machen? Ihn beunruhigt die Spannung des Unfertigen? Er wünscht sich fertige Lösungen, möchte alles schnell zu Ende bringen, anstatt so lange umzugruppieren und zu verändern, bis sich mehr Sicherheit in seinem individuellen Empfinden einstellen könnte, dem er für gewöhnlich mißtraut?

Pflanzen verwurzeln sich langsam und erlauben mehrmalige Standortwechsel, wie Menschen auch. Stellen wir uns jede Pflanzung wie einen Blumenstrauß vor, der durch Kontraste belebt wird, in dem Dialog durch Vielfalt entsteht, Korrespondenz zwischen Gegensätzen, und in dem jegliche plattwalzende Dominanz eines einzelnen Elementes vermieden wird. Was wir verwenden, muß auch zur Wirkung kommen dürfen und sollte nicht untergehen.

Die Fehler sind ebenso Teil des Unterrichts, den uns die Natur erteilt. Was ist ein Fehler anderes als das unerwünschte Resultat einer Handlungsweise, eine weitere Aufforderung, einer Sache auf den Grund zu spüren und es noch einmal anders zu probieren? Ohne vom ausgetretenen Pfad abzukommen, entdecken wir keine neuen Wege. Doch brauchen wir Geduld und Zeit für diesen Unterricht. Denn Wachstum und Gedeihen, ebenso wie Niedergang und Absterben, folgen ihrem eigenen Rhythmus und Tempo.

Vielleicht hat er oder sie aber auch einfach kein Interresse am Garten oder keine Zeit und es muß eben ordentlich sein – wie eine akkurat aufgeräumte Wohnung? Glücklich jedoch der Mensch, der über Zeit und Muße verfügt und dessen Seele noch wach genug ist, um eine eigene Antwort zu geben, jeglicher Schönheit da draußen – und dem Geist.

Der Garten zwischen Erfüllung und Verhinderung

Sehen wir einmal von all den *Verlegenheits- und Sonntagsgärtnern* oder den berufsmäßigen, aber innerlich nicht involvierten Gartenarbeitern ab und stellen uns einen richtigen Gärtner vor, jemanden, der so sehr mit seinem Garten verbunden ist, daß er darin jeden Winkel kennt, den er bewußt gestaltet oder absichtlich sich selbst überlassen hat. Seit langem stehen Garten und Gärtner in einem intensiven Dialog und haben an- und ineinander ihre Handschrift und Spuren hinterlassen. Über die Jahre hinweg ist die Seele des Gärtners in den Garten hineingewachsen, und der Garten hat seine Wurzeln tief in das Erdreich der Seele des Gärtners gesenkt. Beide sind eins, der Garten ist zu einer Weiterführung des gärtnerischen Innenlebens geworden – zu einer nie endenwollenden Erweiterung und Bereicherung. Meist sind Gärtner ohnehin Menschen, die sehr gerne allein sind. Denn es gibt *eine Art von Gemeinschaft,* die sich nur im Alleinsein finden läßt und in der Stille. Wenn sie in ihrem Garten sind, fühlen sie sich glücklich und im Reinen mit sich. Dann schweigen die *Dämonen;* die erweiterte Form des gärtnerischen Selbstes in die unendliche Natur hinein sitzt dem Gärtner in Gestalt seines Gartens, in dem er sich befindet, gegenüber.

Ein anderer Gärtner hat zu mir einmal gesagt, *Gärtner seien eher wie Katzen als wie Hunde. Sie fühlten sich allein sehr wohl. Und meistens seien sie mehr mit einem Ort verbunden als mit bestimmten Menschen.* Und mit diesem Gedanken berühren wir nochmals einen negativen Aspekt solch eines Daseins, der bereits in einem anderen Essay kurz angesprochen wurde: Der Garten kann genauso zu einer Art Fluchtpunkt werden, an den wir uns zurückziehen, um die Herausforderungen zu umgehen, die Austausch, Beziehung und Auseinandersetzung mit anderen Menschen mit sich brächten.

Die Gärten sollen aber nicht zu Orten der Lebensvermeidung geraten, zum geschützten Idyll, in das wir uns dauerhaft von der Welt zurückziehen, *einen Schöngeist zu pflegen,* der so nicht in der Auseinandersetzung mit dem realen Leben erprobt wird und deshalb womöglich auch Mühe hätte, sich dort zu bewähren. Mag sein, daß er beim ersten kalten Windstoß von draußen in sich zusammenstürzt wie eine *Glashauspflanze,* die keinerlei rauhem Klima zu trotzen vermag. Falls es uns aber wiederum nicht gelingen sollte, Orte zu schaffen, an denen wir diesen Schöngeist pflegen können, wie soll er dann anderseits schön werden? Es wird ein leichteres Spiel für die Welt sein, ihn zu sich herabzuziehen. Wie aber, so konfrontiert uns der geniale Musiker *Glenn Gould* mit der Frage, soll ein Künstler der Welt etwas schenken, wenn er sich nicht bewahrt und von der Welt absondert. Wie immer kommt es auf die richtige Mischung und die Vereinigung der Gegensätze an. Mißbrauchen wir *das Schöne* nicht, um *das für uns Schwere* zu meiden. Zollen wir auch dem Weg Tribut, der uns schwerfällt. Denn er besitzt seine eigene Schönheit und Bedeutung. Das Leben ist ebenfalls ein Garten, der nach Gleichgewicht verlangt.

Das Eintauchen in unsere Gärten kann uns helfen, unsere Seele zu öffnen, um wieder in Verbindung mit unserer inneren Schönheit und Lebendigkeit zu kommen, den Dialog mit uns selbst zu erneuern oder überhaupt wieder in Gang zu bringen. Daraus können wir die Kraft beziehen, unsere wahren Lebensaufgaben und unseren wahren Weg zu erkennen und zu meistern. Die Gärten können uns unseren inneren Reichtum zwar zeigen, doch bewähren und verwirklichen muß er sich tatkräftig in der Auseinandersetzung mit der Außenwelt. *Denn was sind Ideale wert, wenn man sich nicht für sie einsetzt? Wenn nicht wir der Einsatz für sie sind, ›im großen Spiel des Lebens‹, dann gewinnt ganz sicher nur ›die Bank‹.* Auch ein Baum kann nur in den Himmel hineinwachsen, wenn er seine Wurzeln gleichzeitig tief in die dunkle Materie des Erdreichs treibt. Vergessen wir dabei aber nicht, daß manch ein Dichter, Maler oder Musiker, welcher der Welt nichts anderes gab, als die Schätze, die er aus den verborgenen Winkeln seiner Gärten gehoben hatte, ihr und uns vielleicht ein größeres Geschenk gemacht hat, als andere, die sich in der Geschäftswelt für nichts als Geld, Ruhm und Macht aufgerieben haben. Man kann Menschen und ihre Wege nicht miteinander vergleichen. Wichtig ist nur, den eigenen Weg, den wahren Weg, zu entdecken und ihn vorbehaltlos zu gehen. Und was ist der wahre Weg, wenn nicht ein Weg, der uns unserem *wahren Selbst,* dem *inwendigen Menschen,* näherbringt, während wir die Aufgaben erfüllen, die unser jetziges Leben thematisiert? Dabei leisten uns die Gärten wichtige Dienste. In ihnen verlassen wir für einige Zeit *das Hamster-Laufrad zivilisatorischer Zwänge.* Sie schenken uns Stille, Distanz zum Alltag und Kontemplation. Unser Bewußtsein kommt zur Ruhe, kann sich klären und ist so zu tieferem Erkennen fähig.

Kehren wir noch einmal zum Ideal der Einheit zwischen Garten und Gärtner zurück: Die Gestaltung seines Gartens (immer auch Synonym für das persönliche Leben) wird ein wirklicher Gärtner nie dem Zufall oder allein äußeren Umständen überlassen. Der Garten eines Gärtners ist *sein* Garten und beschreibt ihn sowohl in den Details wie in seiner Gesamtaussage, ihn, sein Verhältnis zur Welt, zur Natur und zum Leben. *Das ist eine Frage der persönlichen Integrität. Der Garten des Gärtners ist seine Visitenkarte.* Wenn ein Gärtner andere Menschen in seinen Garten einlädt, kann man meist davon ausgehen, daß er sie an seinem Leben teilhaben lassen möchte. Denn sein Garten ist sein Heiligtum. Er ist ihm näher als sein Haus. Mögen diese Gedanken im Widerspruch zu einem Gartenbesitzer stehen, erscheint es mir recht fragwürdig, ihn Gärtner zu nennen. *Im Idealfall wird der Garten dem Gärtner immer auch eine Brücke zu anderen Menschen sein, indem er sie einlädt, an diesem teilzuhaben und sich mit ihm an dessen Natur zu freuen. Er gewährt ihnen auf dieser Brücke Eintritt zu seinem Innenleben, anstatt sich, seinen Garten mißbrauchend, dauerhaft von der Welt abzukapseln.*

Wie gestalte ich meinen persönlichen Garten

Bereits diese Überschrift erscheint mir als ein Paradoxon an sich. Gerade das macht sie reizvoll und bereitet mir Vergnügen. Wie soll man auf allgemeine Art etwas empfehlen, das jeder höchst individuell für sich entdecken muß? Denn bei der Frage, *wie sieht mein persönlicher Garten aus,* trennen sich unsere Wege. Und dennoch geht es, da auf der Suche nach der Antwort auf die Frage, *wie finde ich heraus, wie mein persönlicher Garten aussieht,* das Gemeinsame und Verbindende wiederum überwiegen dürfte. Ich muß gestehen, daß ich früher von Ratgeber-Büchern nicht allzuviel gehalten habe. Doch langsam beginnt es mir zu gefallen, mit diesem Genre kreativ umzugehen. In all den Jahren, in denen ich noch selbst als Landschaftsgärtner gearbeitet hatte, dachte ich mir oft: Wie gerne möchte ich meinen *Kunden* manches vermitteln, das eher grundsätzlicher, also philosophischer Art ist und den Rahmen eines rein *gärtnerischen Auftrages* sprengen würde. Nun wurde mir die Möglichkeit dazu geschenkt. Und dafür bin ich dankbar. Vielleicht vermag auch ich dem einen oder der anderen das eine oder andere damit zu schenken. Möglicherweise sagen Sie jetzt: Philosophie, das ist mir zu hoch gegriffen. Doch warum? – ist sie doch nichts anderes als die Liebe zur Weisheit, zur Wahrheit. Warum sollte nicht jeder Philosoph, Philosophin sein, wenn sie oder er ein Wahrheitssucher ist. Ich habe aber auch Leute kennengelernt, welche die Wahrheit suchten und suchten und es genossen, endlose Dispute darüber zu führen – ein hübscher Zeitvertreib für Menschen, die sie *nicht* finden wollen. Denn sie zu finden, wäre doch gefährlicher, als nur über sie zu sprechen?

Stellen Sie sich zum Beispiel einen Mann vor, der die Frauen liebt. Voller Enthusiasmus macht er sich in seiner jugendlichen Empfindsamkeit auf die Suche nach der Einen, der Idealfrau. Jahr um Jahr vergeht darüber. Er hat manch kurze Beziehung, mitunter auch langlebigere. Doch gelangt er immer wieder an den Punkt, wo Unruhe aufkeimt und ihn erneut zum Aufbruch drängt. So führt ihn sein Weg von Frau zu Frau. Schließlich begegnet er auf seiner Reise einer Königin, die alle Frauen, deren Bekanntschaft er bisher gemacht hat, weit überstrahlt und etwas in ihm aufflackern läßt, erhellt, das zuvor nur dunkle Ahnung war. Die Berührung ihrer Seelen zeigt ihm sein Herz mit all seinen potentiellen Schätzen, die es erst noch zu erringen gilt, aber auch seine Schatten, Grenzen und Hemmnisse. Er erkennt sie und gewahrt dabei sich selbst, in Entzücken und Furcht. Auch die Königin erkennt in dem fremdartigen Reisenden, der ganz anders zu sein scheint als die Männer, die sie bisher an ihrem Hofe getroffen hat, auf Anhieb *ihren König*. Um es kurz zu machen: Der Tag der Hochzeit naht. Und unseren Wanderer überkommt wieder große Unruhe, doch auch sonderbare Schwermut, die täglich zunimmt. Schließlich packt er im Morgengrauen des Hochzeitstages sein Bündel, um, ohne daß er sich von seiner Liebsten verabschiedet, weiterzureisen, da ihm das Reisen, die freudige Erregung des Suchens, Entdeckens und Eroberns, so sehr zur teuren Gewohnheit geworden ist, daß ihm dies mittlerweile kostbarer erscheint als das Ziel, dessentwegen er ursprünglich ausgezogen ist. An diesem Tage verliert er sein Ideal, ohne es aber vergessen zu können. Dennoch sagt er sich, es wird Zeit, erwachsen zu werden. Für diese romantische Spinnerei mit den Idealen bin ich doch schon zu alt. Ich will mein Leben fortan genießen und nichts versäumen. So zieht er weiter, doch insgeheim weiß er, daß er alles, woran er früher geglaubt hat, das ihn freudig und hoffnungsvoll vorangeführt, weggeworfen hat. Er wird ein geistvoller Zyniker, der bis spät in der Nacht mit den Handwerksgesellen trinkt und die Leute mit seinem Witz und der Wendigkeit seiner Gedanken für sich einnimmt. Doch er nennt niemanden seinen Freund. Die Frauen wechselt er von nun an häufiger als die Orte, an denen er weilt. Und diese Frauen, deren Bezauberung er glänzend zu handhaben weiß, liegen ihm zu Füßen. Doch es ist keine Königin mehr unter ihnen. Eine andere Variante dafür, wie sich die Geschichte hätte entwickeln können, wäre folgende: Er trifft zwar seine Königin. Sie aber verliebt sich überhaupt nicht in ihn. Dabei stellt er fest, daß er es versäumt hat, selbst zum König, ihrer würdig, zu werden. Verhält es sich mit der Wahrheit nicht ebenso? Wollen wir uns wirklich auf sie einlassen? Was nutzt die Begegnung mit ihr, wenn wir ihr nicht Einlaß in unser Leben gewähren, unser Leben nicht zu ihrem Garten wird? In unserem Inneren wüßten wir doch alle um sie. Nur laufen wir meist vor ihr fort, da es viel einfacher ist, sie *zu suchen* – vielleicht auch aus einer Angst heraus, ihr nicht zu genügen. Für mich ist ein Philosoph einer, der gewillt ist, auch König zu werden und *seine Königin zu heiraten.* Was ist Wahrheit, wenn sie zum Sammel- und Vorzeigeobjekt wird, die wir nur in die Vitrine stellen oder ins Photoalbum stecken wollen – um sie den Gefährten zu zeigen? Schaut, habt ihr meine neueste Wahrheit schon gesehen? Worauf ich hinauswill? Na auf den Garten. Wir alle wissen doch im Grunde, wie er aussehen müßte, unser Garten. Warum also fristen wir unser Leben noch länger als *Landstreicher,* anstatt endlich König zu werden? *Betreten wir den Garten des Philosophen,* unseren eigenen. Sie mögen nun einwenden: Es gibt viele Wahrheiten, welche ich denn meine. Ich meine die Wahrheit, die Sie in Ihrem Herzen finden, die, die Sie lieben. Denn es war ja von der Liebe zur Wahrheit die Rede. Nun gut, Sie haben recht. Ich stehle Ihnen die Zeit. Sie haben unter dieser Überschrift etwas ganz anderes erwartet, nämlich konkrete Hinweise zu finden, wie Sie zu Ihrem individuellen Garten gelangen können. Dann nehmen Sie *diese Handvoll Gedanken zum Lebensgarten* als etwas zu weitschweifig geratene Einleitung und lassen uns nun beginnen.

Ergründen Sie bei Ihren Spaziergängen in der Natur, was Sie am meisten anzieht, zu welchen Landschaftsformen, Orten, Plätzen und Gegebenheiten Ihre Seele eine besondere Affinität besitzt. Was läßt Ihnen das Herz aufgehen und was ist das Wesen dieser Orte? Verweilen Sie dort und spüren Sie dem nach. Vielleicht kommt ein Gedicht zu Ihnen, eines, das Sie kennen, oder eines, das sich, inspiriert durch den Ort, zögernd und in ersten Sprachbildern, in Ihnen zu formieren beginnt. Nehmen Sie sich Zeit. Schreiben Sie das Gedicht auf und arbeiten Sie es nach und nach aus. Oder steht die Musik Ihnen näher? Dann verfahren Sie ebenso mit der Melodie, die aus der stille des Ortes an Ihr inneres Ohr dringt. Sie können natürlich auch zu zeichnen beginnen oder ihn malen. Vertiefen Sie sich aber in jedem Fall, Ihren Talenten und Neigungen entsprechend, künstlerisch in diesen Ort. Vielleicht führt Sie Ihre Suche an einen Platz, wo Ihnen alte Kindheits-Märchen von Feen, Mythen und Sagen, von Elfen, Kobolden und Nymphen wieder einfallen. Wie müßten Sie Ihren Garten erschaffen, damit er würdig wäre, diese Wesen einmal zu sich nach Hause zum Tee einzuladen?

In gleicher Weise können Sie mit Kulturlandschaften wie Botanischen- und anderen Gärten jeglicher Art, Schloßparks, etc. verfahren. Dort begegnen Sie vorrangig den systematischen, kulturell-architektonischen Aspekten einer bereits von Menschenhand gestalteten Natur. Auch hier stellt sich, nachdem Sie herausgefunden haben, welche Gestaltungsformen, Orte und Plätze die stärkste Anziehung auf Sie ausüben, die Frage: Was macht das Besondere ihres Wesens aus? Was ist ihre Kern-Aussage, worin liegt ihre Poesie begründet, wie kommt sie zustande? In dieser Phase künstlerischen Erarbeitens ist der schauend durchdringende Spaziergänger in uns gefordert, der das Wesen dessen erkennt, was er als schön empfindet.

Beachten Sie insbesondere bei den Parks alter Villen und Schloßgärten die Harmonie zwischen Haus und Garten. Terrassen und Freitreppen führen in den Garten hinaus, wo sie diesen bereits in Blumenkübeln in Empfang nehmen. Durch Pergolen, rankenden Efeu, Glyzinien und wilden Wein dringt der Garten bis zum Haus vor und hält es in innigster Umarmung. Wintergärten, Innenhöfe mit plätschernden Brunnen, Arkadengänge, eine überdachte Veranda mit tropischen Pflanzen gewähren ihm Einlaß und lassen ihn bis ins Innerste, in das Herz des Hauses, vordringen. Dieses Ideal der Durchdringung von Haus und Garten sowie deren harmonische Einbettung in die sie umgebende Landschaft ist bereits im Traktat *»De re aedificatoria«* (Über die Baukunst / 1451) von *Leon Battista Alberti,* in dem die Harmoniegrundsätze von Bauwerken reflektiert werden, Gegenstand philosophischer Betrachtung. Inspiriert durch die Antike, maß er Übergangsräumen wie *Galerie, Loggia* und *Portikus* grundlegende Bedeutung bei. Jene Überlegungen gingen mit der Wiederbelebung der römischen Bauform der Villa durch *Cosimo di Medici* im 15. Jahrhundert einher. Auf dem Weg, den der Garten in Richtung Haus zurücklegt, geht er Stufe für Stufe in eine andere Form über. In den Gärten von Barockschlössern findet das seinen Ausdruck in zunehmender Geometrie und formaler Strenge, bewegen wir uns von seinen äußersten Rändern in Richtung des Zentrums. Der französische Barock trieb die geometrische Strenge und Bändigung der Natur zu ornamentalem Schmuck, die bereits die Renaissance-Gärten ausgezeichnet hatte, ins Extrem. So spannen Garten und Gebäudearchitektur immer wieder den Bogen zwischen den äußersten Gegensätzen, um diese zu vereinen: scheinbar ungezügelter Natur, wie sie durch die spätere Form des englischen Landschaftsparks in klassisch abgeklärter Weise angedeutet wird, bis hin zu äußerster Verfeinerung im Wohnbereich. Und selbst die einfachen Wirtschaftsgebäude in solchen Arealen strahlen eine märchenhafte Vollkommenheit aus. Finden wir in diesen Gestaltungen, welche die Gegensätze Natur und Kultur, Natur und Kunst in vollendeter Weise vereinen, nicht ein glänzendes Vorbild für das eigene Leben?

Wenn unser Herz nun speziell *solchen* Anlagen zuzufliegen pflegt, sehen wir uns sehr bald mit einem Problem konfrontiert: der heutigen Architektur. Diese Gartenkonzeptionen lassen sich nicht immer ganz einfach auf bereits bestehende moderne Gebäude übertragen. Ersparen wir uns die Peinlichkeit, unseren Reihenhaus-Garten mit einem kunstvoll geschnittenen Labyrinth aus Buchsbaum-Hecken und Alabasterstatuen zu zieren. Das wäre, wie wenn wir die Kühlerfigur eines Rolls-Royce auf unseren VW-Golf montieren. Versuchen wir lieber mit viel Einfühlungsvermögen, nicht zu kopieren, sondern Idee und Ideal, so gut es geht, in unsere architektonischen Gegebenheiten zu übertragen und zu übersetzen. Der Garten soll das Haus ja nicht verspotten. Und falls unser Häuschen wirklich so unschön gegen unsere innere Vision eines schlichten Landhauses, einer alten

Villa oder eines Chateau' abstechen sollte, kann der Garten schließlich manche Dienste leisten, seine Fassade aufzulockern oder zu verdecken. (Entgegen einer weitverbreiteten Ansicht zerstören die Wurzeln von Efeu und wildem Wein die Hausfassade nicht. Bei Glyzinien ist lediglich darauf zu achten, daß sich die Triebe nicht um Teile der Dachrinne winden, da diese sonst durch deren Dickenwachstum zusammengedrückt oder aus ihrer Halterung gerissen werden könnte.)

Wenn Sie nun auf ihren Spaziergängen weit genug in die Geheimnisse der Natur und Park-Gärten und somit auch in jene Ihrer Seele eingedrungen sind, daß Sie den Wunsch verspüren, mit der Gestaltung des eigenen Gartens zu beginnen, dann versuchen sie spielerisch, mit den entsprechenden Elementen experimentierend, dieses Besondere in ihrem Garten wieder hervorzubringen. Gegen die Methode reiner Nachahmung sprechen nicht nur Gründe wie ein unpassender äußerer Rahmen oder mangelnde Machbarkeit, falls Sie zu den Menschen gehören, denen nur begrenzte Mittel zur Verfügung stehen – und das sind schließlich die meisten. Eine Kopie ist ganz einfach nicht kreativ. Sie kopieren zwar etwas, das Ihnen gefällt – gut, aber wo bleiben *Sie* dabei? Was Sie darstellen, sollte im wesentlichen mehr eine Grundidee davon und *Ihr* persönliches Erleben wiedergeben als die Sache selbst. Erinnern wir uns an das, was *Monet* gesagt hat: *»Das Sujet ist für mich von untergeordneter Bedeutung. Ich will darstellen, was zwischen dem Objekt und mir lebt.«* Lassen Sie sich von den ersten Versuchen nicht entmutigen. Sie können ihren Garten immer wieder umgestalten. Ein Maler malt schließlich auch nicht nur *ein* Bild. Der fertige Garten ist dabei ohnehin nicht das Wichtigste. Gibt es überhaupt einen *fertigen Garten?* Bedeutender ist, daß Sie sich ganz konkret, durch einen individuellen Schöpfungsakt, mit dem, was in der Natur am eindringlichsten zu Ihnen spricht, Sie anspricht, das Sie lieben, in Form eines künstlerischen Dialoges verbinden. *Diese Art des Gestaltens ist durchdringenste Vereinigung von Künstler und Sujet, ist schöpferischer Liebesakt, ist Erhebung der Natur zur Gestaltwerdung innerer Wirklichkeit.*

Von entscheidender Bedeutung für diese Umsetzung ist die Bepflanzung. Überlassen Sie das nicht irgendeinem Gärtner. Warum sollte der kreativer sein, als Sie es sind, mehr Künstlergeist besitzen, nur weil er *vom Fach* ist? Und sogar wenn es so wäre, fände er sich kaum in der Lage, *Ihren* Garten anzulegen. Sie überlassen doch schließlich die

Möblierung ihres Hauses auch nicht dem Maurer, der es erbaut hat. Nehmen Sie sich Zeit dafür. Sie können auf Ihren Spaziergängen Notizen über in Frage kommende Pflanzengemeinschaften und deren Gewächse sammeln. Am leichtesten fällt das in Botanischen Gärten, da dort alles und jedes ein Namensschild zu tragen pflegt. Ein Pflanzenbestimmungsbuch liefert zusätzlich Auskünfte über Ansprüche an Boden, Nährstoffe und Standort. So wie Sie ergründet haben, welche Gestaltungsformen in Ihrer Seele wohltuend widerhallen, können Sie mit Bäumen und Blumen verfahren. Jede Baumart verkörpert bestimmte *Seelen-Aspekte* der Natur, deren individuelles Abbild in unserem Inneren schlummert, mehr, als wiederum andere. Die warme Ausstrahlung des Holunderbusches, der uns vielleicht an das Lied der Nachtigall und den Klang des Brunnens in der Abendstille erinnert, bringt in uns etwas anderes zum Mitschwingen als die zugleich kraftvolle wie auch zartgliedrig nach oben strebende Krone des japanischen Kuchenbaumes, die dunklen, durchgeistigten Säulen der Zypressen, das flüsternd raschelnde Laub der Pappeln im Wiesengrund oder die heitere, doch zugleich melancholische Erscheinung der Birke, etc. Versuchen Sie also, bei der Wahl der *richtigen* Pflanzen durch seelische Affinität, die wichtigsten Elemente der Palette ihrer inneren Vielfalt nach außen zu stellen und in Ihren Garten als lebendes Gemälde zu projizieren. Dabei kommt es nicht darauf an, schon eine fertige Vorstellung von diesem Gemälde zu besitzen. Besorgen Sie sich einfach alle Pflanzen, die Sie besonders mögen, sofern dies die Größe des Gartens zuläßt. Pflanzen Sie sie alle auf einem Teil Ihres Grundstückes provisorisch ein, wie ein Maler, der seine Farben um sich herum ausbreitet und mischt. Sie haben diese *Palette* täglich vor Augen; die Pflanzen wachsen und vermehren sich auch noch, während sie Ihnen mit der Zeit die nötige Inspiration für Ihr Bild schenken.

Zu Neuanlagen

Falls Sie sich nun in der Situation befinden sollten, auf der *Tabula rasa* eines noch unbebauten Grundstückes mit Ihrer Gestaltung beginnen zu können, gilt es einige Dinge *speziell* zu berücksichtigen: Es ist leider heutzutage allgemein üblich, den Baugrund immer, dem technisch Machbaren folgend, flach zu planieren, bevor der Hausbau beginnt. Haus wie auch Garten fügen sich aber, falls Sie auf dem

Lande wohnen, sehr viel besser in die Landschaft ein, wenn Sie die natürliche *Formung* des Geländes *nicht* verändern oder zumindest harmonisch in ihre Planung mit einbeziehen.

Nehmen Sie, wenn möglich, auch Rücksicht auf alten Baumbestand. Bedenken Sie, daß Ihr Garten schon lange den Erben gehören wird, bis ein frischgepflanzter Baum einmal ein *Gesicht* bekommt. Ein *alter Hausbaum* wie er früher noch Wert gehalten wurde, hilft dem neuen Gebäude, sich schneller zu *beseelen,* seine eigene Seele zu entfalten. Verwenden Sie beim Hausbau nur wenige und natürliche Materialien, die mit dem alten, langsam gewachsenen Dorfbild harmonieren, falls es ausnahmsweise noch existiert, und es nicht noch weiter beschädigen. So kann es Ihnen leichter gelingen, auch Haus und Garten zu einem organischen Ganzen zu verbinden. Gerade in ländlichen Gebieten Bayerns wird eine solche Verbindung nicht selten durch ein *Birn- oder Apfelbaum-Spalier* gekrönt. Doch jede Gegend, jede Landschaftsform, mit der ihr entsprechenden organisch gewachsenen Architektur, hält dafür ihre ganz eigenen *Sahnehauben der Vollendung,* den *Ehering* für die Verbindung von Haus und Garten, bereit.

Haus und Garten sollen Ihre *individuelle Seele* beheimaten. Deshalb benötigen Sie einen individuellen Entwurf, den Sie allein bestimmen. Wenn Sie jedoch nicht selbst geplant haben, ist zu beachten, daß Sie bei *Objekten,* die *schlüsselfertig übergeben* werden sollen, noch maximal *Ihre* persönlichen Wünsche einbringen.

Konzentrieren wir unseren Blick wieder auf den Garten: Die meisten Architekten gehen gewohnheitsmäßig erst einmal von unserem *gesellschaftlichen Standard* aus, einer zentral geplanten und einen Großteil des Gartens vereinnahmenden Rasenfläche – Haus und Garten *vom Fließband.* Dafür wird ebenso *standardgemäß* eine Schicht *humosen Oberbodens* von nicht mehr als 20–30 cm vorgesehen. Falls Sie aber keine oder keine so große Rasenfläche wollen, sollten Sie unbedingt darauf achten, daß vor dem *Humus-Auftrag* die Kiesschicht entsprechend tiefer abgetragen wird, um Ihnen eine Verstärkung der Humusschicht zu ermöglichen, ohne daß sich dabei das *Höhenniveau* Ihres Gartens verändert. Nehmen Sie sich beim Hausbau genügend Zeit, Ihre Gartenplanung reifen zu lassen. Der Bauleiter wird in der Regel an einer routinemäßigen Abwicklung des Projektes interessiert sein, bei der Ihre Ideen nur stören. Achten Sie rechtzeitig darauf, nicht übergangen zu werden, und beharren Sie auf den eigenen Vorstellungen. Die Neuanlage eines Gartens, die mit einem Hausbau verbunden ist, eröffnet grundsätzlich verschiedenste Möglichkeiten: Wollen Sie den Boden modellieren, mit Hügeln und Senken? Oder hätten Sie gerne eine Art Wall als gestalterisches Element, um einen Lärmschutz zur Straße hin zu errichten? Wie wäre es mit einem Teich oder gar einem See. Diese Grund-Elemente der Geländeplanung bilden den äußeren Rahmen für alle weiteren Gestaltungsideen. Am besten lassen sich diese Grundlagen schaffen, bevor routinemäßig die Humusschicht verteilt und planiert wird, wie es der vom Architekten festgelegte Plan vorsieht. Möglicherweise sind manche Ihrer Ideen mit Mehrkosten verbunden. Diese sind jedoch zum Zeitpunkt einer Neuanlage immer wesentlich geringer, als wenn Sie später noch etwas ändern. Achten Sie auch unbedingt darauf, daß der Boden, sobald der Humus einmal *ausplaniert ist,* nicht mehr mit Fahrzeugen befahren wird, da er sonst massiv verdichtet würde. Das hätte zur Folge, daß Wasser, je nach Art der Bodenzusammensetzung, nicht mehr oder nur schwer versickern könnte. Auch wäre seine *Luftführung* beeinträchtigt, was eine gravierende Belastung für sämtliche in ihm ablaufende Lebensprozesse bedeuten würde. Es ist immer mit außerordentlicher Mühe oder maschinellem Aufwand verbunden, einen solchen Boden wieder zu lockern; auch ein Grund, Erdmodellierungsarbeiten gleich bei einer Neuanlage zu bedenken. Und prüfen Sie rechtzeitig die Liste aller zu verbauenden Materialien, bevor diese verbindlich geordert werden. Manche Garageneinfahrt aus Beton-Verbundsteinen, die dort ebenso selbstverständlich vorgesehen werden wie für den Parkplatz im Gewerbegebiet, lassen sich vielleicht noch gegen billigeres, mit Rasenfuge verlegtes Granit-Kopfsteinpflaster austauschen. Bedenken Sie, daß solche scheinbar nebensächlichen Details Ihnen täglich begegnen werden und so einen nicht zu unterschätzenden Einfluß auf Ihr Innenleben ausüben. Natursteinbeläge müssen nicht teurer sein als Beton-Gehwegplatten. Und erstere sollten immer auf Sand verlegt und mit Sand verfugt werden (niemals Zementfuge). Sie müssen lebendig bleiben und atmen können. Ein Mörteluntergrund mit starrer Fugenmasse wäre ihr Totenbett. Ein unterirdischer Betonkeil genügt zur Befestigung auch.

Ästhetische Sensibilisierung durch sinnlich-seelische Erfahrung

Wie schon in der Einleitung erwähnt, bestehen für mich viele Parallelen zwischen dem Schreiben eines Buches und dem Anlegen eines Gartens. Beides wird mir durch ein Umfeld erleichtert, in dem ich meine Seele schweifen lassen kann, das ihr Freude macht, das sie zum Spielen einlädt. Manchmal fühlt sie sich an wie eine kleine Eidechse im Winter, die auf die wärmende Frühlingssonne, auf die Einstrahlung von Schönheit und Poesie wartet, um zu neuem Leben zu finden. Doch es scheint, daß dieser Frühling nicht von selbst zurückkommt. Wir müssen ihm den Weg bereiten. Wenn ich schreibe, bemühe ich mich um eine positive Haltung, auch wenn es häufig ein Widerwille gegen das, was mich umgibt, ist, der mich zum Schreiben anhält, anstatt eine positive Stimulation durch die Außenwelt. Mehr und mehr wird mir bewußt, daß das Schreiben für mich *auch* ein Ventil bedeutet, die Moderne mit all ihren häßlichen Begleiterscheinungen zu ertragen. Folglich wären Sie, lieber Leser, der Mensch, der das alles abbekommt. Das geht natürlich nicht. Deshalb werde ich versuchen, Maß zu halten. Wenn sich aber gelegentlich doch kleine Tröpfchen Giftes in meine Texte mischen, dann üben Sie bitte Nachsicht mit mir und nehmen sich kein Beispiel an dieser Haltung. Denn Gift gibt es überall bereits im Überfluß. Und nur weil ein Gift sich bemüht, in halbwegs ästhetischer Form daherzukommen, sollten wir es noch lange nicht trinken. Doch weit schlimmer als dieses Gift, das im Grunde eine Abwehrreaktion der Seele ist, die versucht, sich gegen all die Eindrücke, die ihr nicht bekömmlich sind, zur Wehr zu setzen, ist diese graue Nutz- und Zweckwelt, die unsere Zivilisation in wenigen Jahrzehnten hervorgebracht hat und die es in dieser trostlosen und *unverblümten Form* noch nie gegeben hat. Wenn ich meine Essays überarbeite, sitze ich zumeist an einem alten Schreibtisch aus dem 17. Jahrhundert, der mich *trägt* und vor einem Fenster mit Blick auf die Straße steht. Als ich hier einzog, war es noch ein erhebender und einladender Blick: Es gab auf der anderen Straßenseite einen verwilderten Vorgarten mit einem alten, hellblau abbröckelnden Holzzaun. Auf einem schiefen alten Sessel unter einer riesenhaften Blauzeder schlief im hohen Gras oft eine der Katzen aus der Nachbarschaft. Daneben stand ein im Frühsommer reich blühender gelber Ranunkelstrauch. Das war wie ein Blick in eine andere Welt. Doch nach einiger Zeit hielt *die neue Welt* auch in unserer Straße Einzug. Heute wird mein Blick von der Fassade des Hauses gegenüber, eines Neubaus, der sich als eine steingewordene Computersimulation aus dem Standardprogramm eines Architekten dort manifestiert hatte, durch seine Kälte und abweisende Leblosigkeit eher zurückgeworfen. Es fing damit an, daß eines Tages zwei Arbeiter mit Motorsägen anrückten und damit begannen, die riesige Blauzeder zu fällen. Als dann eineinhalb Jahre später die letzten Fertigteile des neuen Hauses zusammengefügt waren, wurde der Vorgarten von einem sogenannten Gartenarchitekten angelegt. In diesem Falle hatte der diesen wohl mit einem Autobahn-Grünstreifen, wer kann ihm das bei dieser Vorgabe auch verdenken, verwechselt. So *zierten* alsbald Cotoneaster und andere Bodendecker die Pflanzungen auf beiden Seiten der irgendeiner DIN-Norm entsprechenden, schnurgeraden, scharfkantigen Betonfertigplattenwege. Das war sogar den Katzen zuviel, die sich erst wieder zeigten, nachdem dort Menschen eingezogen waren, die sich gerne ein wenig Zeit für sie nahmen und ihnen gelegentlich Futter vor die Tür stellten. Natürlich bietet dieses Haus Platz für viele Familien. Doch bietet es auch Raum für ihre Seelen? Warum baut man so? Es ginge anders. Von dem Philosophen Th.W. Adorno stammt der Satz: »*Wie man heutzutage Häuserwände aus einem Stück gießt, so wird der Kitt zwischen den Menschen ersetzt durch den Druck, der sie zusammenhält.*« (aus *Minima Moralia)*

Bald schon jeden Monat entdecke ich, wenn ich durch mein Viertel gehe, daß wieder eine andere Villa abgerissen wird. Die meisten sind wahre Schmuckstücke. Alte Glyzinien und Fliederbüsche schmiegen sich an die noch handverputzten Fassaden wie ein verspieltes Schnürmieder an den Körper der Geliebten. Etwas in den alten Gärten steht still. Vielleicht sind es Erinnerungen oder der Geist einer alten Liebe. Doch die zärtliche Umarmung der Natur schützt diese Orte gelebten Lebens, die sich nach Weiterführung durch die nächste Generation sehnen, nicht vor den Planierraupen und Baggern der Baufirmen. Dabei sind die Häuser noch völlig in Ordnung. Mein Viertel war ein schönes und poetisches Viertel, lauter kleine Häuschen aus den 30ern und einige herrschaftliche Villen darunter, alle mit sehr viel Gartenfläche. Die meisten wurden von Witwen bewohnt, die nach und nach, samt ihren Erinnerungen, den Weg einer neuen Zeit öffneten, indem sie diese Welt verließen. Ein kleines Häuschen mit verwildertem Obstgarten wäre ideal für Familien. Hier könnten die Kinder, nicht nur im Hinblick auf die ausgewogene Proteinnahrung in den Fertiggerichten, groß werden, sondern auch in ihrem Innern, im Umgang mit der lebendigen Natur, heranwachsen. Vor noch zwanzig Jahren waren die Häuser hier nicht sehr teuer. Heute haben die Spekulanten und Baufirmen die Preise in die Höhe getrieben. Sie bieten immer mehr als alle privaten Interessenten. Dann schlagen sie ihre unersättlichen Krakenarme um die letzten Orte beschaulicher Ruhe samt ihren Bewuchses, reißen alte Mauern nieder, um gleich darauf einen normgerechten Neubau bis an die Grundstücksgrenzen heran, mit den *toten facettenlosen Augen* von Alufenstern ohne Unterteilung und den dazugehörigen Plastik-Jalousien anstatt Holzfensterläden, zu errichten. Alsbald werden junge Familien dort einziehen, freudestrahlend darüber, daß sie in diesem *schönen, ruhigen und malerischen Viertel* etwas gefunden haben. Der Dichter *Khalil Gibran* bemerkt zu unseren Behausungen, daß es nicht sein dürfe, daß wir unsere *Flügel falten* müssen, um durch ihre Türen zu kommen, noch die Köpfe beugen, um damit nicht gegen die Decke zu stoßen. Und wir sollen nicht in »*Gräbern wohnen, die von den Toten für die Lebenden gemacht sind*«. Unser heutiger Baustil ist vor allem von Nützlichkeit und Bequemlichkeit geprägt. Alles sollte möglichst praktisch sein. Sonderwünsche sind nicht im Preis enthalten. Auch hier regiert das Fließband. Welche Worte fände Gibran heute, der es bereits zu seiner Zeit auf den einfachen Nenner brachte, daß das Verlangen nach Bequemlichkeit die Leidenschaft der Seele töte und dann grinsend ihrem Leichenzug folge? Nun, Sie haben recht; das war schon wieder eine ziemlich ausgedehnte Einleitung. Doch genaugenommen sind wir bereits mitten im Thema. Denn es geht darum, welche Wirkung die Umgebung und die in ihr vorherrschenden Materialen und *Bau-Elemente* sowie ihre durchtechnisierte Entstehung und Verarbeitung auf unser Innenleben, unsere Seele, ausüben. Und es geht um die Frage, ob unser Sinn für Schönheit verkümmern kann, wenn wir, wie bereits viele Kinder, in einem zementgrauen Umfeld leben und aufwachsen müssen. Im Vergleich zu den Betonregalen in den üblichen Stadtrand-Siedlungen, deren berüchtigtste in der Siebzigern entstanden waren, nimmt sich das von mir beschriebene Beispiel noch rührend harmlos aus. Und die dritte

Frage dreht sich darum, wie wir uns der Schönheit natürlicher Materialien wieder öffnen, uns und vor allem unsere Kinder erneut für sie sensibilisieren können. Dieser Frage möchte der nun folgende *Praxisteil* nachgehen. Bedenken wir, daß die absolute Macht in unserer Gesellschaftsform der Käufer hat. Wenn wenigstens diejenigen unter uns, denen die Mittel zum Kauf von Immobilien zur Verfügung stehen, sich für einen *neuen Stil* entscheiden und die Anbieter in den betreffenden Branchen herausfordern, könnte die Entwicklung unserer Städte und Dörfer wieder eine andere Richtung nehmen. Die industrielle Massenproduktion im allgemeinen dient doch nicht zuletzt auch unserer Schwäche, alles haben zu wollen, davon so viel und so billig wie möglich. Warum beschränken wir sie nicht auf das Nötigste? Warum begnügen wir uns nicht mit dem Besten, mit dem Echten – und nehmen uns nur so viel davon, wie wir wirklich zu brauchen meinen und uns auch leisten können? Von *Oscar Wilde* stammt der schöne Satz, daß er auf alles verzichten könne, nur nicht auf ein wenig Luxus. Dieser einstmals vielleicht etwas blasiert hingeworfene Satz besitzt heute mehr Weisheit denn je. Denn die beiden größten Luxusgüter sind Schönheit und Geist in ihrer inneren und äußeren Gestalt, sowie freies Verfügen über die eigene Lebenszeit. Außerdem hat *die Welt sich gedreht:* Was früher als Luxus galt, ist heute meist billig zu erwerben. Was früher üblich und im Überfluß vorhanden war, natürliche Materialien und Handarbeit, ist nun Luxus. Auf diesen Luxus ganz zu verzichten und immer billig zu kaufen, kann uns teuer zu stehen kommen. Es macht die Welt und unseren Lebensraum häßlich. Bedenken wir allein die Entfremdung zwischen Arbeit und Leben, die ein solches Konsumverhalten mit sich bringt, der Rückgang vieler Handwerksberufe, die Ausbeutung der Natur und weniger industrialisierter Nationen. *Unser Leben könnte einen größeren Wert dadurch erhalten, daß es durch eine Arbeit oder Tätigkeit geadelt wird, die wir lieben und für die wir uns selbst achten können, weil sie im urmenschlichen Sinne wertschaffend ist und nicht nur Konsumlaunen oder unsere Langeweile bedient;* wenn wir bereit sind aufzuwachen, von unserer Bequemlichkeit Abschied nehmen und all unsere Kreativität einsetzen. Es geht nicht so sehr nur um unser Überleben. *Es geht auch und gerade um das Überleben unseres Seelengartens. Machen wir ihn nicht zu einem ›Parkplatz für das neue Einkaufszentrum‹.* Falls Sie mir jetzt mit aufkommendem Befremden und entrüstetem Unterton vorhalten sollten, wohin das denn noch führen würde, wenn das eine Mehrheit der Menschen befolgen sollte, wenn nicht zum Zusammenbruch unseres Wirtschaftssystems, so kann ich Ihnen nur entgegnen: Wenn sich eine Mehrheit der Menschen dazu aufschwingen würde, ihr Leben auf das Wesentliche zu konzentrieren, dann würde so viel kreative Kraft freigesetzt, daß sich das System selbst verändert und in eine positivere Bahn gelenkt wird. Wie, sie glauben das nicht? Dann argumentieren Sie also folgendermaßen, daß wir nicht überleben können, wenn wir *nicht* weiter auf den Abgrund zusteuern? Dazu kann ich Ihnen nur erwidern, daß ich nicht glaube, daß es unsere Bestimmung ist, in Abhängigkeit zu einem System zu bleiben, das uns und die Welt zerstört.

Wenn wir von der Annahme ausgehen, daß alles, was uns in der Natur umgibt, uns belebt, weil es lebendig ist, unsere Seele anspricht, da es beseelt ist und uns inspiriert, weil es geistvoll ist, können wir über all jene Materialien, die der Mensch fabrikmäßig erzeugt, Gleiches nicht sagen. Sie lassen uns im wahrsten Sinne kalt.

Was empfinden Sie, wenn Sie die geschlossene Fläche von Betonfertigsteinen, ihr unstrukturiertes Einerlei, betrachten? Nimmt dieses Material Sie auf? Kann es Ihre Vorstellungskraft beflügeln, außer zu *kafkaesken* oder *orwellschen* Visionen? Und falls einem solchen Stein ein *programmiertes Profil* eingegossen worden war, gibt es etwas, das diesem Profil in seiner monotonen Wiederholung ein- oder mitgegeben worden wäre?

Die Natur hingegen bringt höchste Kunst hervor. Das Fließband, was bringt es schon hervor, außer mechanisch eingestanztes, in immer gleiche Form gepreßtes Design, endlos wiederholt, in einer Serie, deren Ziel nichts anderes ist, als aneinanderreihbare Masse abzusondern? Diese seelenlose Uniformität steht für mein Empfinden der Logik der Genlabors und der Zinksärge näher als dem menschlichen Gleichheitsgrundsatz. Haben Sie Betonverbundstein-Einfahrten, um ein Beispiel zu wählen, schon einmal genau betrachtet, oder Rasengitter-Steine? Gönnen Sie sich das doch einmal für eine Weile, ganz bewußt und offen. Das gehört alles zu den Eindrücken, die Ihnen Tag für Tag unzureichend gefiltert *in Ihr schutzloses Innenleben purzeln,* und mir in meines ebenfalls. Ja, das ist wahrlich kein Genuß. Wäre es nicht besser, sich so etwas wenigstens im eigenen Garten zu ersparen?

Wenn das *innere Wesen* der Natur *kreativ* ist, somit auch alles, was sie hervorbringt, unsere Kreativität beflügeln kann, welche Wirkung üben dann diese Betonfertigteile auf uns aus, wenn nicht diese Natur wie auch ihr tieferes Wesen unter sich zu begraben und unsere eigene Kreativität und Empfindsamkeit durch diesen Anblick zu attackieren?

Lassen Sie uns gemeinsam auf eine kleine Entdeckungsreise gehen: Ist auch Ihnen die Erfahrung vertraut, daß sich innerer Friede und Einklang auf einer schweigend durchlebten Wanderung beinahe wie von selbst einstellen, wenn durch die Natur die Aufmerksamkeit von unseren Alltagsproblemen sanft abgelöst wird und wir unser kleines Ich in der magischen Darbietung ihrer Gestaltung und ihres Formenreichtums loslassen können? Gehen wir nicht in dem Maße in etwas Größerem auf, wie wir uns selbst vergessen? Die Natur leert uns innerlich, damit wir zu dem *Klangkörper* werden können, auf dem etwas Großes die uns eigene Melodie erklingen lassen kann.

Kennen Sie dieses Erleben, daß Ihnen ein Weg förmlich entgegengeht, weil sein unregelmäßiger Verlauf, seine Unvorhersehbarkeit Sie seelisch wachhält und beflügelt – bei Natursteinplattenwegen im *Polygonal-Verband* zum Beispiel, auf denen jeder Stein anders aussieht, in Tönung, Gestalt und Struktur, wie eine eigene Persönlichkeit? Ist Ihnen schon aufgefallen, daß sich der Fugenverlauf nie wiederholt, obwohl er ein völlig einheitliches Bild abgibt, da sich der Gärtner der Herausforderung stellen mußte, alle Teile, trotz ihrer unterschiedlichen Größe, Dicke und ihrer unregelmäßigen Bruchkanten zu einem harmonischen Ganzen zusammenzufügen? – Einheit auf der Grundlage unendlicher Vielfalt. *Ist ein solcher Weg nicht wie ein Sinnbild für die ideale menschliche Gesellschaft?* Bedenken Sie nur den Unterschied für den Gärtner – was für eine Meditation, einen solchen Weg zu verlegen – und was für ein Vergleich dazu, lauter paßgleiche, fabrikgeklonte Rechtecke in trostloser Vorherbestimmbarkeit aneinanderzureihen. Droht nicht unsere ganze Gesellschaft selbst zu werden wie ein solcher Weg?

Eine Gesellschaft mit solchem Nivellierungsdruck muß unweigerlich *aus den Fugen geraten,* da ihre Teile auf die Unterdrückung ihrer Individualität mit Abwehr reagieren werden. Geschieht dies unbewußt, sucht sich die Lebenskraft nicht selten ein gegen die Gesellschaft gerichtetes Ventil. Nicht ohne Grund wird sie als Gegner des einzelnen wahrgenommen. Ist es ein Wunder, wenn eine *Gemeinschaft* auf der Basis der *Planquadrate* auf *Abwege* und *Irrwege* gerät?

Haben auch Sie als Kind den Blick am Flußufer nie von den Kieseln lassen können? Erinnern Sie sich noch an die Neugier und Entdeckungsfreude des Sammlers? Versuchen Sie doch einmal diesen erhebenden Zustand beim Abschreiten von Betonplatten-Wegen wachzurufen. Wohin schweift da Ihr Geist ab? Ist er bei der Sache? Können Sie *sich* dabei vergessen, oder verlieren Sie sich währenddessen nicht eher im Labyrinth alltäglicher Gedanken, deren Stärke es ist, neue Probleme und Sorgen heraufzubeschwören und die alten schön zusammenzuhalten wie ein Hirtenhund die Schafe, anstatt den Geist emporzurichten zum Geist, der uns erhält und hält? Wie sollen wir uns da leeren, damit wir klingen können – unsere *innere Verstopfung* loswerden? Wem es nicht gelingt, seine Nase wenigstens gelegentlich vom *kleinkrämerischen Alltag,* der unzweifelhaft auch wichtig ist, zu heben, der wird sich nie zu seiner vollen Größe aufrichten.

Oder wählen wir ein anderes Beispiel: Wie fühlen Sie sich, wenn Sie an einem alten verwitterten Holzzaun entlangschlendern, *schlichte Fassung* eines bäuerlich anmutenden Gartenjuwels oder als unaufdringliche und passende Umgrenzung einer Wiese? Der unregelmäßige Linienverlauf seiner Latten, die vielleicht noch die verschiedenartigen Astlöcher erkennen lassen, und die von Wind, Sonne und Regen herausgearbeitete Struktur ziehen doch auch Ihren Blick an und laden ihn zum Befühlen seiner Seele ein. Auch wenn wir es intellektuell nicht fassen können. Er hat uns etwas zu erzählen, dieser Zaun. Er ist Überbringer einer Nachricht. Sie lachen darüber – nun, ich kenne eine Menge solcher *Nachrichtensender.* Sie haben mir vieles, das in dieses Buch mit eingeflossen ist, zugeflüstert. So entsteht das *Wertpapier-Depot* eines Dichters, liebe Geschäftsleute. Das Holz jenes Zaunes, den ich meine, wärmt sich schnell auf von den flüchtigen Strahlen der Frühlingssonne. Es duftet nach Almhütte und Bauerngarten – oder nach was immer sie wollen –, in jedem Fall aber nach Kindheitserinnerung, falls Sie nicht zu den Kindern gehören, die das moderne Leben um diese Erfahrung betrogen hat.

Ähnlich ergeht es uns mit Natursteinmauern, deren Ritzen mit einem Mikrokosmos an *Bergwiesen,* Farnen und *Miniaturwäldern* besiedelt sind, oder mit einer sehr alten Ziegelmauer, bei der jeder Stein eine andere Farbe, andere Verwitterungsmale und Narben trägt und so zu einer ganz eigenen Persönlichkeit geworden ist. Auch hier, wo die *Fassade* nachgibt und *der Putz* ihr Innenleben zutage treten läßt, breiten sich in den nachgiebiger werdenden Fugen diese Miniaturgärten und -wäldchen aus. Was aber fühlen Sie dagegen, wenn Sie an einer Betonwand oder einem mit *toter Farbe* behandelten Maschendrahtzaun entlanggehen müssen, weil Ihr Weg da eben gerade vorbeiführt. Also ich persönlich empfinde es als grausamen Akt, als gewalttätigen Übergriff und als Strafe, wenn Sie gestatten, daß ich die Art meiner Empfindungen begrifflich ein wenig vergrößere, um sie verbal faßbar zu machen. Lädt Sie ein solcher Zaun etwa zum Verweilen ein? Bietet er Ihnen den Augenblick auf einem Silbertablett an? *Nun ich denke, dieser Zaun wird eher angetan sein, jenen in Richtung des ›Sammelbeckens nicht gelebter Augenblicke‹ zu verweisen.* Sie werden sich vor einem solchen Zaun, der meist auch noch die Einförmigkeit einer Hecke krönt, sicherlich nicht unnötig aufhalten. Womöglich beschleunigen Sie automatisch ihre Schritte, richten Ihren Blick geradewegs nach vorne in die Zukunft und – weg sind Sie.

So begegnen wir in unserer modernen Welt Orten, die uns zum Verweilen einladen und uns innerlich bereichern können, immer seltener. Allein die Veränderungen in der Außenwelt nötigen uns, unser Augenmerk immer mehr auf das äußerlich Nützliche anstatt das der Seele Bekömmliche und Förderliche zu richten – ein Teufelskreis.

Vor einigen Wochen, auf einem meiner Spaziergänge im *Trentino,* in *Tremosine,* begleitete mich ein sehr alter Holzzaun ein Stück meines Weges. Er war aus demselben gedrehten, silbergrauen Holz wie die Bäume des alten Olivenhaines, den er barg. An ihn schmiegten sich einzelne Rosmarinsträucher und wilde Waldreben, deren strahlenförmige Blütenwatte in der nahenden Dämmerung das Licht des vollen Mondes einfing. Der ganze Hain, der Zaun und die Sträucher lagen wie verzaubert im Mondlicht und bildeten eine feste Einheit, die im regen Austausch mit dem Mond zu stehen schien. Unzählige Fäden wogten hin und her wie auf einem unsichtbaren Webstuhl. Jetzt stellen Sie sich diese Szenerie noch einmal vor einem hohen Maschendrahtzaun mit akkurat geschnittener Thuja-Hecke vor. Nein, das ist kein finsterer Scherz. So etwas begegnete mir noch auf dem selben Spaziergang, als mich der gleiche Weg nur ein wenig später am Grundstück einer Familie entlangführte, die dort ein Ferienhaus besitzt. Um es kurz zu machen: Der Mond hatte diesem

Zaun rein gar nichts zu sagen. Sprachlos standen sie einander gegenüber. Die Szenerie zog ihn nicht herab. Einsam und scheinbar in sich leuchtete er hoch oben in das kalte All. An diesem Ort empfand ich, wie sehr der alte Holzzaun, die Olivenbäume auf der Wiese, diese ganze zauberhafte Szenerie zum Mittler zwischen mir und dem Kosmos geworden war. Sie wurden mir zum sichtbaren Bindeglied, das mir half, diese Verbindung bewußt wahrzunehmen, mich ihr mit ganzem Herzen hinzugeben und sie so enorm zu verstärken. Und was tun wir in unserer modernen Welt? Wir löschen diese Bindeglieder und Mittler eines nach dem anderen aus und wundern uns darüber, daß wir krank, gefühls- und glücksunfähig sind. Wir haben es wirklich genauso verdient. Geist und Schönheit sind unsere Nahrung. Wir werden verhungern, wenn wir so weitermachen, noch lange bevor die Grundlagen unseres physischen Lebens ganz zerstört sind. Wir werden in dieser Weise verhungern, ganz langsam und unspektakulär, mit unseren vollen Bäuchen, Verdauungsstörungen und unseren eng gewordenen Herzen – vor laufenden Fernsehapparaten –, schöne neue Welt.

Kommen wir nun zum letzten Beispiel, auch wenn die Liste noch *hungrig* genug wäre, sich auf weiteren Unmengen Papiers auszubreiten. Sicherlich fallen Ihnen selbst noch genügend andere Beispiele ein. Nebenbei bemerkt, verstehen Sie, warum Menschen bereit sind, in Häusern und Gärten zu leben, die sie nicht einmal photographieren würden, geschweige denn als ausreichend ästhetisch empfinden, um sie als Postkartenmotiv zu erwählen? Offenbar verwenden wir für Leben und Schönheit verschiedene Maßstäbe?

Im folgenden Absatz wird von einer Stadtlandschaft die Rede sein, die es für mein Empfinden an Schönheit ohne weiteres mit der Natur aufnehmen kann. Haben Sie schon einmal über die Dächer einer alten italienischen Stadt wie Sienna, Venedig oder Perugia geschaut, auf diese verwirrend verwinkelte Dach-Landschaft? Die u-förmig gewölbten alten Ziegel, die Reihe für Reihe abwechselnd nach oben und dann wieder nach unten ineinander verzahnt sind, lockern die Dachfläche durch ihre plastische Oberfläche, die sich aus der regelmäßig wiederkehrenden Umkehrung ergibt, wohltuend auf. Und diese Wiederkehr ist niemals reine Wiederholung. Dafür sorgt schon die Beschaffenheit und einstige Hand-Bearbeitung dieses Naturmaterials und dessen Farbskala, die von gelb zu allen nur erdenklichen Braun- oder Grau-Nuancen eines warmen Rotes heranreicht. Diese alten Dächer bergen manch eine Ahnung dessen, was es zwischen Himmel und Erde geben mag, welche die Geschäftigkeit unter ihnen nicht oft zuläßt. So eine Dachlandschaft, deren einzelne Flächen mitunter an plötzlich in der Bewegung erstarrte Wellenstrukturen erinnern, ist wie eine Symphonie, unendlich nuancenreich, voll eigenen Lebens und Geists und *aus einem Guß*. Wenn man längere Zeit auf so einem Dach ganz ruhig sitzt und schaut, kommt zwischen den Schindeln eine Vielzahl von Tieren, wie Eidechsen, zum Vorschein. Auch manch eine Katze zeigt sich, leicht brüskiert über den Eindringling in ihrer stillen Welt.

Oder nehmen wir die mit Holzschindeln oder Schiefer gedeckten Dächer eines österreichischen oder deutschen Dorfes, das sich vielleicht noch mit schiefwandigen Fachwerkmauern in den unebenen Grund des alten Kopfsteinpflasters stützt. Sie fügen sich harmonisch in die sie umgebende Natur ein, der ihre Materialien entnommen sind. Auch die Häuser sind *organisch verwinkelt und in ihren Grund* förmlich *hineingewachsen* anstatt in einer Linie aufgereiht. Vergleichen Sie das einmal mit dem toten, weil überall gleichen Farbton moderner Dachschindeln und ihrer porenlos präzisen Oberfläche. *Dabei heben sich die einfachen tonroten Dachpfannen, mit denen traditionsgemäß Scheunen wie Häuser in Bayern gedeckt wurden, noch wohltuend von all den ›engobierten‹ Varianten ab, deren Oberfläche mit einem einheitlichen Überzug aus künstlicher Farbe verstopft worden ist.* Diesen Standpunkt vertritt *Dieter Wieland* in *»Bauen und Bewahren«*. Wir sind uns auch darin einig, daß hingegen ein natürliches Dach von Jahr zu Jahr schöner wird, da Moose und Flechten es beleben und seine zunehmende Patina es den natürlichen Erscheinungen wieder ähnlicher werden läßt. Das Gleiche gilt natürlich auch für alle unbehandelten Holzflächen, die durch die Sonneneinwirkung nachdunkeln oder, wie das bei Fichte der Fall ist, durch ihr silbriges Grau dem Haus *die Würde der Jahre* verleihen. Darüber hinaus fällt uns alles behandelte Holz ohnehin irgendwann einmal als Sondermüll zur Last.

Sie werden sich vielleicht jetzt fragen, warum ich Sie so lange mit dieser Gegenüberstellung gequält habe. Nun lieber Leser, da ich Sie nicht kenne, gibt es zwei Möglichkeiten: Entweder renne ich bei Ihnen offene Türen ein. Für diesen Fall wage ich zu hoffen, daß dieser Text für Sie zumindest ein unterhaltsamer Blick aus *verwandten Augen* war. Für den Fall aber, daß Sie zu den Zeitgenossen gehören, die unsere *Gärten* bisher noch nicht mit *solchen Augen* betrachtet haben, dürften Sie wohl der gesellschaftlichen Mehrheit angehören, die mich zu diesem Buch inspiriert hat. Somit sind Sie *der Souverän* in unserer Zeit, in welcher der Zweck herrscht. An Sie möchte ich dieses Gnadengesuch für meinen Mandanten richten. Sie haben ihn zum Tode verurteilt. Und er soll schon morgen hingerichtet werden. Ich möchte Sie bitten, diesen Fall noch einmal wohlwollend zu überdenken. Er ist von altem Adel – und sein einziges Verbrechen war, daß er sich auf Kollisionskurs mit Ihrem Nützlichkeitsdenken befunden hat.

Der Garten als Spiegel der Gesellschaft

Betrachten wir die Geschichte abendländischer Gartengestaltung seit der Antike, schwingt ihr *Pendel* zwischen zwei konträren Sichtweisen: Natur wie Kunst werden zur Repräsentation von Macht und Reichtum benutzt. Dabei verwendet man die Natur nicht selten als Ornament, als dekoratives Element und ordnet sie der Kunst, gemäß geltender Idealvorstellungen, unter. In den kunstvoll geschnittenen Buchs-Hecken der englischen *Knotengärten* gerät die Natur zur reinen *Knetmasse künstlerischer Gestaltung.* Damit drückt der Mensch auch seine Macht über die Natur und den Eigenwillen all ihrer *Wesenheiten* aus. Abstraktion und Stilisierung müssen dabei aber nicht immer Ignoranz und menschliche Absolutsetzung bezeugen. Sie sind auch in der Gartenkunst von gewissem Wert, wo sie über geistige Ausdruckskraft verfügen. Der Gegenpol zu dieser Haltung wurzelt in der unbedingten Hingabe an die Natur, in der Auffassung, daß sich in ihr, *wie sie ist,* bereits ein Ideal höchster Schönheit und Gestaltung manifestiert, das die Kunst nur noch hervorzuheben und zu inszenieren habe.

Zielt die Entwicklung, wie es der Endzweck aller Geschichte ist, wollen wir den Paradiesgarten verwirklichen, auf die harmonische Vereinigung der Gegensätze von Mensch, Kunst und Natur, über die Joseph Addison 1712 in mehreren Artikeln mit dem Titel *»Pleasures of Imagination«* reflektierte? In Frankreich war es *Rousseau,* der die Natur weit über alles Gekünstelte erhoben hatte.

Nicht zufällig korrespondiert diese Sichtweise, die das Verhältnis des Menschen zur Natur wieder neu definiert und schließlich den englischen Landschaftspark hervorbringt, mit der Zunahme individueller Freiheit, wie sie um diese Zeit in der *Bill of Rights* zum Ausdruck gelangt. Die Haltung des Menschen zu sich selbst, zueinander, zur Natur und zum Göttlichen scheint der gleichen Wurzel zu entstammen und drückt sich immer auch in seinen Gärten aus. Doch reißt der Graben zwischen den Gegensätzen, die es zu vereinen gilt, nicht auch immer weiter auf?

Die Zeiten ändern sich offenbar in immer kürzeren Intervallen, so als würde die Energie, welche die Entwicklung beschleunigt vorantreibt, zunehmen. Alles ist in Bewegung. Die Ära der prachtvoll angelegten Landschaftsparks ist zu Ende, bestenfalls werden die bestehenden noch verwaltet, ebenso die Zeit der typischen Bauerngärten. Es gibt keine Fürsten mehr, genausowenig wie Bauern. Das Bürgertum hatte den Adel beerbt. Der Bauernstand verschwand erst nach dem Zweiten Weltkrieg. Seitdem diktiert die verarbeitende Industrie die technischen Normen für die *Agrarprodukte.* Heute unterscheidet sich das Leben zwischen Stadt und Land kaum mehr. Alle bauen ihre Häuser ähnlich, in genormter *Fertigteil-Manier;* und wenn man mit der Bahn reist, könnte man zuweilen meinen, durch *Lego-Land* zu fahren. Gewerbegebiete und Stadtrandsiedlungen wechseln einander ab, in grauer Monotonie und einfallsloser Gleichförmigkeit, dazwischen flurbereinigte Ackerflächen, durchzogen und zerteilt von einem *wildwuchernden Wirrwarr* an Stromdrähten und Autobahnen, dem einzigen, was sich in dieser Landschaft noch ungezügelt ausbreitet. Und in den Städten selbst? Dort haben offenbar zwei Generationen von Architekten genügt, um zu vollenden, wofür die Zerstörungskraft zweier Weltkriege nicht ausgereicht hat, im Schatten von *Bauhaus.* Was haben wir aus unserem Weltgarten gemacht?

Mit dem Verschwinden der bäuerlichen Kultur einerseits und dem klassischen Industrieproletariat andererseits hat sich schließlich auch das Bürgertum mehr oder weniger *erledigt.* Denn ohne die anderen beiden Kategorien verliert letztere ihren Sinn. Da das merkantile Element ohnehin das moderne Leben vereinnahmt hält, wäre es wohl am ehrlichsten, von der Gruppe der Konsumenten im allgemeinen zu sprechen. Und unter diesem Blickwinkel gibt es zwei neue Klassen: die der Besitzenden und die der Nicht-Besitzenden, manchmal auch Arbeitslosen. Die Häuser derjenigen, die besitzen, zumindest die neueren, ähneln sich sehr, wie auch ihre Gärten; von den meist *uniformen Wohnschubladen* der Nicht-Besitzenden einmal ganz abgesehen.

Doch zeichnet sich in dieser zunehmenden Nivellierung der Vielfalt in den Lebensweisen auch eine entgegengerichtete Entwicklung zu etwas Neuem ab, ein Bestreben nach individueller Vielfalt und zugleich nach etwas Wahrhaftigem und Echtem, nach geistiger Selbstsuche. Was bedeutet das für die Gärten, an denen die gesellschaftlichen Veränderungen niemals spurlos vorübergehen? Immer mehr Menschen machen sich auf, ihre eigene Linie und Ästhetik zu suchen und sich dabei wieder mehr in Einklang mit der Natur und ihrem eigenen Urgrund zu bringen. Es gibt eine wachsende Zahl von Naturgärten, in denen mit Vorliebe mit den Gestaltungselementen Wasser und Steinen experimentiert wird, die auch in allen Gartenhochkulturen eine entscheidende Rolle spielten – vor allem das Wasser. *Wenn wir einen Garten als differenzierten und in sich geschlossenen Organismus begreifen, ist das Wasser darin der Lebensstrom.* Für die Taoisten symbolisiert er das *Chi.* Entsprechend sollte es immer fließen, im Idealfall von Osten kommend, den Garten nach Süd-Westen wieder verlassend. In den islamischen Gärten, in denen die Zahl vier von zentraler Bedeutung ist, fließt das Wasser aus einem tiefen Becken, dem Herzen, der Quellmitte des Gartens, in die vier Richtungen und teilt den Garten so in vier Quadranten, wodurch es ihn gleichmäßig mit seiner Lebenskraft durchzieht. Jedes Wasser, so klein es auch sein mag, zieht die Menschen magisch an und lädt sie ein, ihren Blick in seiner Fläche zu versenken, zu verweilen und die vielfältige Welt dieser Biotope zu betrachten. *Der Teich, seine schwer durchschaubare Tiefe voll bewegten Lebens, ist wie ein Symbol für unsere Seele: Es gibt darin goldene Fische, sonderbare Larven, die auf die Erfüllung ihrer Bestimmung warten, ein leuchtendes Libellendasein zu führen, eine Vielzahl seltsamer Käfer, Würmer und sogar Blutegel.* Diese Plätze bieten in ihren Randzonen Lebensraum für Frösche, Kröten und allerlei Getier. Dicht bewachsene Uferregionen, in denen die Sumpfzonen nach und nach in andere Vegetationsformen übergehen, laden Igel zum Verweilen und die Vögel zum Bad ein. Und nicht selten mutieren diese Orte zu Freiluft-Theatern für die bunte Schar der Katzen aus der Nachbarschaft, deren Jagdleidenschaft in den Sumpfzonen schnell an ihre Grenze stößt.

Vorbei ist also die Zeit, in der vor allem die Tradition die Linie vorschrieb. Alles scheint erlaubt. Dabei liegt es noch nicht lange zurück, da gab es eine bestimmte Norm, verbunden mit einem hohen gesellschaftlichen Erwartungsdruck, dieser zu entsprechen, wie man zum Beispiel seinen Garten anzulegen hatte. Selbstverständlich galt das auch für den inneren Garten und die ganze Lebensweise. Doch bleiben wir beim äußeren: Man stieß immerhin vor nicht allzu langer Zeit meist noch auf massiv vorgetragenes Unverständnis, wenn man zum Beispiel seine Grasfläche der Strenge des Rasendaseins enthob und dort eine blühende Wiese mit hohem Gras zuließ. Auch Teiche und Feuchtbiotope erregten nicht selten den Unwillen der Nachbarn. Man schien sich auch an den natürlichen Lauten der Frösche mehr zu stören, als an dem nur in den Wintermonaten verstummenden Geschwader unermüdlich im Einsatz befindlicher Rasenmäher. Liebhaber von Naturgärten und deren konservative Nachbarn gerieten nicht selten in Streit, da gerade das Thema Garten mit viel Emotionalität beladen ist. Darin zeigt sich doch, wie sehr der Garten Aushängeschild und Ausdrucksform unseres Innenlebens, Wesens und der Persönlichkeit ist. Langsam kehrt glücklicherweise mehr Toleranz auf beiden Seiten ein. Dennoch stellt sich in diesem Zusammenhang, angesichts der Tatsache, daß Lärm zu einer immer gravierenderen Gesundheitsbelastung wird und den Gärten deshalb eine noch größere Bedeutung als Orte der Ruhe und Stille zukommt, durchaus die Frage, ob es unbedingt nötig ist, zum Durchtrennen zarter Halme Maschinen zu betreiben, deren Benzinmotoren lauter lärmen als die unserer Autos. Hat das PS-bewehrte Potenzgetue des täglichen Straßenkampfes schon auf unsere Gärten übergegriffen, oder fürchtet man an den wesentlich leiseren Elektromähern die Möglichkeit, das Kabel zu durchtrennen? Warum gibt es keine strengen Auflagen für den Lärmschutz? Wer schützt den Menschen vor seinen Maschinen?

Doch noch einmal zur Geschichte: In früheren Zeiten, in denen ein stabileres Weltbild und die Tradition das menschliche Leben stärker bestimmten und Stand, Schicht oder Klasse den einzelnen auf einem mehr oder weniger vorgegebenen Weg seine Bahn von der Wiege bis zum Grab ziehen ließen, sein Platz im Leben durch Geburt vorgegeben war, gab es auch noch eindeutig voneinander unterschiedene Arten von Gärten: Da breiteten sich die kunstvollen Barockgärten noch vorwiegend unter den Schnallenschuhen adeliger *Lustwandler* aus. Durch das Erstarken des Bürgertums entstanden bald gepflegte Bürgergärten, deren Rosenlauben und sorgfältig gestaltete Blumenrabatten sowohl die Bemühung um repräsentative Wirkung wie auch um die Schaffung eines sorgsam umhegten *biedermeierlichen Idylls* anzusehen waren. Davon gänzlich verschieden stellte sich der Bauerngarten dar, mit seinem Nutzgarten, der wiederum in Obstgarten mit Beerensträuchern, Kräutergarten und Gemüsebeete unterteilt war. Und sorgsam getrennt davon fand sich auch ein bunter Blumengarten mit Sommerblumen wie Dahlien, Zinien, Rosen und Malven.

Hatte diese nicht hinterfragte Stilsicherheit nicht aber auch etwas Gutes? Wie leicht gerät doch die Vielfalt zum beziehungslosen Durcheinander, dem die harmonische Einheit fehlt? Diese Herausforderung tritt dem *Gärtner,* nicht nur in seinem Garten, nunmehr verstärkt entgegen. Wenn wir uns immer wieder auch der Tradition öffnen, werden wir darin oftmals eine Entwicklung zu gewachsener Harmonie entdecken und so vieles von ihr lernen können.

Nur eines sollten wir gänzlich meiden, den öden Konformismus der Nachkriegs-Fertigteil-Gesellschaft mit seinen seelenlosen, industriell gefertigten Versandkatalog-Nippes.

Rosen und Rhabarber – Tulpen und Tomaten

Nun, zu Beginn eines neuen Jahrhunderts, suchen die Menschen sowohl in der Stadt als auch auf dem Land vermehrt die Beziehung zur Natur, wie die zunehmende Hinwendung zu Naturgärten bereits erkennen läßt. Das äußert sich auch darin, daß immer mehr dazu übergehen, sich einen Teil ihrer Nahrung wieder selbst anzubauen. Diese ist sichtbares Bindeglied zur Erde und den Kräften der Natur sowie dem in ihr wirkenden Schöpfergeist. Wenn wir unseren eigenen Gemüsegarten kultivieren, pflegen wir diese Beziehung in meditativ hingegebener Weise, die uns die größeren kosmischen Zusammenhänge, in die wir eingebettet sind, sinnlich erfahrbar macht. Eine nicht abreißende Folge von Lebensmittelskandalen und das Gefühl völliger Entfremdung, das sich einstellt, wenn wir vor hallogenbeleuchteten Supermarktregalen fertig abgepackte *Ware* aus weiter nicht nachvollziehbaren Quellen einpacken, haben ein Übriges zu dieser Entwicklung beigetragen. Und selbstgezogenes Gemüse schmeckt ja auch viel besser, allein schon dadurch, daß es überhaupt nach etwas schmeckt. Heute brechen viele Gartenbesitzer die strenge Ordnung der Trennung von Nutz- und Ziergarten auf. Diese geht auf die mittelalterlichen Klostergärten zurück, welche ihrerseits in der antiken Tradition des Gartens als Gefüge rechteckiger Flächen mit unterschiedlichen Funktionen wurzelt. Es gab einen Kräutergarten mit Heil- und Küchenkräutern, einen Gemüse- und einen Obstgarten, der auch Ziersträucher enthielt. Die Beete wurden mit Brettern oder Flechtwerk eingefaßt, erhöht oder abgesenkt. Das weibliche Heiligtum eines solchen Gartens, der *Hortus conclusus* oder Mariengarten, war ein eigens umzäunter kleiner Garten im Garten, der nur Blumen mit religiöser Symbolik, wie die Lilie, weiße oder rote Rosen, enthielt. Blumen pflanzte man nicht in Gruppen, um ihre Einzelwirkung zu betonen. Auch der Obstgarten galt als spiritueller Ort der Einkehr, in dem sogar die Mönche begraben wurden, wie *Roni Jay* in ihrem Buch *»Sacred Gardens«* berichtet.

Die Gärtner heute schauen mit anderen Augen auf die Feldfrüchte und entdecken ihre Schönheit neu. Früher war ihr Anbau Teil des Alltags, den die Menschen oft als glanzlos und beschwerlich empfanden. Die Blumen bewegten ihr Inneres mehr und waren ihnen vielleicht auch Symbol für ein feineres und weniger hartes Leben. Heute eröffnet das moderne Leben, das uns zum Glück viele mühsame Tätigkeiten abnimmt, einen anderen Blick: Viele sehen mit zärtlicher Nostalgie auf ihre selbstgezogenen Tomaten am Fensterbrett, berauschen sich lustvoll am harzigen Duft ihrer sonnenwarmen reifen Früchte. Wer von dieser Welt entfremdet aufwuchs, entdeckt ganz neu die Schönheit der kleinen gelben Blüten. Man kann sich auch von Zucchinipflanzen bezaubern lassen, wenn sie sich krakenhaft über der Ackerkrume ausbreiten, mit ihren schweren, glänzenden Früchten, an denen noch die Erde des Gartens klebt. Wer die Früchte nur aus dem Supermarkt kennt, kann sich der Wirkung dieser Pflanzen schwerlich entziehen, die uns neben den zartorangen Blüten alle Stadien des Werdens und Reifens, oft zeitgleich nebeneinander, vor Augen führen. Diese neue Art, auf Gemüse und Kräuter zu schauen, läßt die alte Unterteilung in Nutz- und Zierpflanzen in den Hintergrund treten. So ist es kein Wunder, wenn manche Leute ihre Stangenbohnen mit Gladiolen mischen, wie ich das neulich bei meiner Nachbarin gesehen habe. Es sieht wundervoll aus. Die leuchtend orangen Blüten der hoch aufwärtsrankenden Bohnen gehen über den Gladiolen keineswegs unter. Ebenso prachtvoll kann sich uns eine Mischung von Kapuzinerkresse und Tomaten darstellen. Und warum sollten die zarten Dillpflanzen mit ihren gelbgrünen Blüten nicht mit den apricot-farbenen Blüten der Strauchrosen harmonieren. Oder stellen wir uns eine Etagen-Pflanzung vor: ein Beet mit niedrigen Blütenstauden – und ein *Stockwerk* höher die sinnlich-schweren Trauben der Hochstamm-Johannisbeeren. Wenn wir uns unserem Garten mit einer solchen Lust zu gruppieren und zu gestalten nähern, dann sind wir wie ein Maler, dem eine scheinbar unbegrenzte Palette lebendiger Vielfalt zur Auswahl steht; oder wie der Arrangeur einer barocken Tafel, der es liebt, in üppig ausladender Schönheit und Fülle zu schwelgen. Salbei, zum Beispiel, setzt mit seinen silbergrauen Blättern und tiefblauen Blumenrispen nicht nur einen herrlichen Kontrapunkt zur Duft- und Farbensymphonie unserer Rosen; seine Blätter, in Butter gebraten, ergeben auch einen köstlichen Fond für Pasta. Die Lust der Sinne und die Lust des Herzens sind im Garten verwobene Lust. Verwobene Lust ist Lebensfreude, ist wahre Liebeslust.

Nahrung aus dem Garten für den *ganzen* Menschen

So wie der Garten unsere Sinne erfreut und die Seele nährt, kann er uns auch mit Nahrung für den Körper versorgen. Doch wenn wir unser Gemüse und Obst selbst anbauen und ernten, ist das viel mehr, als nur die Erzeugung physischer Nahrung. Wir gewinnen die innere Beziehung zu dem, was wir essen, zurück. Den Boden zu kultivieren, zu säen, zu umhegen und zu pflegen, schenkt uns außerdem eine tiefere Wahrnehmung der Grundlagen unseres Daseins. Es macht uns die Einheit allen Lebens bewußt: Die Sonne nährt und erhält alles Leben. Damit ist nicht nur die stoffliche Sonne gemeint, sondern auch die geistige, das kosmische Herz, das verborgen im Zentrum allen Seins schlägt. Das Licht, das von ihr ausgeht, ist das gleiche Licht, das auch durch das Menschenherz strahlen kann. Wenn wir unseren Garten mit Liebe versorgen, fließt dieses Licht aus unserem Herzen in die Arbeit ein und strömt dadurch in die Pflanzen und letztendlich in ihre Früchte mit hinein. Das ist der sprichwörtliche *grüne Daumen*. Die Art von Energie, die von einem *wirklichen Gärtner* ausgeht, wird durch die tiefe innere Verbindung, die er zu seinem Garten unterhält, alle Pflanzen überdurchschnittlich blühen und gedeihen lassen. Sie nehmen seine Liebesschwingung direkt auf. Denn unsere Herzkräfte und Gedanken können von den Wesenheiten, die hinter den Naturkräften wirken, dem Wachstum der Pflanzen zugeführt werden (mehr dazu im Essay »Die unsichtbare Welt«). Besagte Liebesschwingung wird nicht nur unseren Garten reichlich gedeihen lassen, sondern auch unmittelbar reinigend auf uns selbst zurückwirken. Sie hebt außerdem die Schwingung in den Früchten an, was die Nahrung hochwertiger werden läßt und einen positiven Einfluß auf unsere feinstofflichen Körper ausüben wird.

Das zunehmende Ineinandergreifen und Verschränken unserer seelisch-geistigen und körperlichen Sphären wird so durch den Eigenanbau unserer Nahrung um eine weitere Komponente bereichert. Vielleicht bedarf es der persönlichen Erfahrung, um sich mit dieser Idee anzufreunden. Manchen wurde womöglich auch die Gartenarbeit in der Kindheit durch elterlichen Zwang verleidet, und eine unangenehme Erinnerung hält dieses *Feld* seitdem besetzt? Doch empfehle ich, wer dafür offen ist, einige Jahre durch diese Erfahrung zu gehen.

Natürlich bringt das allein unsere Entwicklung noch nicht voran, wenn wir unsere Tomaten selbst anbauen; doch die Vertiefung unserer Beziehung zur Natur schenkt dem Leben zumindest eine neue Dimension. Sie kann uns inspirieren, das Dasein an sich bewußter zu erleben, es als weniger selbstverständlich zu betrachten und uns deshalb auch nicht mehr so leicht über unser *Los* zu beklagen. *Nur wenig lähmt die Kreativität mehr als Selbstmitleid.* Wenn sich das Bewußtsein für die Einbindung des einzelnen in die große Ganzheit erweitert, werden wir gewahr, welche Geschenke uns hinter allen äußeren Schwierigkeiten zuteil werden und welche Türen der Verwandlung wir selbst öffnen können. Denn immer, wenn wir eine Schwierigkeit meistern, schreiten wir auf unserem Weg voran, durch ein weiteres Tor, in einen neuen Raum. Wenn wir unserer Vision treu bleiben *wie der Bauer, dessen Blick während des Pflügens stetig auf einen fernen Fix-*

punkt gerichtet ist, um eine gerade Furche über seinen Acker zu ziehen, werden wir unser Ziel, egal wie fern es noch ist, einmal erreichen und uns *Tür um Tür* unserer Bestimmung nähern. Wirkliche und dauerhafte Erfüllung kann aus einer wandelbaren Welt ohnehin nicht kommen. Wir können sie nur in einem *vollendeten Seelengarten* finden. Erst wenn wir ihn vollendet haben, kann er unser *höheres Wesen* ganz beheimaten. Glaube kann dabei helfen. Doch Glaube im positiven Sinne ist nichts anderes als intuitive Wahrnehmung. Und er nutzt nichts, wenn wir uns nicht fortwährend bemühen, das, was wir fühlen, durch eigene Anstrengung und Verwirklichung in unser tägliches Leben umzusetzen, ihm Ausdruck zu verschaffen. *Denn unser Seelengarten bedarf einer dauerhaften Kultivierung, Tag für Tag, von Augenblick zu Augenblick. Das ist Voraussetzung für ein bewußtes und kreatives Leben.*

Die Bedeutung der äußeren Bedingungen, die es uns erlauben, unseren inneren Garten zu kultivieren, ist jedoch nicht zu unterschätzen. Auch die Eiche ist in der Eichel nur potentiell vorhanden. Damit daraus einmal eine Eiche wächst, bedarf es vieler Faktoren, des richtigen Bodens, Licht, Wasser, Wärme und Schutz. Ebenso ist es mit unserem inneren Wachstum: Von nichts kommt nichts. Doch die Natur lehrt auch Geduld. Der Gärtner weiß, daß der Same Zeit benötigt, um in der Dunkelheit zu keimen. Es hat keinen Sinn, ihn immer wieder auszugraben, um nachzusehen, ob daraus bereits etwas Gestalt annimmt.

Ein anderer wichtiger Punkt für unser inneres Wachstum ist Dankbarkeit – die Dankbarkeit für das Leben, mit all seinen Möglichkeiten. Dankbarkeit ist Ausdruck von Wertschätzung und somit die Regung eines edlen Geistes. Wertschätzung zeugt von der Bereitschaft, einen einmal erkannten Wert einzulösen und für das eigene Dasein zum Leben zu erwecken und ist somit ebenso Ausdruck eines kreativen Geistes wie eine seiner Bedingungen. Dankbarkeit weist also auf ein entwickeltes und hohes Bewußtsein hin, das nichts als selbstverständlich hinnimmt, den Wert zu erkennen, zu würdigen und zu nutzen weiß. Diese Haltung ersetzt Achtlosigkeit durch Liebe, Würdigung und Integration.

Das beginnt bereits im Alltäglichen wie gegenüber der Nahrung. Ihre wahre Bedeutung geht über das Körperliche weit hinaus. Sie ist greifbarer Ausdruck für die Gaben aus dem Schoß der mütterlichen Erde und des väterlichen Geistes, die uns die Weiterführung des physischen Lebens erst ermöglichen, ist sichtbarer Ausdruck für das Geschenk des Lebens, das sich durch geheimnisvolle Macht pausenlos neu aus der Erde manifestiert. Vertiefen wir unsere Beziehung zum Leben und begreifen die in ihm enthaltenen Entwicklungsmöglichkeiten, kann sich das Gefühl von Dankbarkeit wie von selbst einstellen. So wie der Gärtner lernt, das Leben zu achten, wird er auch lernen, die Nahrung als göttliches Geschenk zu erkennen, ebenso die Natur in ihrer Ganzheit.

Je mehr wir uns in dieser Weise sensibilisieren, desto mehr wird uns auch bewußt werden, daß jede Art von Einfluß, dem wir unsere Sinne, unser Herz und unseren Geist öffnen, eine Art von Nahrung darstellt, einen bestimmten Bereich in uns nähren oder schädigen kann. Nicht jede Art von Nahrung ist für unsere *Früchte* und *Rosen* bekömmlich. Und manche schenkt ihre lebensspendende Kraft nur den *Nesseln* und *Saugarmen* oder dem *Dornengestrüpp.* Die Auswahl der Nahrung hat einen entscheidenden Einfluß darauf, in welcher Richtung sich unser Seelengarten entwickelt.

So wie wir unsere Nahrung durch eigenen Anbau in einer liebenden Haltung veredeln können, vollenden wir diese Veredelung, wenn wir sie im gesteigerten Bewußtsein der Wertschätzung und der Verbundenheit mit dem Geist, der sie geschaffen hat, essen. Dadurch wird das Essen, wie zuvor die Arbeit, auch zu einer geistigen Handlung und einem Ritual der spirituellen Öffnung gegenüber dem Schöpfergeist. Um diese Haltung zu kultivieren, benötigen wir nicht unbedingt einen eigenen Garten, auch nicht mehr Zeit als nötig, um bewußt zu essen und uns vor dem Essen kurz zu versenken. Anfangs ist es eine Übung, die vielleicht ein wenig Willen und Disziplin erfordert, doch keine, die uns schwerfällt, wenn die Einsicht in den Sinn dieser Handlung gelingt. Nach einiger Zeit wird sich diese kurze Versenkung immer mehr vertiefen und zu einem Bedürfnis werden, weil sie uns spürbar innerlich bereichert. So nähren wir nicht nur den physischen Leib, sondern öffnen uns zunehmend dem inneren Leben. Wir kennen den christlichen Brauch, vor dem Essen zu beten, oder den des *Erntedankfestes.* Es geht hier nicht darum, überlebte Traditionen und Rituale mit nostalgischer Haltung neu zu beleben. Es geht um deren tieferen Gehalt, um den Sinn all dieser Handlungen, die oft nur noch stumpf und gewohnheitsmäßig vollzogen worden waren und dadurch entwertet wurden. Es geht darum, uns deren

Essenzen wieder bewußt zu machen, sie zu vergegenwärtigen, damit wir ohne unnötige Umwege unser inneres Wachstum entfalten können.

Ein Mensch, der die Natur in dieser Weise liebt, wird auch wie von selbst das richtige Maß in allen Dingen finden. Wer innerlich reich ist, begehrt nicht maßlos nach materiellen Gütern. Er wünscht sich nicht mehr, als das Wenige zu besitzen, das er zum Leben braucht. Liebe achtet das Leben und die Natur. Ein solcher Mensch wird sie niemals ausbeuten und zerstören.

Nahrung für den *ganzen* Garten durch den Menschen

So wie der Mensch frische, energetisch aufgeladene Nahrung braucht, trifft das in gleicher Weise für das pflanzliche Leben und den Boden zu. Denn auch der Boden ist ein komplexer Organismus, der von Myriaden verschiedenartiger Lebewesen durchzogen ist. Diese sind pausenlos damit beschäftigt, abgestorbene organische Masse zu zersetzen, für die Pflanzen wieder in ihre elementare Form zu zerlegen und somit als Nahrung verfügbar zu machen. Dadurch ist der Boden alles andere als steril, sondern förmlich von Leben und Energie durchpulst. Dabei lockern diese symbiotisch miteinander verwobenen und verbundenen Organismen das Erdreich und erleichtern somit den Wurzeln der Pflanzen, es zu durchdringen. Vor allem die Regenwürmer spielen dabei eine wichtige Rolle. Ein Boden mit hohem Anteil organischer Masse und reicher Bakterientätigkeit zeichnet sich durch eine große Menge an Regenwürmern aus, deren Kanäle die verschiedenen Erdschichten durchziehen und durchmischen. Die Würmer beschleunigen die Verwandlung verrottender Teile in Humus und sind ihr ganzes Leben lang damit beschäftigt, Unteres nach oben zu kehren, wie jeder weiß, der die Ausscheidungen dieser Tiere überall auf der Oberfläche seines Gartens schon gesehen hat.

Im vorangegangenen Essay war davon die Rede, wie der Mensch sich wieder mehr in die natürliche Ordnung einfügen und so ein glücklicheres und erfüllteres Dasein führen kann, davon, daß so ein Mensch maßvoll, also nicht achtlos und verschwenderisch mit den *Dingen des Lebens* umgehen wird, weil ein Liebender immer schätzt, worauf sich seine Liebe richtet. Zu dieser Haltung paßt, alles, was an organischer Masse sowohl im Garten wie auch durch das Essen anfällt, der Natur als Nahrung wieder zurückzugeben, das Bodenleben damit zu *füttern,* welches es für die Gartenpflanzen wiederum als neue Nahrung aufbereitet. Dadurch erfährt unsere persönliche Beziehung zu unserem Garten eine zusätzliche Vertiefung. Diese Beziehung wird so durch eine weitere Ebene des Gebens und Nehmens bereichert. Wir schließen noch einen Kreis mehr mit der Natur. Die bewußte Vernetzung zwischen uns und dem Garten wird immer dichter.

Es gibt aber auch noch andere gute Gründe für ein solches Verhalten. Ebenso wie den Menschen industriell verarbeitete Fertignahrung schwächt, werden das pflanzliche Leben und der Boden unseres Gartens durch anorganische Düngesalze und sterile Fertig-Erden geschädigt. Auch Böden bedürfen einer regelmäßigen Zufuhr an hochwertiger organischer Nahrung.

Für die Nahrung aus dem Supermarkt gilt in der Regel, daß eine große Menge des *Chi,* der Lebensenergie, durch Konservierung, Verarbeitung und Lagerung bereits entwichen ist. Es sind fast immer Pestizidrückstände und meist schädliche Nahrungszusätze enthalten. Mittlerweise ist es sogar üblich, frisches Gemüse radioaktiv zu bestrahlen. Kartoffeln werden in dieser Weise ihrer Keimfähigkeit beraubt. Doch das gravierendste Problem ist, daß ihre Erzeugung üblicherweise auf der Ausbeutung der Natur beruht. Am deutlichsten dürfte uns dieses Problem an der Massentierhaltung vor Augen gehalten werden. Das Tier wird zum Produkt, zu einer Sache, herabgewürdigt und muß von Geburt bis zum Tod artfremde Bedingungen, maximale Entfremdung zu seinem Lebensraum, auf den es ein Anrecht hat, Grausamkeit und Mißachtung erdulden. Tiere sind in viel höherem Maße als Pflanzen individualisiertes Leben. Ein solcher Umgang mit unseren nächsten Verwandten sollte uns zu denken geben. Natürlich ist es den meisten von uns nicht mehr möglich, Tiere zum Essen selbst zu halten. Doch würden wir das tun, wären wir vermutlich ohnehin kaum fähig, ohne gravierenden Grund diese Tiere, zu denen wir eine persönliche Beziehung gewonnen haben, noch zu töten. Warum vertrauen wir nicht einfach auf die Weisheit, die hinter diesem natürlichen Empfinden steht, und versuchen deshalb konsequenterweise den Fleischanteil in unserer Nahrung immer weiter zu reduzieren? Nehmen wir uns ein Beispiel an den Kindern. Die meisten unter ihnen wären nicht bereit oder fähig, ein Tier zu töten. Meist müssen sie auch erst an den Verzehr von Fleisch gewöhnt werden. Doch wozu überhaupt? Nachweislich benötigen wir es nicht für unsere Ernährung, wie ganze Kulturen beweisen, die sich traditionell ganz oder überwiegend vegetarisch ernähren. Man kann wohl eher davon ausgehen, daß die Nahrung, die wir im Supermarkt kaufen, nicht auf der Grundlage eines positiven Umgangs und einer inneren Verbundenheit mit der Natur *erzeugt* wird, was den Weltgarten schädigt. Und sie kann uns auch nur in beschränktem Maße ernähren. Um so wichtiger ist es, ihre Schwingung vor dem Essen durch kurze Meditation und Versenkung zu heben.

Doch wenden wir uns wieder der Ernährung unseres Gartens zu. In diesem Zusammenhang ist das Thema Düngung unvermeidbar. Wenn wir dem Garten andauernd organische Masse entziehen, ohne sie wieder an ihn zurückzuführen, müssen wir zwangsläufig Dünger und Erden zukaufen. Wer nicht selbst kompostiert, vielleicht aus Platzmangel oder ästhetischen Gründen, sollte darauf achten, daß er auf Kunstdünger und Einheitserden verzichtet. Gemeint sind die üblichen, in Plastiksäcken abgepackten Balkonblumen- oder Zimmerpflanzenerden. Einheitserden sind hitzesterilisiert. Sie werden auf der Grundlage von Torf hergestellt und mit künstlichen Düngesalzen versetzt. Torf wird überdies oft ganz sinnlos verwendet, um Rosen anzuhäufeln und den Boden abzudecken oder zu lockern. Torfabbau ist Raubbau an der Natur, denn er zerstört Moor- und Heidegebiete. Und deren Anzahl ist bekanntlich begrenzt. Sand, Rindenmulch oder Laubkompost leisten je nach Erfordernis bessere Dienste als Torf. Künstlicher Dünger versalzt unsere Böden, schädigt das Grundwasser und bedroht damit die Gesundheit von Mensch und Tier; er schädigt und zerstört mit der Zeit das Bodenleben. Die Erträge, ein Wort, das die versachlichte Haltung der Natur gegenüber ebenso wiederspiegelt wie der lebensverachtende Begriff des *Veredelungsbetriebes* für die Massentierhaltung, werden zwar kurzfristig erhöht, langfristig schwächen wir aber den Boden und seine Lebenskraft. Als Alternative zu diesen schädlichen Produkten empfehle ich, wenn Sie den Humusanteil ihres Gartens erhöhen wollen, Recycling-Kompost aus einer Gärtnerei anliefern zu lassen oder bei größeren Mengen sogenannten Ober- oder Mutterboden durch Erdbaufirmen. Erkundigen Sie sich aber in jedem Fall nach dem Humusanteil. Dieser sollte möglichst hoch sein, wenn Sie die *humose Schicht* Ihres Gartens verstärken und anreichern wollen. Vergewissern Sie sich auch immer der Herkunft solcher Lieferungen, um auszuschließen, daß die Erde giftige Substanzen, wie beispielsweise aus Klärschlamm, enthält. Vertrauen Sie diesbezüglich keinen mündlich gegebenen Garantien, schon gar nicht, wenn Sie beabsichtigen, in Ihrem Garten Nahrungsmittel anzubauen.

Wichtig sind solche bodenverbessernden Maßnahmen vor allem, wenn Sie in einer sehr sandigen Region leben, wo der Boden aufgrund hoher Durchlässigkeit weder Nährstoffe noch Wasser speichern kann, oder wenn die Schicht *humosen* Oberbodens sehr dünn ist und Sie beim ersten Spatenstich schon auf Kies stoßen. Aber auch ein mineralischer Anteil feinster Körnung, wie das bei Lehm und Ton gegeben ist, verbessert die Speicherfähigkeit des Bodens für Wasser und Nährstoffe enorm.

Das Thema Düngung rührt wie kaum ein anderer Aspekt gärtnerischer Betätigung an die menschliche Irrationalität. Wie gerne möchten wir doch überall im Leben das Gaspedal bis zum Anschlag durchtreten, getreu dem Credo: Mehr bringt mehr; und noch mehr bringt am meisten. So wie wir oft schon den Terminplan unserer Kinder überfrachten, in dem Glauben, daß dadurch ihre Anlagen maximal zur Blüte gebracht werden können, neigen wir, einer Philosophie unbegrenzter Machbarkeit folgend, letztendlich auch dazu, den Garten zu überdüngen. Diese Haltung läßt uns seine wahren Bedürfnisse aber gar nicht mehr erkennen. Doch zu viele Nährstoffe verbrennen die zarten Wurzeln, die unentwegt tastend Neuland berühren, sowohl bei unseren Kindern als auch bei den Pflanzen in unserem Garten. In meiner langjährigen Erfahrung als Landschaftsgärtner hatte ich oft mit Menschen zu tun, deren Sichtweise egozentrisch genug war, zu glauben, daß die Entfaltung des Lebens vor allem von *ihrem Input* abhängt. *Doch es gibt in der Natur bereits ein richtiges Maß für alles, das es zu finden gilt. Nur der Mensch neigt zur Maßlosigkeit.*

Wenn Sie sich für eine blühende Wiese oder einen Garten, in dem Wild-Vegetation vorherrscht, entscheiden sollten, dann benötigen Sie eher einen mageren, durchlässigen, also mit Kies und Sand drainierten Boden, der über viele Jahre nicht mehr gedüngt wurde. Denn die Natur ist sehr anpassungsfähig. Eine ihrer Stärken ist Ökonomie.

Sie ist fähig, aus sehr wenig sehr viel zu machen. Falls Ihnen aber mehr eine Bepflanzung zusagt, die tiefgründigen und nährstoffhaltigen Boden benötigt (nur ein tiefgründig humushaltiger oder toniglehmiger Boden kann Nährstoffe speichern), rate ich zu Naturdünger wie Kuhmist, da sich diese Stoffe langsam zersetzen und so nachhaltig und gleichmäßig Nährstoffe an den Boden abgeben. Auch Hornspäne, Horn- und Knochenmehl sind grundsätzlich geeignet. Etwaige Risiken wegen BSE (Einatmung) muß jeder selbst abwägen. Eindringlich abraten möchte ich Ihnen jedoch von Kunst-Düngern jeglicher Art. Das ist *Junk-Food für Garten und Boden* und belastet Gesundheit und Umwelt. Über den Gebrauch von Pestiziden erübrigt sich ohnehin jedes Wort.

Die verlorene Unschuld

Wir mögen nun einwenden, daß die Menschen früher mit der Natur viel stärker verwoben, deswegen aber auch nicht glücklicher, *besser* oder weiter entwickelt waren als wir. Darüber vermag ich nicht zu urteilen. Fest steht jedoch: Wir sind heute der Natur so weit entfremdet, daß uns dieser krasse Verlust das Bewußtsein um den Wert des Verlorengegangenen geschenkt hat. Erinnern wir uns an den Satz von *Kleist,* der sagt, daß das Paradies verschlossen und der Cherub hinter uns sei; und wir müßten die Reise um die Welt machen, um zu sehen, ob es nicht noch von hinten irgendwo offen wäre. Wir waren unbewußt im Paradies. Verlust und Leid erzeugen Bewußtsein. Vielleicht mußten wir es deshalb verlieren. Heute ahnen wir, was wir verloren haben. Vielleicht können wir ein neues Paradies wirklich schätzen, sofern wir eines zuwege bringen?

In der früheren Agrargesellschaft war Bildung nur wenigen zugänglich. Doch zu einem wirklich erfüllten Leben gehört immer beides: Kultur *und* Natur, Bildung *und* ein reines, offenes Herz, Ekstase und Struktur, das *Apollinische* wie das *Dionysische Prinzip.* Der Mensch ist nun einmal ein Kulturwesen. Er ist Natur und Kultur und Geist in einem. Ohne Kultur und Bildung, aber auch ohne spirituelle Anbindung kann er sein Wesen nicht ganzheitlich heranbilden. Da nutzt auch keine ländliche Idylle. Die Heranbildung und Verfeinerung seines Geistes differenziert und vertieft sein Bewußtsein und seine

Wahr-Nehmung der Welt. Doch mit Kultur ist im positiven Sinne vor allem eine innere Haltung den Dingen gegenüber gemeint, in der sich *Herzensbildung* und Wertschätzung für die Schöpfung und allen Lebens ausdrückt. Letztlich dient alle wirkliche Kultur nur dem Zweck der Entfaltung des *inneren Menschen.* Jede Kultur, die dieses Ziel außer acht läßt, führt zum Verfall und Niedergang der Gesellschaft, aus welcher sie hervorgeht. Denn unsere Seele ist ein Garten, der beständiger Kultivierung bedarf. Wo die Liebe herrscht, sorgt diese für innere Kultur. Sie schenkt die Gabe zu ehren und wertzuschätzen, das, was kostbar in einem selbst – und was kostbar in den anderen ist. Selbst ein ungebildeter Bauer früher konnte diese Art von Kultur im höchsten Maße besitzen, wenn er seine Arbeit mit Liebe tat – und nicht mürrisch und nur damit er und die seinen auch morgen noch zu essen hatten. Denn wozu unter solchen Umständen essen, wozu ein Morgen, ohne Liebe?

So wie es zu jeder Zeit äußerlich ungebildete Menschen mit höchster Bildung und edelstem Geist gab, konnte man auch stets dem Typus des kultivierten Barbaren begegnen. *Noch nie besaß der Mensch eine solche Freiheit wie heute; und noch nie dürfte er auch stärker vom Verfall der Bedingungen bedroht gewesen sein, die sein Menschsein ausmachen.*

Doch heute stehen uns, im Gegensatz zu früher, alle Möglichkeiten, die der äußeren Bildung wie der inneren Herzenskultur, zur Verfügung. Wir brauchen sie nur kreativ zu nutzen. Das ist die Herausforderung. Jeder von uns trägt Verantwortung an der Gestaltung seines Lebens und der Welt, des kleinen wie auch des großen Gartens, seiner inneren wie äußeren Sphäre. Doch weder um Kultur und Bildung noch um die Natur steht es heute zum Besten. Beide werden weitgehend den Erfordernissen der Wirtschaft untergeordnet. *Dazu kommt ironischerweise, daß ein unzufriedener Mensch ein verläßlicher Konsument ist – ganz nach dem Motto der Werbung: »Kaufen macht glücklich.« Dabei wird der Mensch durch seine zunehmende Deformation immer mehr in den Materialismus gezwungen, der ihm seine Gesetze diktiert und ihn weiter deformiert.*

Die Menschenpflanze im Garten der Gesellschaft

Leider wird auch heute die Bildung des Menschen immer noch viel zu sehr als Mittel zum Zweck gesehen. Außerdem herrscht in den Schulen nicht das kooperative und gemeinschaftliche Element vor, sondern das konkurrierende Prinzip der freien Wildbahn. Wie können wir da erwarten, daß unsere Welt anders aussieht. Wer die Kinder *für das Haifischbecken scharf macht,* verlängert die *Ära des Haifischbeckens* um mindestens eine Generation. Schon im Klassenverband sind es die sensiblen Außenseiter, die Schüchternen und scheinbar Schwachen, gegen die sich der Druck des Systems an unterster Stelle entlädt. Gegen sie kehrt sich die nach unten breit auslaufende *hierarchische Pyramide* noch einmal um, jedoch mit *negativem Vorzeichen,* zumeist in eine *spitz zulaufende Angriffs-Formation.* Bildung hat vor allem den Zweck, *Menschenfutter für die Wirtschaft zu erzeugen,* deren Anforderungen weitgehend die Bildungsziele bestimmen. Doch die Wirtschaft will keine glücklichen und freien Menschen. – Im Gegenteil: Sie will *hungrige Konsumenten* und reibungsloses Funktionieren. Und die Spezialisierung nimmt sowohl im Bildungswesen, den Wissenschaften wie auch in der Wirtschaft, auf Kosten der Universalität und unserer ganzheitlichen Entwicklung, weiter zu. Natürlich sind die Ansprüche der Wirtschaft nachvollziehbar. Doch man muß einen sinnvollen Ausgleich zwischen humanistischer und ökonomischer Position finden, der letztendlich der Gesellschaft zugute kommt. Denn warum soll ein Straßenkehrer nicht auch Philosoph und Musiker sein dürfen, ein Klempner nicht Poet und Erfinder oder wenigstens ein glücklicher Mensch? Wie anders würde die Gesellschaft aussehen, wenn unsere Schule sich vom Ort der *Wissensvermittlung am Fließband* zum Ort der Menschenbildung wandeln würde, wo Kreativität gefördert und der Sinn für Kunst gebildet wird? Dann könnten Kinder ohne Angst zu versagen und ohne den Druck, nach einer konsequenzenreichen Nummernskala beurteilt und sortiert zu werden wie die Erbsen nach Größe und Gewicht, Fähigkeiten erwerben, ihre Talente entdecken und Interessen entwickeln. Die Menschen kämen *in ihre Kraft* und würden über ein Maß an Kreativität, Schaffensfreude und positiver Energie verfügen, die unsere Welt revolutionieren könnte. *Generell gilt, daß ein positiv motivierendes System einem System, das auf negative Motivation setzt, grundsätzlich überlegen ist. Denn Angst und Unlust machen krank, zehren unsere Lebensenergie auf und lähmen jeglichen kreativen Vorgang.* Die Straßen, um noch einmal auf den *Kehrer* zurückzukommen, wären dann sicher genauso sauber, hätten aber größere Geister dazugewonnen. Warum darf ein Klempner oder Gärtner kein *Lebenskünstler*, womöglich gar ein *Genie* sein? Sein Besuch würde jedesmal eine unabsehbare Innovation für unseren Haushalt hervorbringen und vielleicht sogar zu einer geistigen Herausforderung für den *Mathematikprofessor* in der Kaffeepause? Der Chirurg könnte zum Feierabend beim Friseur über die neuesten Entwicklungen in der bildenden Kunst diskutieren oder über antike Philosophen reden – wie auch immer: Es wäre keine graue Welt.

Noch benötigt das *Fließband* aber den stummen und gesichtslosen Arbeiter als Beiwerk, der seine Intelligenz der automatischen Fertigung anpaßt, darbringt und aufopfert. Doch wenn der Pegel der Kreativität allgemein anstiege, und das hätte eine solche Schule unweigerlich zur Folge, wäre *das Fließband* bald entlastet, da es weniger *kompensatorischen Konsum-Müll* herzustellen hätte. Und in den Bereichen, in denen sein Einsatz in positiver Weise zum Tragen kommt, *weil* es den Menschen mühsame und eintönige Arbeit erspart, kostengünstig produziert, kann es dank des *Kreativitätszuwachses menschlichen Erfindergeistes* vielleicht bald auf *Maschinensklaven* ganz verzichten – eine Entwicklung der noch verbleibenden *Massenproduktion* zu einer Produktion *ohne graue Menschenmasse?*

In jedem Fall müßten sich unter solchen Bedingungen immer weniger Menschen so eine unerfreuliche *Arbeit* teilen, was die *Verbliebenen* wiederum wenigstens zeitlich entlastet. Doch letzteres zeichnet sich ja ohnehin bereits ab. *So oder so wird sich durch die Tatsache zunehmender Rationalisierung der Arbeit auch die Frage nach der Verteilung des durch überwiegend maschinell geleisteter Arbeit gewonnenen Wohlstandes neu stellen.*

Eine technische Entwicklung, die zunehmend den Menschen davon befreit, für die Erhaltung seiner physischen Grundbedingungen zu arbeiten, erfordert aber unbedingt auch einen kreativen, glücksfähigen und ganzheitlich gebildeten Menschen, der nicht davon abhängt, seinen menschlichen Wert vorwiegend über abhängige Lohnarbeit zu taxieren. *Gerade in einer Zeit globalen Wettbewerbes sollten wir uns auf das alte ›Weniger ist Mehr‹ besinnen, die Qualität hohen geistigen Potentials über die Quantität billiger globaler ›Ramschware‹ stellen. Erwarten wir etwa von China oder Amerika eine Renaissance humanistischer Ideale oder sollte sich nicht besser gerade hier die ›Alte Welt‹ wieder auf ihre wahren Stärken besinnen?*

Statt dessen ist das ganze Schulsystem auf Auslese und Aussieben angelegt, und die Dynamik des Systems scheint uns noch mehr zu bloßen Zahnrädchen in einem zunehmend seelenlosen Gesamtmechanismus Gesellschaft zu degradieren. Wer *durch das Sieb* fällt, findet sich sogar in *noch* größerem Ausmaß als nur um seine Bildung betrogen. Denn was passiert, falls der Mensch seine Arbeit verliert, wenn er nur gelernt hat, auf Druck und fremdes Geheiß Leistung zu erbringen? Was ist, wenn die Verheißungen auf Konsum und Sicherheit nicht mehr greifen? Dann hat man ihn doch zum zweiten Mal betrogen. Was soll er jetzt mit sich anfangen, da er zwar vieles in der Schule gelernt hat, nur nicht, was es bedeutet, ein Mensch zu sein, auch allein sein zu können und diese Zeit kreativ für sich zu verwenden? Denn es ist nicht selbstverständlich, ein Mensch zu sein. *Man erbt zwar per Geburt das Recht dazu, doch Mensch-Sein will erlernt und erworben werden.* Ein hilfreicher Boden dafür wäre eine humane Gesellschaft und eine menschengerechte Schule, welche ihr den Weg bereitet, die es erst noch zu schaffen gilt. Zu viele Branchen profitieren aber geradezu von unserem seelischen Siechtum – im Grunde die meisten, falls wir uns einmal fragen, was wir wirklich bräuchten, um glücklich zu sein. Dabei könnte jeder Mensch sein Potential zur Gänze entfalten, wenn er im Leben seinen Platz fände. Dazu muß man seine Anlagen früh fördern, damit er später aus eigener Kraft *weiterwachsen* kann. Wahre Bildung heißt, das Edle, das Gute und Schöne im Menschen zu nähren und zur Entfaltung zu bringen. Die wichtigste Aufgabe der Bildung wäre, ihn zu befähigen, seine innere Ordnung herzustellen und all seine Knospen zum Blühen zu bringen, zumindest die *an den tragenden Ästen.* Diese Ordnung kann nur dem Geist, *seinem* höheren Selbst entspringen, dem sich jeder auf dem eigenen Weg irgendwann nähern muß. Dort liegt sie noch wie in einer Knospe verborgen. Diesen für jeden Menschen einzigartigen Weg zu entdecken, seine Anfänge, der eigenen inneren Sehnsucht und seinen Neigungen folgend, freizulegen, könnte die Schule behilflich sein. Nicht Kindergehirne mit totem Wissen über Bruchstücke der vergänglichen Welt zu überfüttern, das ohnehin wieder dem Vergessen anheimfällt, wo es nicht schöpferisch in eigenen Lebenszusammenhängen Verwendung findet, kann Sinn der Bildung sein, sondern den Geist der Kinder zu fördern, in der untrüglichen Wahrnehmung für das WESENtliche und seiner angeborenen Suche nach Erkenntnis. Ein Mensch, der *seine* Ordnung auf diesem Weg nach und nach entdeckt, weil er herausfindet, was er in diesem Leben, einem inneren Ruf folgend, zu tun hat, leistet einen unschätzbaren Beitrag zu einer harmonischen Gesellschaft, die nicht im Widerspruch zum Geschehen der Natur steht und folglich auch keine Konkurrenz und Bedrohung für sie darstellt. *Denn die innere Ordnung des Menschen befindet sich mit der höheren Ordnung des Universums eher im Einklang, so wie auch das höhere Selbst mehr in Verbindung mit dem Kosmischen Geist steht, als das für unser normales Sinnes- und Alltags-Bewußtsein, den Durchschnitts-Bewohner moderner Freihandelszonen, zutreffen mag.*

So wäre es die vorrangigste Aufgabe einer jeden Schule, den Mensch im ursprünglichen Sinne philosophisch zu bilden, ihn zu befähigen, sich seinen Anlagen gemäß harmonisch in den ›Garten der Gesellschaft, der Welt‹, egal wo dort sein Platz ist, auf qualitativ hohem Niveau einzufügen und dadurch diesen Garten voranzubringen. Wer des Menschen Blick aber immer *nur* seziererisch auf ein Bruchstück des Ganzen einengt, wird ihm erschweren, die Ordnung des Ganzen zu erkennen. Das gilt sowohl für den *inneren Kosmos* des einzelnen, wie auch *den äußeren.* Betrachten wir in diesem Zusammenhang das Bild eines Menschen, der auf einem Mosaikfußboden steht und dessen kurzer Blick nicht über das kleine Ausmaß eines einzelnen Vierecks reicht. Auch das gestalterische Element des *Heckenlabyrinthes,* das während der Renaissance Einzug in die fürstlichen Gärten hielt, symbolisiert diese Grundproblematik menschlicher Suche aufs trefflichste. Wie oft irren wir umher und drehen uns dabei, ohne eine übergeordnete Perspektive, doch nur im Kreise, weil uns der Blick aus einer *höheren Warte* nicht gelingt, da wir die *Prinzipien,* die jeglicher harmonischen Entfaltung zugrunde liegen, nicht kennen? Wir müssen schauen lernen, aus der *Vogelperspektive* unseres Geistes, im Bruchstück die Weisheit des Ganzen zu erkennen, wie uns das auch die Natur lehren kann. Eine *universale Bildung* macht den Menschen mit *universalen Prinzipien* vertraut und erleichtert es ihm, die *Einheit des Ganzen* in allen Bereichen der Wissenschaft, der Kunst, des Lebens wahrzunehmen. Die Schule könnte *die Utopie des Paradiesgartens,* einer idealen Gesellschaft, vorwegnehmen, indem sie ihre *Prinzipien* zur Anwendung bringt und ihr dadurch den Weg bereitet. *Damit der ›Paradiesgarten‹ sich vollende, muß eine Schule vor allem ›fähige Gärtner‹ ausbilden.*

Einige dieser Prinzipien wären:

- Interdisziplinärer Unterricht / kreative Vernetzung der Vielfalt.
- Unterstützung jeglicher Lernprozesse zur Integration aller Gegensätze des Lebens, um sich der *Ganzheit* zu nähern.
- *Die Förderung des Individuums steht immer an erster Stelle, dann erst kommt die Gemeinschaft.* Denn jede Gemeinschaft lebt allein durch das Potential ihrer Einzel-Individuen.

Das Primat der Individualität bedarf jedoch einer besonderen Geisteshaltung, auf die der Pädagoge hinwirken sollte:

- Erfolg kann nie auf Mißerfolg anderer gründen. Andernfalls entwertet das Individuum ihn für sein persönliches Wachstum. Das Streben nach Integration verschiedener Interessen wird geübt.
- Alle evolutionären, nicht krebsartigen Wachstums-Prozesse werden unterstützt (Krebs wächst *auf Kosten* des Organismus). *Wollen wir einen Paradiesgarten schaffen, dürfen nicht die ›Gesetze der Wildbahn‹ gelten, die in unseren heutigen Schulen noch vorrangig Anwendung finden.*
- Und schließlich kommt es darauf an, den *Erfahrungsrahmen* zu ermöglichen, daß ein liebevolles Geben und Nehmen auf allen Ebenen, in allen Beziehungen und Tätigkeiten zu einer voranschreitenden Vergeistigung jeglicher Materie, sei es im wörtlichen wie auch bildlichen Sinne, führt und den Menschen befähigt, seine eigenen Grenzen immer wieder zu überschreiten.
- Aufgabe einer solchen Schule ist es, nicht nur Wissen zu vermitteln, sondern auch das Bewußtsein für Wert und Werte zu schärfen: für den Wert der Schöpfung und der Natur an allererster Stelle. Der Mensch der Zukunft ist ein Mensch, der gelernt hat, ökologisch zu denken. Andernfalls wird die Zukunft ohne ihn auskommen.

Die *vornehmste* und vornehmlichste Aufgabe einer jeden Schule wäre, den Menschen die Schlüssel und Werkzeuge zu seiner inneren Entfaltung auszuhändigen und ihn so vor der fast unausweichlichen Deformation zu retten. Eine Bildungspolitik, die aber nur äußere Leistung erzwingen will, durch Konkurrenz, Druck und Angst, verdient daher eine eindeutige Absage. *Leistung im positiven Sinn kann nur aus ›innerem Antrieb‹, der freudigen Erregung schöpferischer Impulse, der echten Liebe zur Arbeit, entstehen.* Das alles braucht man einem Kind nicht erst *einzupflanzen.* Es ist bereits in seiner Natur angelegt. Statt dessen züchtet unsere Schule lieber *freudlose Lasttiere,* die lernen, den Blick nur geradeaus zu richten, auf den Futtertrog, den sicheren Stall, die nächste Zensur.

Es geht nicht darum, eine Haltung des *Laisser-faire* zu propagieren, weder in der Schule noch im Garten. Natürlich muß der Lehrer dort Strenge zeigen, wo das Kind der eigenen Diskontinuität noch nicht selbst Widerstand entgegenzusetzen gelernt hat. Auch der Gärtner unterstützt *die suchende Bewegung einer rankenden Pflanze* oder legt dort Hand an, wo es gilt, die Pflanze in ihrem Bestreben nach einem harmonischen Aufbau, ihrer ideellen Form, zu unterstützen, damit sie diese dann aus eigener Kraft manifestieren kann. *Dabei übt er sich im Umgang mit seiner ›Astschere‹ immer in einfühlsamer Zurückhaltung.* Doch was machen die Gärtner in der Schule? *Sie züchten pflegeleichte Rasenflächen* und *gleichförmige Heckenpflanzen, die vor allem mit der ›Schere‹ vertraut gemacht werden.* Eine Schule darf *natürlich* nicht zum *Glashaus,* der menschliche Trieb, sich zu messen, sich zu behaupten und zu kämpfen, ebensowenig negiert werden. *Auseinandersetzung und Mut zur Konfrontation sollte sogar regelrecht gelehrt werden,* in Rollenspielen zur Streitkultur, im Argumentieren, mit dem Ziel, auf kreativem Wege Lösungen für Konflikte zu finden, die gerecht sind und allen gerecht werden. *Warum bietet man nicht Kampfkunst an* anstatt nur Sport, verbunden beispielsweise mit *östlicher Philosophie,* die lehrt, immer die Verhältnismäßigkeit zu wahren, nicht selbst anzugreifen, sich aber zu behaupten und wenn möglich, den Kampf gegen andere Menschen zu meiden? *Sind unser größter Gegner nicht ohnehin wir selbst allein, unser größter Feind und unser größter Freund?*

Wie der Gärtner in der Natur sollte der Lehrer also so wenig wie möglich eingreifen, sondern nur aus dem Hintergrund lenken und behutsam unterstützen. Wie der Gärtner bereitet der Lehrer den Boden, *bereitet die Materie* in einer Weise *auf,* daß sie gut verarbeitet werden kann. *Er übernimmt die erforderliche Kultur, damit die Samen keimen und der Keim heranwachsen kann.* Er unterstützt und lenkt das *Wachstum* und hilft der *Pflanze,* die in ihr angelegte Idealform zu manifestieren. Diese Idealform macht *einen* entscheidenden Unterschied zwischen Garten und Wildnis aus. Tut der Gärtner jedoch zuviel, behindert er die Entwicklung.

Das gilt ebenso für den Lehrer. Ein Pädagoge braucht zuallererst Demut vor der ursprünglichen Reinheit der Kinder. Damit stärkt er diese Seite ihres Wesens, sofern die Gesellschaft davon noch etwas übriggelassen hat. Er muß beginnen, solange diese Tür noch offen ist. Und er muß als Mensch präsent, authentisch sein. Dann werden die Kinder ihn von selbst respektieren. Auch darf er niemals vergessen, daß ebenso er täglich von seinen Schülern lernt. Kein Lehrer-Schüler-Verhältnis funktioniert als *Einbahnstraße. Jeder Unterricht, auch der, den die Natur dem Gärtner erteilt, kann nur in einem wechselseitigen Geben und Nehmen stattfinden. Der ideale Lehrer ist ein inspirierter Menschen-Gärtner,* dem es gelingt, *jede Pflanze* auf den Weg *ihres* Wachstums zu bringen (siehe Essay über Friedrich Fröbel im Anhang). Doch wäre er es in der Tat, fände er sich sofort auf direktestem *Kollisionskurs mit unserem Bildungssystem.* Anstatt alle Kräfte zu mobilisieren und in die Jugend mehr zu investieren, gibt man das Geld lieber für Polizei, Gefängnisse und die ständig steigenden Kosten im Gesundheitswesen aus, die eine kranke Gesellschaft zunehmend verursacht. Die wachsende Spezialisierung in all ihren Bereichen und Differenzierung in ihren einzelnen Gliedern läßt sich nicht aufhalten. Doch um so mehr müssen wir uns fragen, wie dieser komplizierte Organismus Gesellschaft zu einem harmonischen Ganzen zusammenwachsen kann, anstatt sein Dasein als selbst- und fremdzerstörerisches Raubtier zu fristen, das von Krebsgeschwüren durchzogen ist. Wir alle wissen, wie Krebs endet, wenn er keine Heilung findet. Wir können von der Gesellschaft keine Antworten erwarten, denn sie ist weitgehend ein Abstraktum für uns, wie auch die Wirtschaft. Jeder einzelne von uns ist aber aufgerufen, an seinem Platz alle Kreativität zu mobilisieren und sein Bestes sowohl zu suchen wie auch selbst zu geben, das eigene Bewußtsein zu heben und mit liebevoller Haltung Verantwortung zu übernehmen. Denn die Gesellschaft ist unser aller Gesamtausdruck. Sie ist der Garten, in dem die einzelne Menschenpflanze wächst. *Doch der Mensch ist eine sonderbare Pflanze, die selbst zum Gärtner werden muß.*

Wir können davon ausgehen, daß gerade unsere *Bildungsanstalten* einen großen Beitrag dazu leisten, unser inneres Kind, von dem überhaupt unsere Glücksfähigkeit, die Freude am Arbeiten und jeglichem Schaffen abhängt, zu fesseln, zu knebeln und lebendig zu begraben. Die Schulen züchten förmlich lebensunfähige Erwachsene, anstatt die Kinder in der Natur und an der Natur zu unterrichten, sie in den Künsten, der Philosophie und den Wissenschaften auf eine übergreifende Weise anschaulich und lebendig zu unterweisen, so ihre Freude an den Dingen und ihr Interesse zu wecken. Interesse bedeutet voll und ganz mittendrin zu sein, im Geschehen, im Leben, in der Arbeit: *inter esse.*

Eros, Garten und Natur

Die Frau des Gärtners

Es war bereits mehrmals an früherer Stelle davon die Rede, daß die Liebe es verbietet, den Garten eines anderen Menschen zu vereinnahmen und somit dessen Entfaltung zu verhindern. Das gilt natürlich auch für die Eros-Beziehung zur (oder zum) Geliebten. Denn wahre Liebe möchte den Geliebten reich und nicht in Armut sehen. Liebe will sich nicht daran weiden, daß die Geliebte allein auf unsere Rosensträuße angewiesen ist. Liebe will, daß in ihrem Garten ihre eigenen Rosen wachsen. Der süßeste Rosenduft in der Vase hat einen bitteren Beigeschmack, wenn im eigenen Garten karger Mangel herrscht.

Wie oft geschieht es noch in unserer Gesellschaft, daß ein Mann seine Frau von ihren potentiellen Feldern fernhält und damit verhindert, daß sie sie bearbeitet und dadurch überhaupt erst in Besitz nehmen kann. Es ist doch so praktisch, wenn sie in seiner Firma mithilft. Dann teilt man alles miteinander, nicht nur Tisch und Bett, sondern auch noch die Arbeit.

Es ist doch so schön, wenn ein Künstler eine Frau zur Muse hat, an die er Liebesgedichte schreibt und der er seine Lieder widmet. Ist das nicht das Schönste, das ein Mann seiner Geliebten schenken kann? Ohne sie wäre er nicht, was er ist. Und in seinen Liedern wächst sie über sich hinaus.

Doch was geteilt wird, ist meist *sein* kreatives Feld. Zwar verdient sie das Geld, das beiden zur Verfügung steht, mit. Doch die Früchte wachsen auf *seinem Feld,* in das er seine Wurzeln schlägt, aus dem *er* günstigstenfalls Kraft schöpft, und nicht auf ihrem. Wo bleibt ihr Feld? Woraus schöpft sie Selbstwert und Kraft? Ist es ein Wunder, wenn sich ihr Streben auf den Ehrgeiz ihres Mannes richtet und diesen nicht selten *überflügelt?* Sie wird sich mit seinem Erfolg identifizieren und sich über ihn definieren. Sie wird ihn in Besitz nehmen, als Folge seiner Besitznahme gegenüber ihrem Garten, der leer bleibt oder nur mit *seiner* Blumenpracht geschmückt wird.

Welche Frau wünscht sich nicht einen Künstler zum Gefährten ihres Lebens, der ihr seine Werke widmet? Ist es nicht typisch weiblich, eine gewisse Erfüllung im Dasein einer Muse zu finden? Mag sein. Doch wie lange genügt ihr das? Wo bleibt der Schöpfer in ihr? Was macht die Kunst bei der Frau?

Welche Frau unterstützt ihren Mann nicht gerne in der Firma und nimmt damit auch in seiner beruflichen Welt den Platz der Vertrauten ein? Doch selbst wenn die Magd mit dem Fürsten in einem Haus lebt, an der Tafel des Fürsten speist und sich wie die Fürstin kleidet, bleibt sie doch die Magd, wenn sie nicht persönliche Güter ihr eigen nennt.

Gemeint sind hier nicht die Firmen, in denen beide das kreative Feld gemeinsam bestellen, obwohl das bereits schwierig genug ist, sondern solche, bei denen die Frau nur Handlangerin des *Chefs* ist.

Und du Mann, willst du auf Dauer eine Magd zur Frau, wenn du ein wirklicher *Fürst* bist? Genügt dir eine *Bewunderin und Verehrerin,* wenn du wirklich Künstler bist? Und wenn du es nicht wirklich bist, wird dir vermutlich *eine* Bewunderin ohnehin nicht ausreichen.

Landen deine Blumen, die sie heute noch pflegt und mit ihrer Hingabe düngt und bewässert, nicht früher oder später in einer anderen Vase? Ganz im Vertrauen – unserem Egoismus ist dazu doch eine *neue Inspiration* meist Rechtfertigung genug. Und außerdem: Hat es ihr Leben nicht bereichert, unseren Weg für eine Weile zu teilen? Die Ideen, die sie unseren Werken beigesteuert hat, wurden durch diese doch *verewigt.* Wir haben sie doch erst aus ihr *hervorgeholt.* – Oder? Ihr kluges Urteil, ihr Einfühlungsvermögen und ihre Anregungen – sind sie damit noch nicht vergolten? Was wäre denn sonst schon aus ihr geworden? – *Ja ja, die Liebe.*

Die Geburt des Gottes Eros in einem Garten

Wie wir uns erinnern, trat, dem Mythos entsprechend, der Gott Eros mit der äußeren Trennung von Mann und Frau in Erscheinung. Spätestens seitdem ist unsere Welt, auch in allen anderen Bereichen, eine Welt der Gegensätze. Bei allen Polaritätspaaren bedingen die Gegensätze einander. Sie schließen sich gegenseitig aus und ziehen sich trotzdem an, sind untrennbar miteinander verbunden und verwoben. Es gibt keinen Tag ohne die Nacht, keine aktive schöpferische Kraft ohne das Empfangende, Sich-Hingebende, Aufnehmende, keinen *Formtrieb* ohne *Stofftrieb,* keinen *Logos* ohne *Eros.* Die Erde kann nicht ohne den Himmel existieren, der Gärtner nicht ohne den Garten. Es gibt keinen Mann ohne die Frau. Der eine Pol definiert sich über das Vorhandensein des Gegenpols.

Die Anziehung zwischen den Polen und die Sehnsucht nach durchdringender Vereinigung, zum Erlebnis der Ganzheit hin, wollen wir als Eros bezeichnen. So betrachtet, kommt dem Eros eine Schlüsselrolle zu bei der Wiederherstellung der Einheit zwischen Mann und Frau, dem männlichen und dem weiblichen Prinzip in jedem Menschen, Natur und Kunst, Menschlichem und Göttlichem, der Auflösung der Widersprüchlichkeit zwischen den Gegensätzen schlechthin beim Rückgewinn des verlorenen Paradieses.

Wenn wir bedenken, daß der Gott Eros in einem Garten geboren wurde – das Prinzip der Polarität, das ganze Drama irdischen Seins von einem Garten seinen Ausgang genommen hat, so mag es nicht verwundern, daß es seit jeher die Gärten waren und sind, die uns als Zufluchtsorte vor der Welt und als Inseln einer *höheren Harmonie* angezogen haben. Hier kann man sich erlauben, die Seele von der Leine, sie frei schweifen zu lassen. Auch heute kehrt der Eros noch mit Vorliebe zu seiner Geburtsstätte, in die Gärten, zurück. Sie sind die Orte, an denen der unglücklich Liebende Gedichte schreibt und sich in seiner Liebe eins fühlt mit etwas Größerem. Sie sind die Orte, an denen sich der *Herzraum* des (Natur-)Liebenden dem Kosmos entgegenweitet, an dem Liebende sich treffen und leichter der Erfahrung öffnen, daß die Liebe sehr viel mehr ist, als ein Zustand, der nur den Raum zwischen zwei Menschen verzaubert, sondern ein Zustand des Bewußtseins, der sie in das In-sich-eins-Sein der Natur mit hineinhebt und so auch die eigene Wahrnehmung der äußeren Natur verändert. Sowohl die erotische Liebe zu einem anderen Menschen wie auch die Liebe zur Natur, deren Wesen und Wirken in sich selbst und auf uns ebenfalls *eroshaft* ist, transzendieren unser Bewußtsein. Und wo beide zusammentreffen, entfalten sowohl der Eros wie auch die äußere Natur ihre größtmögliche Wirkung in uns.

Doch gerade die Gärten sind es, die auch noch mit ganz anderen Aspekten des Eros in Verbindung gebracht werden. Schon immer waren sie besiedelt mit lüsternen Faunen, verlockenden Nymphen, unersättlichen Satyrn samt ihren Gespielinnen, kurz: Sie waren Orte dionysischer Freuden und orgiastischer Entgrenzung durch den Rausch der Sinne.

So verkörpern auch die Gärten in vollendeter Form das Polaritätsprinzip durch zahllose Gegensatzpaare: Liebe und Verlangen, Geist und Sinnlichkeit, Stille und leidenschaftliche Wildheit, Natur und Kultur, Klarheit und Rausch, Form und Entgrenzung, Chaos und Struktur, die sowohl in der Gartenkunst wie auch der Lebens- und Liebeskunst nach Synthese unter der Leitung der Liebe verlangen.

Garten des Eros und der Individuation

In der Mythologie ist es die Figur des *Orpheus,* der mit seiner Liebe für *Eurydike* an *Agape,* die Göttliche Liebe, heranreicht. Orpheus steht aber nicht nur für die höchste Form der Liebe, sondern auch für den individualisierten Eros, der für diese Form Voraussetzung ist. Die Geliebte ist für ihn nicht austauschbar. So liebt er die Eine und dehnt diese Liebe in seiner Trauer um ihren Verlust zur kosmischen Liebe hin aus, indem er die Grenzen des eigenen Ichs überschreitet. Das zeigt sich darin, daß er, der Sänger, mit seinen Liedern Macht über die Elemente erlangte. Er bezwang die Natur. Während er zur Leier sang, wurden Wind und Meer still, *»(...) die Flüße strömten zu ihm herauf, Tiger und Löwe legten sich zu ihm, nah den Schafen, und die Wölfe neben Hirsch und Reh.«* Weil Orpheus die sinnlich triebhaften Kräfte einer *persönlichen* Liebe unterordnete, damit seine Individualität über das Kollektiv stellte, wurde er von den Thrakerinnen, die eine solche Handlung als Frevel empfanden, erschlagen.

Als Gegenbild steht Orpheus *Dionysos* gegenüber, dessen Kult viel weiter zurückreicht. Dieser *»enthielt orgiastische Riten, bei denen sich der Initiand ganz seiner tierhaften und triebhaften Seite überlassen und dadurch die Fruchtbarkeitsmacht der Erde erfahren sollte«.* Bevor der Initiand in diesen Ritus eingeweiht wurde, gab man ihm Wein zu trinken, um sein Bewußtsein zumindest symbolisch zu schwächen. Die streng gehüteten Geheimnisse wurden mit *»einem Symbol erotischer Erfüllung«* ausgedrückt. *»Der Gott Dionysos beging mit seiner Gemahlin Ariadne eine heilige Ehezeremonie.« (»Der Mensch und seine Symbole«* von *C. G. Jung)*

Auf einer anderen Ebene steht dem Gott Dionysos *Apoll* gegenüber. Dieser *Gegenspieler* und *Partner* steht für das Prinzip der Ordnung und Struktur, dem Erkennen der Gesetze, der geistigen Klarheit.

Das philosophische Modell zu dieser Sichtweise geht auf Friedrich Nietzsche zurück und ist seinem Werk »*Die Geburt der Tragödie aus dem Geiste der Musik*« entlehnt. Ein erfüllender Eros verlangt nach Kooperation und Durchdringung der beiden Prinzipien, die sich in den jeweiligen Gottheiten verkörpern. Und nicht nur ein erfüllender Eros verlangt danach, sondern eben auch eine vollendete Gartengestaltung. Erinnern wir uns in diesem Zusammenhang an die Gegenüberstellung des *dionysischen Stofftriebes (Eros)* mit dem eher dem *apollinischen Prinzip* entsprechenden *Formtrieb (Logos)* im Essay zum inneren Kind.

In den alten Naturreligionen wird meist die lebensspendende Kraft der Natur in Form weiblicher Gottheiten verehrt, als »*Vergottungen des gebärenden Mutterschoßes*«, wie es *Walter Schubart* in seinem Buch »*Religion und Eros*« ausdrückt. Die Fruchtbarkeit und Fähigkeit, Leben zu spenden, überwältigte den Menschen und trieb ihn zu religiöser Anbetung. Diese Anbetung drückte sich meist in orgiastischen Riten aus, in denen er sich ganz dem Triebhaften überließ, da für ihn die sinnlichen Naturkräfte Ausdruck des Göttlichen waren. Dabei knüpften diese Kulte an das Erlebnis des Frühlings und seiner lebensspendenden Kraft an, wie beim sterbenden und wiederauferstehenden Liebesgott *Dionysos Zagreus.* In den Naturreligionen wird die Frage nach dem *Woher,* dem Ursprung irdischen Lebens, thematisiert. Der Blick ist in den dunklen mystischen Schoß der Mutter Erde gerichtet, während der Mensch in Trance und Ekstase sich mit deren Kräften verbindet, ganz im Kollektiv aufgeht und so seine *individualitätsbedingte Isolation* abstreift. Schon bei *Herodot* ist zu lesen, daß man überall dem Tempelbeischlaf huldigte, außer in Hellas und Ägypten. Im Römischen Reich verbot ihn erst *Konstantin,* wie wir bei *Eusebius* in der Lebensgeschichte des Kaisers erfahren. Die Liebesumarmung ist in diesen »*Schöpfungsreligionen*« heilig. In ihr vollzieht sich die Zeugung des Lebens unendlich neu und ist Symbol für die *ewige Kosmische Brautnacht.* Der einzelne Mensch war dabei völlig austauschbar. Denn der Akt an sich war das Heilige. Verweigerung, persönliche Ablehnung oder Bevorzugung galten als Sünde. »*Keuschheit ist die Urschande des Dionysischen Weibes.*« Jede Frau gehörte in den Riten jedem Mann und umgekehrt. In Persien wurden die *sakäischen Feste* zu Ehren der Liebesgöttin *Anais* oder *Anâhitâ* gefeiert. Eine geweihte Hetäre vollzog stellvertretend für die Göttin den heiligen Akt mit einem Vertreter des Sklavenstandes, der nach vollzogener Handlung getötet wurde. Damit wiesen diese Kulte dem Mann eine höchst untergeordnete Rolle zu. Nach dem Zeugungsakt schien er vom Blickwinkel der reinen Gattungserhaltung aus höchst entbehrlich. Die sexuelle Umarmung der Hetäre mit ihrem Diener bildete den Auftakt zu einer fünftägigen Orgie der Massen, in der jede Frau das geschmückte Ebenbild der göttlichen *Anâhitâ* und jeder Mann ihr *Diener* war – wahllos. Diese Art von Gottverehrung sei nach *Walter Schubart »nur einem Menschentypus möglich, dessen Seele noch ungespalten im Trieb der Gattung aufgeht oder aufgehen kann und von der Qual persönlicher Differenzierung verschont ist«.*

Schubart unterscheidet zwischen *Schöpfungs-* und *Erlösungsreligionen.* Erstere finden wir beispielsweise im *Hetärentum* und vertreten durch die Dionysosriten. Sie drehen sich um das *Woher* des Lebens. Die *Erlösungsreligionen* hingegen stellen die Frage nach dem *Wohin.* Sie entsprechen eher dem männlichen Prinzip. Nicht mehr das irdische Leben steht dabei im Mittelpunkt. Es geht um Überwindung, Transzendenz und Überschreitung. Die Individualität soll nicht mehr im Rausch aufgelöst werden, um zu religiöser Verzückung zu gelangen. Man nimmt sie an, sucht sie zu vollenden und dadurch über sie hinauszugelangen. Die geistige Bewegungsrichtung führt nicht mehr ins Unbewußte, sondern zu Klarheit, Erkenntnis und Bewußtsein und verweist damit auf die geschichtliche Dimension des menschlichen Individuationsprozesses.

Die Vorstellung, daß sich der werdende Mensch auf einem Stufenweg der Individuation vollende, der ihn mit seinem höheren, geistigen Selbst eins werden läßt, hielt zu Anfang des 16. Jahrhunderts Einzug in die Gartenkunst Italiens. Grundlage dafür war die Neuauflage *Francesco Colonnas* Werkes *»Hypnerotomachia Poliphili«* (*Der Traum des Poliphilo).* Nach dem Durchqueren eines dunklen Waldes und des Labyrinthes muß Poliphilo im Kampf gegen einen Drachen bestehen. Am Ausgang des Labyrinthes gelangt er zu einer Quelle, deren Wasser ihn fortan leitet und schließlich in die Grotte der Offenbarung, zur geheimen Quellmitte des Lebens führt. Auch bei den Kretern war das Symbol der Grotte mit der Bewährung im Labyrinth verknüpft. Damit erlangt das Wasser auch eine neue Funktion in den Gärten, das der Führung.

Für *Schubart* stellen die typisch männlichen Religionen, zu denen die großen Weltreligionen Christentum, Judentum und Islam gehören, einen weiteren Schritt im menschlichen Individuationsprozeß dar. Doch die Geschichte hat deutlich gezeigt, daß jede Lehre, die einseitig nur das weibliche *oder* nur das männliche Prinzip in den Mittelpunkt stellt, zu Destruktivität, Blindheit und Ignoranz führt. Manche Feministinnen sagen heute, und damit haben sie natürlich recht, daß unsere moderne Welt vom männlichen Paradigma beherrscht wird und wir allerorts sehen könnten, wie typisch männliches Denken, das nicht auf Bewahrung, sondern auf permanente Veränderung, Beherrschung, Ausbeutung, Unterwerfung und Überwindung des Lebens zielt, die Natur zugrunde gerichtet hat. Viele ziehen daraus die Schlußfolgerung, daß unser Heil darin läge, wenn wir das alte Wissen der Matriarchate, die schamanistischen Praktiken von Naturvölkern und alte Riten aus dem mythologischen Zeitalter wieder aufwärmen und damit unser *Süppchen kochen.* Doch erscheint mir das höchst zweifelhaft. Man kann niemals zurückgehen, weder im Leben noch in der Menschheitsgeschichte. Der Welt ist sicherlich nicht geholfen, wenn wir die Vorherrschaft des männlichen Prinzips durch die Vorherrschaft des weiblichen ersetzen. Es ist Zeit geworden für den *dritten Weg der Versöhnung und Synthese,* damit der Weltgarten sich vollende und die Menschheit eine neue *Hochzeitsnacht der Schöpfung* erlebe.

Die zunehmende Individuation, die sich auch im *Erosverhalten* und der spirituellen Selbstsuche äußert, führte den Menschen aus dem Kollektiv des *Stammes-* und *Gattungs-Daseins* hinaus. Er folgte seinem Streben nach Unabhängigkeit und setzte den Gesetzen und Kräften der Natur *seinen* Willen entgegen, was schließlich in der Epoche der Aufklärung und letztlich den industriell-merkantilen Gesellschaften unserer Tage gipfelt. Natürlich muß der Mensch sich nun, ebenfalls seinen freien Willen gebrauchend, mit der Natur wieder aussöhnen, das heißt, die überhebliche Absolutsetzung seines unersättlichen Egos revidieren, wenn er auf dem Weg seiner Individuation weiter vorankommen und als vollentwickeltes Individuum zu seinem göttlichen Ursprung zurückkehren möchte.

Durch die voranschreitende Differenzierung der werdenden Individuen treibt der Eros den Menschen auch in eine individuelle, nicht austauschbare Liebesbeziehung. Je unverwechselbarer und differenzierter der einzelne wird, desto eingeschränkter auch die Wahl seiner Liebespartner, seines Seelengegenübers. Gibt es womöglich gar diesen einen Seelenpartner, dem wir einmal begegnen werden, sobald unser innerer Reifeprozeß es erlaubt – unsere ursprüngliche zweite Hälfte, von der wir einst getrennt wurden, wie Aristophanes sagt? Liegt in der Individuation also einer der Schlüssel *zum rückwärtigen Eingang des verlorenen Paradieses* verborgen?

Wie Orpheus nimmt der Mensch nun bewußt seine Schicksals-Entscheidung an sich und auf sich. Denn das Individuum hat sich vom Kollektiv bereits gelöst. Wie Poliphilo befindet sich die ganze Menschheit auf der Reise, zu deren Gelingen oder Scheitern jeder einzelne pausenlos beiträgt.

Die Loslösung aus dem Kollektiv drückt sich auch in einer Dichtung von *Apuleius* aus, dem Märchen von *Amor und Psyche,* auf das näher einzugehen jedoch zu weit führen würde. Vergessen wir aber nicht, daß die Riten des Dionysos für die Menschen damaliger Zeit meist eine tiefe spirituell-ekstatische Erfahrung bedeuteten. Sie waren weit davon entfernt, zu einem von jeglichem Geist entkleideten Vergnügen zu werden, wie es oft der gelangweilte und innerlich darbende Mensch der Moderne sucht.

Der *erotische Weg* zum verlorenen Paradies

Von *Sigmund Freud* stammt die These, daß Religion nur Ersatz für eine *verdrängte Libido* sei. Das mag für manche wohl zutreffen, speziell in den vergangenen Gesellschaften der *viktorianischen Epoche.* Doch häufiger scheint es mir heute eher umgekehrt zu sein, daß die Sucht nach Sex etwas mit unserer unterdrückten Spiritualität zu tun hat. Ich denke, beide Richtungen sind möglich. Wie oft betäuben wir damit nur unsere innere Leere und Unruhe? Im Rausch der Lust vergessen wir die seelische Anspannung. Doch ist der Rausch gewichen, kehrt die innere Traurigkeit und Beziehungslosigkeit meist schnell zurück. *In ihrem Grundwesen sind Eros und religiöse Hingabe aber eins.* Erotische und religiöse Hingabe sind eher dem weiblichen Prinzip verbunden. *Beide beruhen auf Hingabe, der Bereitschaft zu empfangen,* etwas in sich aufzunehmen, ganz in etwas aufzugehen *und finden ihre Er-*

füllung in der Liebe. Beide scheinen aus der gleichen Wurzel zu wachsen. Wie absurd ist es, sie voneinander zu trennen. Wir müssen Religion und Eros wieder miteinander versöhnen und vereinen, wenn wir in den vergessenen Garten der Einheit zurückkehren wollen. Wahre Religion und Geschlechterliebe haben ihren geheimen Schnittpunkt im menschlichen Herzen und schließen dort ihren Kreis. Darauf bezieht sich auch das *Hohelied Salomos: »Ein verschlossener Garten ist meine Schwester, (meine) Braut, ein verschlossener Garten, / ein versiegelter Quell. Ein Lustgarten sproßt aus dir / Granatbäume mit köstlichen Früchten, (...).«*

Vielleicht kann ein Asket oder eine Asketin auch Erfüllung auf dem spirituellen Weg finden. Er vergeistigt seinen Eros, indem er ihn an den Kosmischen Geist direkt richtet. Ein erfüllter und erfüllender Eros zwischen zwei Menschen, scheint mir jedoch, ist *ohne* geistige Verbindung und spirituelle Fühlung nicht möglich. Denn ohne höhere Liebe, ohne eine *gemeinsame Wurzel,* die beide in etwas Drittem finden, bleibt er irgendwo zwischen obsessiver Triebhaftigkeit und hochgezüchteter Raffinesse stecken, was im Grunde dasselbe ist und höchstens auf einen graduellen Unterschied in der *kulinarisch-ästhetischen* Verfeinerung hinweist. Da diese naturgemäß, dem Gesetz der Abstumpfung folgend, immer wieder an ihre Grenzen stößt, endet sie unweigerlich in purer Langeweile; und für jene, die sich damit nicht abfinden wollen, in selbst- und fremdzerstörerischen Exzessen. Einen Menschen, der solchermaßen *überfüttert* ist, aber immer noch an unstillbarem Hunger leidet, könnte eine *Fasten- und Entwöhnungszeit* helfen, nach der er sich, von dieser Droge einmal befreit, nach *gehaltvollerer Nahrung* umsehen sollte. Wie jeder Weg, ist auch der Weg des Eros voller Hürden und *Stolpersteine.* Wer sein Herz nicht öffnen kann, wird nie satt werden und sich immer isoliert fühlen. Für ihn sind andere Menschen vor allem Mittel für seine Zwecke. Warum sollte das in der sogenannten Liebe anders sein? In einer solchen Art von Beziehung bleibt die Seele wohlweislich verschlossen. Man verhält sich lieber taktisch und berechnend, um sich möglichst wenig zu zeigen, nicht mehr als nötig vom eigenen Egoismus preisgeben zu müssen und doch maximal *auf seine Kosten zu kommen,* wie im *allgemeinen* Geschäftsleben eben auch. Die Lüge wird dabei zu einer eisernen Wand, durch die sich beide zwangsläufig voneinander abschotten, was eine wahrhaft seelisch-geistige Kommunikation jenseits von Gestik, Mimik und Sprache verhindert. So ist es nicht mehr möglich, *transparent* füreinander zu werden und auch innerlich miteinander und beieinander *zwischen den Gärten zu verkehren.* Die Folge davon ist den meisten von uns zeitweise schon begegnet: gegenseitiger Mißbrauch zu seichter paarweiser Selbstbefriedigung. Nimmt es Wunder, daß, so lange wir uns auf dieser Ebene bewegen, ein Ungenügen am Partner bleibt? Natürlich wird er bald langweilig und kann, sobald wir jemand anderen gefunden haben, der unsere *Lücken* schließt und Abwechslung verspricht, ausgewechselt werden: *Mittel zum Zweck.* Doch hat dieser Mangel nicht seine Wurzel in uns selbst? Gehen wir so nicht auch mit unseren Bäumen, der gesamten Natur um? Wir benutzen sie, beuten sie aus und wundern uns dabei noch über unseren zunehmenden inneren Hunger und *Kahlschlag.*

Jedes Wesen besitzt die ihm eingeborene Eros-Sehnsucht nach Einheit und Ganzwerdung. Nimmt unser Ego, das niedere Selbst, das verletzte innere Kind, wie wir es auch nennen wollen, überhand, übernimmt es die Führung, so äußert sich diese Sehnsucht bald in einer Ausbeutungsbeziehung, deren Mittelpunkt das eigene Ich darstellt. Gelingt es uns aber, unser Herz zu öffnen und den Akzent zu unserem höheren Selbst hin zu verschieben, verlagert sich der Mittelpunkt der Beziehung in etwas Drittes, das über beiden steht und in dem beider Seelen Annäherung aneinander und zu ihrer *göttlichen Wurzel* finden können. *Das gilt sowohl für des Menschen Beziehung zum Menschen wie auch zur Natur.* Gestatte ich mir nicht, die eigene Göttlichkeit auszudrücken und zu leben, erblinde ich auch für die Göttlichkeit meines *Gegenübers* ober behelfe mir damit, sie in eine unerreichbare Ferne zu projizieren. Wie sollen wir unser Herz während des verbleibenden Rests unserer Lebenszeit aber noch öffnen, wenn wir diese Spiralbewegung, die durch die Wechselbeziehung von Mangel und Ausbeutung vorangetrieben wird, nicht mit aller Entschlossenheit zu durchbrechen bereit sind?

So wie die Sonne Quell allen Lebens ist und macht, daß sich am Morgen die Blumen ihren Strahlen öffnen, ist auf einer feineren Ebene die Liebe die höchste kosmische Energie, die uns alle am Leben hält. Die Sonne in unserem Mikrokosmos ist das Herz. Von dort aus strahlt dieses Licht in unsere seelisch-geistigen Bereiche aus, aber auch in unseren Körper hinein. Versiegt dieses Licht, wird es für uns immer schwerer, zartwachsende rankende Triebe zwischen den Herzen wachsen zu lassen. Und wir erkranken an Gemüt und Körper. Unsere Seele ist wie eine Blume, die sich erst den Strahlen dieser Sonne zu öffnen bereit ist. Wo wir nicht die Kraft und den Mut finden, echt und wahrhaftig zu sein, finden wir zwar kurzfristig unseren Vorteil, falls wir clever genug sind. Uns selbst zu lieben, wird uns aber so nicht gelingen. Das liegt in der Natur der Liebe. Sie besitzt eine untrügliche Intelligenz. Sie läßt sich nicht überreden, noch ist sie zu einem Handel bereit. Denn sie ist die höchste Intelligenz, der alles Sein zugrunde liegt. Und so lange wir uns selbst nicht lieben, finden wir auch nicht den Mut, uns anderen zu öffnen, haben somit ihre Liebe nicht verdient. Doch fatalerweise ist, wer sich selbst nicht liebt, gerade von der Liebe anderer abhängig. Stets wird er versuchen, sie in betrügerischer Weise zu wecken, diese zur Liebe zu verführen und sich dann an ihrer Liebe zu nähren. Wer sich selbst nicht liebt und selbst keine hohe Meinung über sich hat, will, weil er die Liebe anderer braucht, daß diese eine gute Meinung über ihn haben. Nur allzu menschlich, doch auch erbärmlich ist es, sich dieser Meinung *wider besseres Wissen* anzuschließen. Wenn es uns auch gelingt, andere zu täuschen, wissen wir doch insgeheim, daß ihre Liebe nur unserer Maske gilt. Wie soll jemand unter einem solchen Spannungsverhältnis glücklich werden können? Leichter noch haben es da diejenigen, die naiv und unbewußt genug sind, daß sie sich der Meinung anderer unterwerfen und sich von dieser abhängig machen, weil sie sich selbst gar nicht kennen oder kennen wollen. Aber sie haben auch den längsten Weg noch vor sich. Denn *am Spiegel kommt niemand vorbei, der zur Liebe will. Nur eine erotische Beziehung, die von echter Liebe getragen ist, kann uns aber helfen, wirklich in den Spiegel zu schauen* und nach und nach die notwendigen *Schönheitsoperationen* an der eigenen Seele vorzunehmen oder, um ein passenderes Bild zu wählen, das Unkraut im inneren Garten zu jäten – unentwegt. Und jeder, der diese Notwendigkeit bei sich entdeckt hat und sich zu so viel Eigenliebe aufschwingt, die dazu nötig ist, dessen Liebe wird auch groß genug sein, die wahre Schönheit des Partners unter seinen Fehlern und Schwächen zu sehen. Intuitiv spürt jedoch ein jeder, daß er selbst nur wagen darf, sich mit all seinem Unkraut zu zeigen, wenn er bereits begonnen hat, es auszugraben, und entschlossen ist, den *alten Verhältnissen* keine neue Nahrung mehr zuzuführen. Damit die Liebe eine Chance hat, müssen beide bereit sein, jeweils den *eigenen* Seelengarten in Ordnung zu bringen. Denn wie soll man den anderen dorthin einladen, wenn man ihn voller Unkraut hat und ihn, wenn nicht gar vor sich selbst, so doch vor dem Liebsten eigentlich lieber verstecken möchte? Doch Liebe kritisiert nicht. Sie ist sanft, leistet dem Geliebten aber unnachgiebig Widerstand, wo er uns zum mitwissenden Komplizen seiner Schwächen machen möchte.

Liebe hat unendlich Geduld, wo diese Geduld auch geachtet ist und der andere bereit, an sich zu arbeiten. Wo das aber nicht der Fall ist, wäre eine solche Geduld falsch und ein eklatanter Verstoß gegen die Selbstliebe. Und Liebe fragt immer: Bin ich gut genug für mich selbst, *und* bin ich gut genug für den Geliebten? *Genügt mein Seelengarten bereits den Anforderungen der Liebe?* Und nirgends blüht die Lust des Eros reicher und schöner als in einem solchen Garten. Denn sie bezieht Herz und Seele ein, deren *Lustpotential* beträchtlich sind und schenkt uns einen *immerblühenden inneren Garten der Lüste* – ungeahnten Ausmaßes, unter anderem Vorzeichen. Dieser Brunnen versiegt nie. Und je länger wir aus ihm schöpfen, um so tiefer wird er. Nie wird ein solcher Garten der Liebe vertrocknen, wenn wir einmal das richtige Gegenüber dafür gefunden haben. Doch diesem Gegenüber muß man auch würdig werden, gewisse Entscheidungen und Vorleistungen erbringen, um es zu finden, damit man Garten an Garten beginnen kann, *den eigenen Garten zu kultivieren,* wie bereits *Voltaire* sagte: »*Cultivez votre jardin.*« Und wir müssen uns für dieses Gegenüber bereit- und freihalten, ohne uns durch allzu *halbherzige Beziehungskompromisse* zu binden. Doch vergessen wir nicht: Diese Art von Liebe ist ein Geschenk, das zum richtigen Zeitpunkt, den nicht wir bestimmen können, an uns herangetragen wird und kein *Guthaben,* das wir vom Leben einfordern können.

Zeitgeist contra Eros

Der Eros ist also die Kraft, die uns die Sehnsucht nach dem *Du* eingibt und in diesem *Du* den *Spiegel* gegenüberstellt. Der Akzent verschiebt sich jedoch in unserer Gesellschaft immer mehr vom *Eros* zum *Sexus,* zum körperlichen Aspekt der Anziehung, hin. Meist wird heute unter Eros nichts weiter als die Befriedigung sexueller Lust verstanden. Diese banale Reduzierung paßt glänzend in unsere körperbetonte Zeit. Der Körper wird über die Maßen, in narzißtischer Weise, wichtig genommen, wie die vielen Fitneßstudios bezeugen. Die Medien und die Werbung suggerieren uns dieses Ideal reiner Äußerlichkeit. Auch in Musik und Tanz drückt sich die Fixierung auf das rein Körperliche durch die zunehmende Vorherrschaft des rhythmischen Elementes, in Form von harten und gleichförmigen Beats, aus, was schließlich in der Technobewegung gipfelt. Tanz, Sport und Gymnastik sind kaum mehr voneinander zu unterscheiden. Und die populäre Musik, deren *Herstellung* heute sinnfälligerweise als Produktion bezeichnet wird, fügt sich meist reibungslos dem rhythmischen Geklapper unserer Hanteln und peitscht so dieser Bewegung ihren Takt ein.

Reduzieren wir auch den Eros auf die rein körperliche Ebene, wird das Leben scheinbar sehr einfach. Wenn man sich mit dieser eingeengten Ausrichtung, von der die vielen *Seitensprung-* und *Blind-Date-Agenturen* zeugen, begnügt, ist es nicht nötig, sich einander wirklich hinzugeben und zu öffnen. Scheinbar ist das der einfachere und bequemere Weg. Doch so berauben wir den Eros auch seiner *Transformationskraft* und trennen ihn vom Herzen ab. Wirklicher Eros, der das Potential innerer Ganzwerdung besitzt, ist ohne Hingabe und der Bereitschaft zu seelischen Erschütterungen, zu existentiellen Grenzen zu gelangen, nicht denkbar. Es ist bis zu einem gewissen Grade nachvollziehbar, nicht mehr verletzt werden zu wollen, doch ist kein Leid mit dem Leid der Seele vergleichbar, das entsteht, wenn sie in den *Kerker des egoistischen Kalküls* verbannt wird, weil der Mensch sich nicht mehr öffnen möchte und dies schließlich immer schwerer kann. Die Tür, die sich nicht mehr öffnet, rostet bald in den Scharnieren ein.

Liebender Eros, Natur und Ganzwerdung

Gehen wir vom Eros in seiner Wirkung auf die Ganzheit des Menschen aus, so wird er ihn sowohl seelisch, geistig wie auch körperlich mit schicksalhafter Macht erfassen. Er hat deshalb das Potential, uns einen Vorgeschmack der Einheit von Körper, Geist und Seele zu schenken. Doch sich diesem Ziel weiterhin zu nähern, auch nachdem der erste Rausch verflogen ist, erfordert natürlich *Arbeit* an sich selbst und eine gewisse Konsequenz, dem *inneren Kompaß* zu folgen. *Wie oft entscheiden wir uns bei der Partnerwahl unbewußt zwar genau für den Menschen, der uns ein ›Lehrer‹ sein könnte auf dem ›Weg der inneren Ganz-Werdung‹, und wie oft verweigern wir daraufhin den ›Unterricht‹, versuchen geradezu, das an ihm zu ändern, was uns anfangs angezogen hatte, aus reiner Angst vor ›eigener Veränderung‹, der Bequemlichkeit zuliebe.* Läßt der Mensch den Eros aber mit all seiner Macht tatsächlich zu, so hebt er ihn hinaus aus seiner kleinen sicheren Welt und schleudert ihn in den Kosmos. Wenn Amors Pfeil unsere Seele aus dem Dornröschenschlaf reißt, öffnen wir uns nicht nur der oder dem Geliebten. Wir öffnen uns etwas viel Größerem und Weiterem, dem Mysterium der Liebe an sich, und betreten für einige Zeit, solange der Zustand anhält, den *Vorgarten des Paradieses.* Wir sind empfänglicher für die Kunst und empfänglicher für die Natur. Denn wessen Herz sich öffnet, öffnet sich nicht nur zielgerichtet auf eine Person hin. Die Liebe weitet uns und erweitert unsere Grenzen zum Erlebnis der Einheit in uns selbst und allen Seins hin. *Die Liebe macht uns zum Resonanzboden für die Schwingung des kosmischen Herzens,* das die ganze Natur erhält. Die Liebe, egal, ob sie auf Projektion und Täuschung beruht oder ein passendes Gegenüber gefunden hat, rückt unser kleines Herz in die Nähe des großen Herzens. In dieser Verfassung ahnt bereits der Fluß das Meer. Dabei ist nicht das Wichtigste, ob wir mit unserer Liebe auf Gegenliebe treffen. Denn die Liebe als absoluter Wert an sich, in jeder Form, ist die Eintrittskarte in das größte Mysterienspiel. Wenn die Liebe zu einem Menschen ins Unendliche und Grenzenlose wächst, berührt der Liebende das Unendliche und Grenzenlose. Vielleicht kann er sich selbst überwinden und loslassen, wenn die äußere Erfüllung unmöglich ist. So steht er in dieser Liebe, wenn er sie nicht verleugnet und abtut, weil er ihre Spannung nicht zu tragen bereit ist, Auge in Auge mit dem Unendlichen, der Quelle aller Liebe, was den Menschen zu seinem wahren Selbst und seinem Weg finden lassen kann, wofür Friedrich Fröbel (s. Anhang) ein gutes Beispiel ist. Noch größer ist zwar das Entwicklungspotential des Eros, wenn die Liebe erwidert wird, doch zugleich höher auch die Gefahr, daß sie durch die Mittelmäßigkeit und Inkonsequenz der Liebenden verkümmert, ihr Licht getrübt wird, bevor sie sich bewähren, in unserem Leben ihren Boden finden und so nach und nach ihre Verwandlungskraft manifestieren kann. Für diesen Fall könnte ein rauhes Klima in unseren Garten einziehen, bei dem die Blüten der Seele sich halb geöffnet wieder verschließen oder erfrieren.

Garten der Lüste – Garten der Verführung

So wie der Eros durch die Liebe, die er zuweilen weckt, den Menschen für das tiefere Wesen der Natur öffnen kann, läßt sich dieser Weg auch in umgekehrter Richtung beschreiten: Die Natur entspannt uns geistig, körperlich und seelisch, weil sie uns öffnet, falls wir sie lieben. Wir geben uns ihr hin. Und im Zustand dieser Hingabe, in dem sich eine andere Form des Eros ausdrückt, nämlich jene, die zwischen Natur und Mensch vermittelt, sind wir für den Eros an sich bereits geöffnet und so natürlich auch empfänglicher für den Eros, der zwischen Mann und Frau fließt. Wenn der Mensch ganz in der Natur aufgeht, in ihr aufblüht, sein inneres Wesen knospenhaft hervorbricht, nimmt außerdem seine eigene erotische Ausstrahlung und folglich die lustvolle Anziehung zwischen den Menschen zu. So ist die Natur wie auch die Kunst, welche ähnliche Voraussetzungen dafür erfüllt, in mehrfacher Hinsicht das optimale Terrain für den Eros, um seine äußerste Wirkungskraft zu entfalten. Wo jener aber aufgrund der *Konstellation* nicht ausreichend fruchtbaren Boden für eine verbindliche und liebevolle Beziehung vorfindet, bietet er immerhin Raum für eine eingeschränktere Art der Anziehung, auch wenn diese, falls wir ihr erliegen, nicht zu wirklicher Erfüllung und nachhaltiger innerer Umwandlung führen kann.

In der Natur wirkt immer auch eine rauschhafte dionysische Kraft, welche, wo sie auf einen empfänglichen Menschen trifft, die dem entsprechende Seite seines Wesens zum Mitschwingen bringen und verstärken wird. Diese dionysische Kraft ist es, die in der Mythologie durch den Gott *Dionysos,* durch *Pan, Faune, Satyrn, Bacchantinnen* und *Nymphen* personifiziert wurde. Oder gibt es diese Wesen wirklich? Ich kenne keine erotischeren Orte als alte Schloßgärten, mit weitläufigen, wildromantischen Landschaftsparks, die von Kanälen durchzogen sind. Die Ufer ihrer Seen sind mit Wasserlilien gesäumt, und die blühenden Wiesen laden ein wie ein Liebesbett für Götter. Der ganze Kosmos der Natur ist vom Eros durchzogen. Gerade in den Frühlingsmonaten, bis zur Sommer-Sonnwende, nimmt sein Pulsieren stetig zu, in jeder Faser. Es ist die Zeit der aufsteigenden Linie, in der Himmel und Erde das Leben neu zeugen und hervorbringen. So wie Gärten seit jeher zur Kontemplation und Wahrnehmung der Naturschönheit, ihres Symbolgehaltes, einluden und somit die innere Schau tieferer Zusammenhänge ermöglichten, bieten sie auch die ideale *Bühne der Verführung.* Zuweilen geraten sie zu Gärten der Lüste und Sinnlichkeit. Versteckte Lauben, lauschig umrankte Plätze, laden förmlich zum Genuß am Eros, der in den höfischen Spielen des Barocks in ritualisierter Weise Höhepunkte feierte.

Für die Zeit eines Menschenlebens war Ludwig XIV. der größte Zeremonienmeister. Er regelte den Tagesablauf seiner Höflinge und Edelleute bis ins kleinste. Am Ende dieser Ära fand sich der Hofstaat deshalb in eine ganz ungewohnte Freiheit entlassen, die dazu führte, daß man die eigenen Vergnügungen fortan selbst zu organisieren begann, wie *Silvia* und *Michel Saudan* in ihrem Buch berichten, das in der deutschen Version ganz zu Unrecht den banalen Titel »*Zauber der Gartenwelt*« erhalten hatte.

Die ersten Schritte in diese Freiheit führten in die *maisons de plaisance,* die Lustschlößchen des Eros, und, der neuen Mode, sich zu baden folgend, in den *pavillon des bains.* Während des 18. Jahrhunderts orientierten sich die europäischen Herrscherhäuser gerne am *goût français.* Man ließ *parcours galants* anlegen, welche die Lustwandler über verschlungene Pfade zu üppig bewachsenen *Bosketts* oder einem *giardino secreto* führten, mit einem versteckten *Nymphäum,* das sich vielleicht auf der stillen Oberfläche eines mit Seerosen bewachsenen Teiches spiegelte. Das alte Heckenlabyrinth kam dabei zu neuen Ehren, indem es nun dem *Versteckspiel der Geschlechter* und ihren Lustbarkeiten dienstbar gemacht wurde. Die Parks füllten sich mit steinernen Nymphen, die von ebensolchen Satyrn entführt wurden, doch nicht nur steinernen. Luftige Gitterpavillons ließen das Licht sanft gedämpft durch das zwielichtige Blattwerk ihrer Rankpflanzen einfallen, gewährten ihren Gästen aber Diskretion nach außen hin. In den Pavillons und Badehäusern erhoffte man sich so »Zuflucht vor dem *schleichenden Gift der Melancholie*«. Dort feierte das epikureische Lebensgefühl seine Höhepunkte – oder lag darin bereits sein Niedergang begründet?

Lust zu laufen – Gärten als Orte sportiver Betätigung

Die öffentlichen Gärten gewinnen zunehmend an Bedeutung für die *körperliche Beanspruchung* des Menschen, in einer Zeit, in welcher der Körper einerseits narzißtisch überhöht wird, das Körperliche an sich im täglichen Leben aber eine immer geringere Rolle einnimmt. Der Körperkult nimmt zu – unser Verbundenheit mit dem Körper, die Fähigkeit, die Umwelt über unsere fünf Sinne zu empfinden, seelisch zu erfassen, scheint aber immer mehr zu schwinden.

Die meisten von uns kennen die Lust, nach einem mühsamen Arbeitstag durch den Park zu laufen, sich freizulaufen, alle Last und Anspannung, die den Körper wie in einem Schraubstock hält, abzuschütteln. Wenn wir unseren Rhythmus gefunden haben, trägt er uns wie von selbst. Doch so wie heute vielfach der Eros nur mit körperlicher Lust assoziiert wird, gelingt es auch vielen in der Beanspruchung ihres Körpers (ich vermeide bewußt das Wort Sport) nicht mehr, seelisch und geistig zu entspannen, *aufzumachen* und sich in ihrer *menschlichen Ganzheit,* lustvoll und aus dem Herzen heraus, der Ganzheit der Natur hinzugeben. *Ebenso wie beim Eros, verlagert sich die Betonung auch in Musik, Tanz und Bewegung mehr zum Körperlichen hin, auf Kosten der seelisch-geistigen Aspekte.* So wie die Musik immer mehr durch stampfenden Maschinenrhythmus verdrängt, der *melodische Part* von Computern nebenbei erledigt wird, der Tanz nach und nach in einer kalten, *trancegesteuerten Mechanik* entschwindet, während das Bewußtsein einer regressiven Sensucht nach Auflösung in einem *gleichförmig zuckenden Kollektiv* auf der Tanzfläche folgt, machen auch viele *Jogger* eher den Eindruck, daß sie nur einen Teil von sich selbst beanspruchen wollen, nämlich den Körper, anstatt sich mit ihrer eigenen Ganzheit der großen Ganzheit zuzuwenden. Wie ich darauf komme? Nun, so viele sehen ernst, gehetzt und gar nicht glücklich aus. Ihre grellfarbigen Tricots schreien in ihrer stummen Sprache dem Spaziergänger die Abgrenzung ihrer Träger gegen die Natur förmlich entgegen.

Es ist schön, jemanden beim Laufen in der Natur zu sehen, wenn dieser Mensch die Natur nicht ignorant mißachtet und nur als Trainingsgelände gebraucht. Es bringt seine Schönheit hervor, wenn er sich ganz im Einklang mit seinem Tun befindet und darin von dem befreien kann, was ihn sonst einengt und bedrängt, wenn die Freude seine Wildheit befreit und die innere Harmonie, die sich durch die genußvolle Bewegung in der Natur einstellt, wieder auf diese Betätigung zurückwirkt und sich darin ausdrückt. Doch gehört dazu nachgerade auch die passende Kleidung, deren Farbton nicht wie ein *Sprengstoffanschlag* auf die farbliche Komposition der Umgebung wirken sollte. Doch manche dieser *Sportler* scheinen von ihrer Umgebung nicht allzuviel Notiz zu nehmen, so eingenommen wirken sie von der *Idee körperlicher Normerfüllung.* Der weiche, moosig schimmernde Waldboden, unendliche Schatzkammer und Geheimnisträger unserer Kindheit, bietet ihnen kaum mehr, als den bloßen Reibungswiderstand für die Muskeln ihrer Beine. Ihre Bewegungen wirken methodisch präpariert und durchdacht. Es scheint in ihrem Tun zuweilen mehr um *Einheiten* als um *Einheit* zu gehen. Äußerlich vorgegebene *ästhetische Standards,* nach denen der Körper herangeformt werden soll, werden wichtiger genommen als das ganzheitliche harmonische Wachstum der Menschen-Pflanze. Es geht nicht um die Verbindung von Geist und Körper, sondern einfach nur um Körper. So wie unsere modernen Häuser sind, werden auch die Körper *normgerecht erbaut.* Sie dienen nicht mehr hauptsächlich als Behausung für den Geist. Man eifert eher einer *allgemeinen Linie* hinterher, anstatt die *eigene Linie* freizulegen und zu verwirklichen. Die Gestalt ist nicht mehr äußerer Ausdruck des Geistes. Sie braucht gar keinen Geist mehr, hat in ihrer Hohlheit und Unbeseeltheit Eigenwert. So wie wir unsere Häuser aus industriellen Fertigteilen zusammensetzen lassen, suchen wir uns heute einen Körper aus dem Fernsehen oder einer Illustrierten aus und versuchen ihn zu kopieren. Wie in gewissen Fernsehserien aus Übersee die Darsteller immer mehr unbeseelten und austauschbaren Püppchen ähneln, weiten sich diese Vereinheitlichungstendenzen zunehmend auch auf unseren Alltag aus. Wer hat bei all diesen äußeren Zwängen, die zu nichts anderem von Nutzen sind, als unsere Zeit zu stehlen, anstatt Sinn zu stiften oder die Sinne zu erfüllen, noch Zeit, zu leben, sich an der unwiederbringlichen Gegenwart zu freuen, wie ein Kind? Sind all diese regressiven Tendenzen womöglich Ausdruck einer Beschleunigung der evolutionären Prozesse in der menschlichen Individuations-Geschichte und somit nur eine Gegenreaktion?

Die Freiheit nimmt rasant zu. Der Verfall äußerer Autoritäten ist pünktlich zur Jahrhundertwende abgeschlossen. Der Mensch ist aus dem Nest und auf sich selbst zurückgeworfen. Letztlich sagen ihm doch nur noch die Werbeagenturen und Unterhaltungsmedien, was er tun oder lassen soll. Er muß lernen, mit seiner Freiheit umzugehen, den Weg zu erkennen. Und das kann er nur, wenn er sein Bewußtsein entwickelt.

Impressionen aus einem Schlossgarten

Garten der Melancholie

Sobald der Park im Herbst all seine farbigen Hüllen fallengelassen hat, steht er blank vor uns, in seiner eindringlichsten Form, im *magischen Ballkleid der Melancholie.* Er bringt andere Seiten in uns zum Schwingen und ein neuer Ton klingt an. Er erweckt das Grau zum Leben – innen und außen. Er erfüllt es in allen Schattierungen und Übergängen, indem er sich ihm überläßt, es zuläßt – auch das Grau in uns. Manche Novembertage sind wie ein zu wäßrig geratenes Aquarell. Die schweren Wolken füllen sich schon vorzeitig mit der Dunkelheit, welche die Dämmerung ankündigt. Dann wird der Park zu einer Liebeserklärung an den Zustand Grau. Und zu diesem Fest gesellen sich alle nur denkbaren Nuancen dieses Tones. Zuletzt finden sich die Musiker ein, deren heiser melancholische Rufe im Flug den Himmel und den Raum verzaubern. Ihr tausendfacher Fiederschlag erfüllt die Luft wie das allgegenwärtige Rauschen düsterer, aber sanfter Engel. Sie kommen von weit außerhalb und lassen sich in den hohen Kronen der alten Bäume nieder. Dabei verwandeln sie den Raum in strudelnde Bewegung gegenläufiger Muster. Und dieser Tanz, zu dem sich immer mehr Darsteller in ihren blauschwarzen Roben einfinden, kündigt das Nahen der Nacht an, die den kurzen Aufruhr der Dämmerung alsbald wieder mit dem Mantel der Stille bedecken wird. Doch schwillt das Wirbeln und Rauschen zu seinem Ende hin stärker und stärker an, bis das Volk der Krähen die ausladenden Kronen zu Tausenden eingenommen hat. So verläuft meist das Dämmerungsspektakel der kalten Monate vor dem Hintergrund entkleideten Geästs, welches das lautlose Zick-Zack der Fledermäuse an den lauen Sommerabenden abgelöst hat. Obwohl all die Abstufungen jahreszeitlichen Zusammentreffens immer wiederkehren, gibt es doch nie Wiederholungen. Jeder Tag im Park hat seine ganz eigene Atmosphäre, so wie gleichfalls auch wir ihn nie zweimal als die Gleichen betreten. Jedesmal schenkt er uns neue Bilder und Gedanken.

Sein Tisch ist für uns immer frisch gedeckt, jeden Tag und jede Nacht. (...) Mittlerweile ist es kalt geworden. Die Kälte füllt substanzhaft den Raum. Sie ist milchig weiß und umschließt die starren Finger der Bäume, die sich in das angehende Blau der heraufdämmernden Nacht krallen. Sogar die Krähen sitzen regungslos in den Ästen. Manchmal wirbelt eine plötzliche Böe den lockeren Schnee kreiselnd in die Luft. Sein Schimmern verzaubert die Dunkelheit. Dieser leuchtende Schnee, der überall an den Stämmen klebt, malt einen weißen, still in sich ruhenden Wald in das unbestimmbar verschlungene Gewebe diffuser Grautöne. Und nach einer Weile streut der Vollmond seinen Diamantstaub über die Schneeflächen, als *planetare Antwort* auf das Funkeln der Sterne darüber. Welch süße Lust, die nach der Seele greift.

Garten der Kontemplation

Im Park steht eine uralte prachtvolle Linde, in der hoch über der Erde, in einem hohlen Astloch, eine Eule thront. Sie sitzt zumeist dort, wie es scheint, in tiefer Kontemplation, in sich ruhend, ohne der Leute tief unten zu ihren Füßen zu achten, unter denen sich nicht selten auch einige Photographen befinden. Es ginge wohl zu weit, würde man sagen, daß es sich hierbei um die Vorzeige-Eule des Parks handelt. Doch läßt sich zumindest nicht leugnen, daß sie bereits einen gewissen Bekanntheitsgrad erreicht hat. Ich muß gestehen, daß auch ich zuweilen unten bei der kleinen Brücke stehenbleibe, um zu ihr hochzusehen und an ihrer Schönheit und Ruhe teilzuhaben. Manchmal würdigt sie mich sogar eines kurzen Blickes, bevor sie ihre Pupillen wieder wegdreht, um ihren Blick weiter einer uns unbestimmbaren Ferne zuzuwenden, die diesem so sympathischen Tier viel näher zu sein scheint als das Nahe, sie Umgebende. Einmal ließ sie sogar eine ihrer unendlich weichen und filigranen Brustfedern direkt auf mich hinabschweben, die es in ihrer Zartheit ohne weiteres mit der eines Eiskristalles aufnehmen kann. Ich dankte ihr mit dem Blick und trage dieses Zeichen der Huldigung noch heute bei mir.

Die unsichtbare Welt

Gehören Sie auch zu den Leuten, die nur an das glauben, was Sie sehen können? Dann gestatten Sie die Frage, ob das ebenso für Photographien gilt. Bekanntlich lügen Photos. Gerade im Zeitalter der Computertechnik lassen sie sich beliebig verändern. Ganze Berufszweige leben von den Menschen, die an das glauben, was sie sehen: Zauberer, Trick- und Illusionskünstler, Werbefachleute und Politiker. Doch jetzt mal ernsthaft: Was ist mit unseren Gedanken – unsere Träume, kann man die sehen? Und dennoch sind sie real. Wenn wir unseren Willen anhaltend auf sie fokussieren und zur Tat schreiten, werden sie früher oder später auch zu *greifbarer* Wirklichkeit. Und was ist mit der Liebe und der Lebenskraft. Keine Maschine kann sie erfassen oder gar messen. Dennoch ist sie es, die unsere Augen leuchten läßt. Ohne sie wären wir tot.

So weit müssen wir uns aber gar nicht von unserer vermeintlich realen Welt ins Poetische *entfernen.* Nehmen wir doch nur einmal die Elektrizität, Funk oder Fernsehwellen. Wir können sie nicht sehen. Doch wären sie nicht sehr real, wären alle Produzenten und Benutzer von Telefonen oder anderen Elektrogeräten nichts als Spinner und Träumer. Und als dritte Möglichkeit ist da noch die sichtbare unsichtbare Welt unserer Träume. Solange wir schlafen, ist für uns ihre greifbare Realität über jeden Zweifel erhaben. Vielleicht ist aber unser ganzes gegenwärtiges Leben nur eine andere Art von Traum oder Schlaf, die uns eine tiefere Wirklichkeit verborgen hält.

Die Mystiker sagen, daß die Wirklichkeit wie eine Zwiebel ist. Die grobe materielle Welt ist nur ihre äußerste Schicht. Als nächste Schicht, bewegen wir uns zum Zentrum allen Seins, dem Kosmischen Herzen hin, kommt die Astralwelt. Diese ist es vermutlich, in der all die Mythen, Märchen und Überlieferungen angesiedelt sind, die von Elfen, Undinen, Salamandern, Zwergen, Feen und Naturgeistern aller Art handeln, von denen in allen Kulturen in seltsamer Übereinstimmung die Rede ist. Um die anderen geistigen Welten wollen wir uns an dieser Stelle nicht weiter kümmern. Interessierte seien an die umfangreiche Esoterik-Literatur zu diesem Thema verwiesen.

Die Welt der Elementar- und Naturgeister ist eine ätherische Welt. Auch wir Menschen besitzen Astralkörper. Theoretisch könnten wir diese Welt wahrnehmen, wären wir nicht so sehr in uns selbst verstrickt und in unseren dichten materiellen Körpern gefangen. Je mehr wir uns aber innerlich läutern, um so mehr können wir die Schleier der dichten Materie mit unserem Bewußtsein wieder durchdringen. Von *Antoine de Saint Exupéry* stammt der so treffende Satz: »*Man sieht nur mit dem Herzen gut. Das Wesentliche ist für die Augen unsichtbar.*« Müssen wir unsere Herzen also nur reinigen und öffnen, um wieder zu sehen? Manchmal wird von Kindern berichtet, daß sie Dinge sehen können, die sich den Blicken Erwachsener entziehen. Was bedeutet der Satz, daß uns das Himmelreich verschlossen bleiben wird, ehe wir nicht wie die Kinder werden? Es hat sicher wenig Sinn, die Kinder das zu fragen. Sie haben ihren Garten noch nicht verloren oder sind sich dessen zumindest nicht bewußt. Fragen wir uns also selbst. Denn wir sollen wieder wie das Kind in uns werden. Vom Himmelreich soll des weiteren nicht mehr die Rede sein, jedoch von der Welt der Naturgeister und anderen Wesen, die unseren Augen verborgen bleiben. Vorab zunächst das Eingeständnis, daß ich selbst diese Wesen auch nicht sehen kann. Jedoch gehöre ich zu den Leuten, die keine Schwierigkeiten damit haben, die Vorstellung von der Existenz vieler, einander durchdringender Welten anzunehmen.

Man sagt, daß die Welten in gegenseitiger Abhängigkeit und Wechselwirkung zueinander stehen. In früheren Kulturen arbeiteten die Menschen mit den Geistern der Luft, der Erde und des Wassers zusammen. Sie kooperierten mit den Blumenwesen und Pflanzengeistern, um eine optimale Fruchtbarkeit ihrer Gärten und Äcker zu erzielen. Und gleichfalls entwickelten sich und gediehen unter der liebevollen Zuneigung, die ihnen die Menschen entgegenbrachten, auch diese Wesen. Man sagt, daß sie heute ohnehin sehr scheu und selten geworden seien. Wie sollen Blumenelfen auch noch ihre Aufgabe erfüllen, wenn wir eine große Zahl natürlicher Lebensformen in die *Gaskammern der Pestizide* schicken oder unsere Blumen mit Kunstdünger malträtieren und ihnen durch dieses *chemische Doping* Höchsterträge abnötigen. Elfen sind schließlich sensible Wesen.

Doch halten wir uns an die Überlieferung. Von allen Kulturen dieser Erde und aus allen Zeiten sind uns Erzählungen von diesem kleinen Volk überliefert. Die meisten dieser Überlieferungen stammen jedoch von den Britischen Inseln und aus Skandinavien. Zunächst wollen wir uns einmal den Naturgeistern der vier Elemente zuwenden, nicht zu verwechseln mit den Elementarwesen, die der Mensch unwillkürlich durch seine Gedankenkräfte erzeugt und die, solange sie existieren, mit seinem Ätherleib verbunden bleiben.

Aus dem Äther des Wassers seien, so sagt man, die *Undinen* und *Nixen* erschaffen, aus dem ätherischen Feuer die Feuergeister oder *Salamander,* aus Luftäther die Luftgeister oder *Sylphen* und aus dem Ätherlaib der Erde die Erdgeister oder *Gnome, Zwerge* und *Elfen.*

Wenden wir uns zunächst den Blumenelfen zu, die am ehesten noch in unberührten Naturgebieten oder wie verwunschen in sich ruhenden Gärten vermutet werden, in denen nicht die übereifrig ordnenden Hände eines Gärtners die Natur in ein allzu strenges Reglement nötigen. Zu dieser Gruppe gehören auch die Baumgeister und Waldnymphen. Die Griechen nannten sie in der Antike *Hamadryas.* Sie leben so lange wie die Bäume, deren Seelen sie sind.

Blumenelfen oder Waldnymphen, sagt man, können winzig sein oder sehr groß, haben meist menschenähnliche Form und seien oft geflügelt. Sie gelten als unsichtbare Helfer, die ihren Beitrag bei der Verteilung der Lebensenergie und der Ausgestaltung der Pflanzen leisten. Sie ernähren sich vom Duft der Blüten und den feinstofflichen Kräften der Pflanzen. Normalerweise nehmen Blumenelfen von den Menschen nicht allzuviel Notiz. Manche können jedoch eine innige Verbindung mit dem Menschen eingehen, wenn seine Sympathiekräfte dies zulassen und so großen Segen über einen Garten bringen. Sie reagieren auf Liebe und Zuneigung und fühlen sich insbesondere zu den reinen Herzen der Kinder hingezogen. Autoritäten dieses Gebietes berichten, daß all diese Wesen die groben und disharmonischen Schwingungen der großen Städte eher mieden. Von aggressiver und liebloser Atmosphäre fühlten sie sich abgestoßen.

Die Feuergeister oder *Salamander* sind überall zur Stelle, wo ein Feuer entzündet wird. Sie helfen beim Entfachen der Flamme und können besonders übermütig und zu allerlei Streichen aufgelegt sein. Es wird behauptet, sie würden ganz wild, wenn Menschen sich zu heftigen Emotionen hinreißen lassen. Mancher Spuk und manche übersinnliche Erscheinung, die man eher den Seelen Verstorbener zuzuschreiben geneigt ist, sollen durch sie hervorgerufen werden.

Zu den schönsten Wesen gehörten aber die Wassergeister. Wenn sie nicht gerade graziös auf den Wellen der Ozeane reiten, ruhen sie in bemoosten Grotten oder bringen an lilienbestandenen Seeufern romantische Dichter aus der Fassung. Zahlreiche Berichte von Seeleuten, über die Jahrhunderte hinweg, sind womöglich nicht nur einer überreichen Phantasie zu verdanken. Man sagt, sie kleiden sich in eine transparente und zarte Substanz, die perlmuttfarben schimmere. Es gibt dazu ein wunderbares Märchen von *Oscar Wilde,* in dem sich ein Mann in eine Seejungfrau verliebt. Es heißt *»Der Fischer und seine Seele«.*

Sylphen oder Luftgeistern schreibt man die Aufgabe der Übermittlung geistiger Inspirationen an Künstler zu. Sie seien aus der gleichen ätherischen Substanz erschaffen, in der sich auch unsere Gedanken formen und bewegen, und fühlten sich darum besonders zu geistig kreativen und musisch veranlagten Personen hingezogen.

Im allgemeinen läßt sich vermuten, daß auch sie die verschmutzte Atmosphäre der Metropolen eher meiden, was nicht ganz gelingen dürfte, da man ihnen auch eine Mitwirkung an der Bewegung der Luftströme in der Erdatmosphäre zuschreibt – und um etwaige Künstler in den modernen Städten nicht allzusehr darben zu lassen. Allerdings möchte zuweilen der Eindruck aufkommen, daß diese Art der Versorgung immer schwieriger wird.

Neben diesen Naturgeistern wie *Undinen, Feen, Elfen, Nymphen, Gnomen* etc. gibt es aber auch eine Vielzahl von Elementarwesen, die allein mit der Ausgestaltung und Versorgung von Pflanzen und Mineralien betraut sind. Diese Elementarwesen werden durch die Gedankenkräfte von Engelswesen, der *Devas* hervorgerufen, die der Gruppenseele dieser Wesen vorstehen; sie existieren nur so lange, bis ihre Arbeit getan ist. Daraufhin kehren sie in ihre Äthersubstanz zurück, da sie, wie man sagt, die Evolutionsleiter noch nicht betreten haben. Man nennt sie Elementarwesen, weil sie durch die Gedan-

kenkräfte der Engel erzeugt werden und keine eigenständigen Lebewesen sind.

Wie eingangs bereits bemerkt, kann ich diese Behauptungen nicht durch eigene Erfahrung untermauern. Bei meinen Exkursionen durch die umfangreiche Literatur bin ich jedoch immer wieder auf völlige Übereinstimmung in grundsätzlichen Aussagen gestoßen. Etwaige Zweifler seien auf die Gemeinschaft von *Findhorn* verwiesen, die, wenn man den Aussagen ihrer Gründer Glauben schenkt, mit Hilfe eben dieser *Devas* und Engelswesen gegründet worden war, die dem Wachstum und der Höherentwicklung des gesamten Naturreiches vorstehen. Findhorn ist ein Fischerdorf im Norden Schottlands mit rauhem stürmischem Klima und unfruchtbarem sandigem Boden. Trotzdem ist dort ein üppiger Paradiesgarten mit nie gekannter Fruchtbarkeit und südlicher Vegetation entstanden, die in diesen Breiten eigentlich nicht bestehen kann. Zahlreichen angereisten Landwirtschaftsexperten und Wissenschaftlern blieb nichts übrig, als ihre Ratlosigkeit gegenüber diesem Phänomen einzugestehen.

Zur Vorgeschichte: Eine Kanadierin, *Dorothy MacLean,* die in einem schottischen Hotel arbeitete, hatte zu meditieren begonnen. Im Laufe der Zeit machte sich in ihr immer deutlicher eine Stimme bemerkbar, die nach Gehör verlangte und von ihr forderte zu schreiben. Auch ihre Freundin *Eileen* begann diese Stimme zu hören, die bald zum Mittelpunkt ihrer beider Leben zu werden begann. Der Mann ihrer Freundin, Peter, leitete das Hotel, in dem sie arbeitete. Am Ende der Saison verloren die Freunde ihre Arbeit und mußten sich nach einem neuen Wohnort umsehen, da sie Unterkunft im Hotel hatten. Die Freundin besaß einen Wohnwagen, und so zog man mit den drei Kindern zusammen auf einen öden und trostlosen Campingplatz auf einer verlassenen Rollbahn. Man fand jedoch keine neue Arbeit. Der Frühling war bereits gekommen und alles Geld aufgebraucht. Selbst zu essen gab es nicht mehr genug. Doch die inneren Stimmen der Freundinnen versicherten ihnen, daß es keinen Grund zur Sorge gebe. Sie bräuchten nur das Land zu bebauen und zu Selbstversorgern werden. Da sie gelernt hatten, diesen Stimmen zu vertrauen, begannen sie trotz der offensichtlichen Aussichtlosigkeit ihres Unternehmens einen kleinen Gemüsegarten auf dem sandigen Gelände anzulegen. Kein Gartenbuch konnte helfen.

Doch in jener Zeit begannen die besagten *Devas,* sich mitzuteilen. Eine ihrer Botschaften lautete, sich auf die höheren, alles überstrahlenden Naturgeister einzustellen und über sie nachzudenken. Sie offenbarten sich als Kraftfelder, als *Pläne,* auf die jede natürliche Art gegründet sei; als Kräfte, die alle Vertreter dieser Art wachsen und gedeihen ließen. So beschreibt *Paola Giovetti* es in ihrem Bericht über *Findhorn.* Die medialen Botschaften dieser hohen Wesen sind unmißverständlich. Sie weisen darauf hin, daß das *Eins-Sein* nicht auf etwaige höhere Ebenen beschränkt sei, sondern konkret im Hier und Jetzt wirkt. Die Harmonie der Erde und das Miteinander des natürlichen Lebens zu stören, hieße demnach, die Prozesse des *Einen* zu durchkreuzen, was sich negativ auf die Zukunftsaussichten der Menschheit auswirke. Es wird in diesem Zusammenhang auf die zerstörerische Gewalt der Elemente verwiesen, die als Reaktion auf die durch den Menschen erzeugte Disharmonie noch zunehmen werde.

Vor dem Hintergrund der weltweit massiv zunehmenden Naturkatastrophen wie Erdbeben, Überschwemmungen und Stürme nie gekannten Ausmaßes und bisher nie dagewesener Häufung gewinnt die 1962 gegebene Warnung höchste Aktualität und offenbart die Dringlichkeit transformatorischer Prozesse in unser aller Denken und Handeln. Die Botschaft der Engel ist klar und sehr einfach: *»Diese Einheit ist das Lebensziel. Liebe und verbinde dich mit allem Leben, welches Teil des Schöpfers und Teil von dir ist.«*

Was in Findhorn mit der Notlage dreier Menschen begann, die nach einem Weg suchten, wieder ihren Lebensunterhalt zu bestreiten, hat sich unter Anleitung aus der geistigen Welt zu einer Art Lebensschule entwickelt, die vorlebt, wie eine konstruktive Beziehung zur Natur, den Menschen und unserer spirituellen Urquelle gelebt werden kann. Jeder Mensch sei demnach in der Lage, einen Kontakt zu Engeln und Naturgeistern herzustellen. Sie seien glücklich darüber und warteten nur darauf, daß der Mensch sich besinne und wieder Bereitschaft zeige, mit ihnen zusammenzuarbeiten. Jedoch wird in allen mir bekannten Quellen darauf hingewiesen, daß sie sich vor jeder Falschheit zurückziehen, daß sie sich nicht mißbrauchen lassen. Voraussetzung mit ihnen zu arbeiten, sei die *Reinheit der Motive,* unser Leben wieder in Einklang mit einer höheren Ordnung bringen zu wollen. Die *Devas,* die in *Findhorn* in Erscheinung getreten waren, lehnten jeglichen Gebrauch von Kunstdüngern und Pestiziden ab.

Wem es so ergeht wie mir, und wer sich zu dieser Welt ebenfalls intuitiv hingezogen fühlt, dem sei das Buch »*Naturgeister und Engel*« von *White Eagle* ganz besonders ans Herz gelegt.

Symbolsprache der Natur

Alles was ist, ist das, was es ist, einschließlich tieferem Gehalt. Ein Baum ist ein Baum. Doch ist ein Baum weit mehr. Er ist eine *göttliche Idee* und damit ein Bild für eine ganze Ansammlung essentieller Wahrheiten. Alles hat seine eigene Existenz und lebt sein Dasein im Einklang mit der Natur, vom Menschen einmal abgesehen. Alles ist *Oberfläche,* zugleich aber auch *Chiffre,* die auf einen tieferen Sinn verweist. Der Gärtner oder Spaziergänger, der lernt, sich von seiner seelischen Anziehung durch die Natur führen zu lassen, wird sich immer mehr mit ihr und ihren *Teilen* verbinden und so nach und nach den tiefen Weisheitsgehalt erfassen, der sich hinter ihren Chiffren verbirgt. Er wird schauend lernen – über die Natur und sich selbst.

So wie die Natur eine harmonische Ganzheit auf der Grundlage unendlicher Vielfalt und Verschiedenheit darstellt, ist diese Möglichkeit auch in uns angelegt. Jeder Mensch ist ein Mikrokosmos, zwar unverwechselbar, aber doch nach den gleichen göttlichen Gesetzen geschaffen. Alles, was uns draußen im Makrokosmos begegnet, spricht zu uns, spricht uns unmittelbar an und bringt eine Saite in uns zum Klingen.

Alles, sei es Erde, Berg, jeder Baum, Fluß, Himmel oder Meer etc., bietet sich uns dar – wie eine Einladung und Aufforderung, die betreffenden wesenseigenen Weisheitsaspekte zu entdecken und auch in unserem persönlichen inneren Mikrokosmos, durch aktive Lebensgestaltung, Gestalt nehmen zu lassen. So sprechen zu uns: die Weisheit des tief verwurzelten stabilen Baumes, die Weisheit des auf breiter Basis ruhenden Berges, der sich weit über die Wolken erhebt, des warm duftenden, den Frühling erwartenden Erdreiches, die Botschaften des fließenden Wassers, des allesverzehrenden Feuers, der immerfort ziehenden Wolken, der lichten, in sich ruhenden, strahlenden Sonne (die Liste ließe sich noch lange fortsetzen), und bringen in ihrer Gesamtheit unsere Seele zum Mitschwingen, wodurch auch sie sich als eine Ganzheit spürt, die in tausendfältiger

Beziehung mit dem Makrokosmos verwoben ist durch ein *vibrierendes Netz glitzernder Fäden.* Doch was ist mit den Menschen, die sich den heilenden und belebenden Einflüssen der Natur verschlossen haben?

Der Same

Alle zweikeimblättrigen Pflanzen (bot. Dikotyledonen) zeichnen im Aufplatzen ihrer Samenhülle den Schöpfungsvorgang nach. In der Einheit des Samenkorns, der Eins, ist bereits die Zweiheit angelegt, in Form zweier Keimblätter. Die Zwei bildet mit der ursprünglichen Einheit, die im Sproß erhalten bleibt, die Drei. Und aus dieser Dreiheit erwächst die Verästelung unendlicher Vielheit, wie uns dies das weitere Wachstum einer solchen Pflanze, beispielsweise eines Laubbaumes, vor Augen führt. In der Ausbildung seiner Krone nach oben hin drückt sich die zunehmende Vielheit, Aufspaltung und Verästelung, die wiederum zu einer neuen Einheit auf höherem Niveau strebt, aus.

Der Same steht somit auch für das noch unverwirklichte Potential, das in jedem von uns schlummert. Der Gärtner muß säen, die Pflanze nähren und pflegen, wenn *sein Baum* einmal blühen und Früchte tragen soll. Er muß dem Samen den Boden bereiten und *seinen Boden kultivieren,* ihn vor schädlichen Einflüssen schützen, ihm Wasser, Licht, Nahrung und Zuwendung geben. Soll der Same zum Leben erwachen und die Pflanze, *sein Potential,* sich entfalten und gedeihen, ist also Arbeit erforderlich. Und er muß seine *Astschere* gelegentlich benutzen, um einer disharmonischen Entwicklung entgegenzuwirken.

Auch eine Wahrheit ist wie ein Samenkorn, die, wenn sie auf fruchtbaren Boden fällt, zu gegebener Zeit zum Leben erwacht, das heißt, von einem empfänglichen und mutigen Menschen begriffen wird. Nach und nach wird sie in ihm ihre ganze Größe erreichen, sich ausdifferenzieren, mit anderen Wahrheiten vernetzen, sich weiter ausdehnen und so zu einer umfassenderen Wahr-Nehmung des Lebens beitragen. Doch Wahrheit ohne Handeln und Tun ist ein größeres Übel, als die Wahrheit nicht zu kennen. Als Gärtner wissen wir, daß wir unser Feld bestellen müssen, wenn wir ernten wollen und daß nur die Samen aufgehen, die wir auch in die Erde gebracht haben. Der Gärtner muß seine Ideen, Wahrheiten und Ideale erden, um ihnen Leben zuzuführen, damit sie Gestalt annehmen können. Und wir werden immer das ernten, was wir gesät haben – nichts anderes.

Erde, Brunnen und Ordnungsgedanke

Für alles, was sein, wachsen und sich entwickeln soll, braucht der Gärtner zuallererst ein Feld, einen Boden, ein Gebiet. Ebenso wie das Samenkorn können wir auch den Boden als Symbol betrachten. *Alle Symbole machen Aussagen auf unterschiedlichen Ebenen, sind also äußerst vielschichtig.*

Gehen wir einmal vom Boden als Bild für den *Grund unserer Seele* aus: Dieser Grund ist der *Boden,* aus dem heraus sich das *höhere Leben* entfalten kann. Doch muß die Seele erst einmal offen für den Geist, den *Samen der Wahrheit,* sein und ihn in sich eindringen lassen. Nicht jede *verhärtete* und *verkrustete Seele* ist dazu bereit. Jeder Gärtner weiß, daß ein *verhärteter Boden* einen *harten Spaten* benötigt, um noch einmal fruchtbar werden zu können. Von diesem Blickwinkel aus betrachtet, kann der *harte Spaten des Schicksals* durchaus ein Geschenk sein. Wenn wir das Schwere, das uns auferlegt ist, annehmen und verwandeln, so kann es unser W*achstum* fördern und Früchte hervorbringen.

Auf einer anderen Symbol-Ebene steht der Boden aber auch für ein Gebiet, in dem unser *Samenkorn* zum Leben erwacht, wo unsere Wahrheiten uns erproben, wo wir uns wie ein Baum verwurzeln und unser *Potential* entfalten können. Denn für alles, was wir lernen, erfahren und entdecken möchten, benötigen wir ein bestimmtes *Terrain.* Es sind zumeist unsere Talente und Neigungen, die uns dort hinführen. Ein solches Gebiet kann unser *Beruf* sein, sofern er etwas mit *Beruf*ung zu tun hat, oder auch die Kunst, wenn sie uns *ruft.* Die Erde, die alltäglichen Hindernisse und Schwierigkeiten auf unserem Weg, leisten uns dabei Widerstand. An diesem Widerstand wachsen wir und entwickeln unsere Kräfte. *Trocken- und Durstperioden* bringen uns an unsere Grenzen und ringen uns das Äußerste ab. Wir mobilisieren alle Kräfte, um unsere *Wurzeln* so tief wie möglich in den *Boden* zu treiben, bis sie zum *Grundwasser* gelangen, das alle Gebiete,

Terrains und Brunnen in ihrer Tiefe miteinander verbindet. In dieser Weise *loten* wir uns selbst *aus.*

Und hier berühren wir im Zusammenhang mit der Erde und dem Wasser noch ein anderes Symbol: *den Brunnen.* Ist nicht jedes Gebiet, oder besser, hat nicht jedes Gebiet auch einen Brunnen, der uns, wenn wir nur tief genug graben, zum *Grundwasser universaler zeitloser Wahrheiten* gelangen läßt? Dieses Grundwasser vermittelt uns universale Prinzipien, die uns die Einheit aller Dinge und etwas von einer kosmischen Ordnung spüren lassen, durch die jeder Mensch zu seiner eigenen inneren Ordnung finden kann. Kosmische und individuelle Ordnung können im wesentlichen nicht im Widerspruch zueinander stehen, da wir Teile des Ganzen sind.

Auch jeder Boden besitzt eine ihm eigene Ordnung. Doch nicht jede Pflanze gedeiht auf jedem Boden. Nicht zuletzt von ihm hängt ab, ob sie ihr Dasein fristet, verkümmert oder vollends zur Blüte und Entfaltung gelangt. In früheren Zeiten unterstand oder *unterlag* der einzelne der strengen *Park-Ordnung* des *Gartens* der Gesellschaft. Ordnung war meist etwas von außen her Übergestülptes. Der Mensch fand sich schon von Geburt an eingeengt in einem autoritären Korsett. Und der Preis, dieses Korsett zu sprengen, war hoch. Erst mit dem ausgehenden 20. Jahrhundert löste sich diese rigide äußere Vorgabe immer mehr auf, in einem Maß und Tempo, mit dem die menschliche Bereitschaft zu Freiheit und persönlicher Verantwortung in vielen Bereichen nicht Schritt halten mochte. Jeder kann heute im Grunde auf die ihm gemäße Art leben. Die Studentenbewegung hatte mit den letzten Konventionen gebrochen. Zur Schattenseite davon, daß damit die meisten Tabus gefallen sind, gehört, daß der Mensch in seiner Nacktheit und Entblößtheit seitdem einem immer dreisteren, aggressiver werdenden Markt zum Fraße vorgeworfen wird, zu dessen Anhängsel er ganz und gar zu verkümmern scheint. Heute verlangt von uns zum Glück niemand mehr große Taten für *Gott* und *Vaterland.* Keine Institution versucht uns mehr zu manipulieren, indem man uns beim Ehr- oder Pflichtgefühl *packt.* Das würde auch nicht mehr funktionieren. Mehr schon interessieren sich zahllose Agenturen für unser Konsumverhalten, unsere *defizitären Kauf-Reflexe,* um uns noch besser bei unseren Schwächen packen und uns so die Zeit stehlen und abkassieren zu können. In der *allumfassenden organisierten Sinnleere* eines *allesverschlingenden Marktes* und seinen grellkonkurierenden Plakatflächen, wo es alles und jedes gibt, das kein Mensch braucht, stehen wir vor den *kahlen Wänden* des *vielfach geschändeten inneren Tempels,* aufgefordert, den Blick auf den eigenen, den ewigen SINN zu richten. Diese Freiheit bringt es mit sich, daß wir die Verantwortung für persönliches Glück oder Unglück nicht mehr so leicht den äußeren Umständen anlasten können wie früher. Es wird uns eher bewußt, daß sich die Frage nach Glück oder Unglück an einer Ordnung entscheidet, die wir zu entdecken haben und dann in uns und unserem Leben herstellen können – ganz freiwillig. Und niemand wird uns kontrollieren oder maßregeln – nur wir selbst. Nichts und niemand wird über dieser Ordnung wachen, außer den Göttern unseres Schicksals. In alten Zeiten konnten wir unsere Ordnung schwer finden, da wir durch gesellschaftliche Vorgaben an jeder freien Bewegung gehindert wurden, insbesondere die Frauen. Es gab wenig Freiräume für Experimente, doch um die *eigene Ordnung* zu finden, ist es nötig, eine *äußere Ordnung* auch verlassen zu können. Heute ist der Mensch äußerlich freier. Doch seine innere Freiheit kann er erst dann verwirklichen, wenn er seine *innere Ordnung* gefunden hat und lebt. Alles, was lebt, ob Tier, ob Pflanze oder Mensch, bewegt sich im Spannungsfeld von Chaos und Ordnung. Ohne letztere gäbe es weder Struktur noch Wachstum, Differenzierung und Ausgestaltung. Ohne Chaos, das Unvorhersehbare, Zersetzende, gärende Element, wäre Leben aber ebenfalls nicht möglich, da jede Struktur verknöchern, jede Ordnung in sich selbst erstarren und ohne Herausforderung keine Weiterentwicklung stattfinden würde. Jeder Mensch muß selbst die Balance zwischen Chaos und Ordnung stets aufs neue in seinem Leben finden. Auch die menschlichen Gesellschaften bewegen sich zwischen beiden Prinzipien. So ist, im großen Maßstab betrachtet, eine jede Gesellschaft mit ihren zeitlich-kulturellen Gegebenheiten ein Boden, auf dem die einzelne Menschenpflanze gesät, ins Leben geworfen ist. Jede Menschenpflanze findet durch Geburt einen gewissen Boden vor, mit eigenen Qualitäten und Schwierigkeiten, bis hinein in die einzelne *Ackerfurche seiner familiären Situation.* In dem gleichen Maße wie sich heute äußerliche Vorgaben und verbindliche Strukturelemente auflösen, ist der Mensch mit der Forderung konfrontiert, seine inneren und äußeren Gärten *kreativ* und *eigenverantwortlich* zu strukturieren, damit Chaos und Beliebigkeit ihn nicht *verschlingen* und auch der Garten der Gesellschaft nicht gänzlich aus den Fugen gerät. Früher sollte der Mensch nichts *hinterfragen.* Heute, da alles *in Frage gestellt* ist, muß er selbst *Antworten* finden. Der Garten der Gesellschaft steht wie noch nie zuvor zwischen zwei Möglichkeiten, wie beispielsweise der des multinationalen Einheitsbreis eines globalen Marktes, welcher durch seine Massenproduktion die letzten Reste kultureller Eigenständigkeit, Vielfalt und individueller Erzeugnismöglichkeit hinwegfegt, und auf der anderen Seite der Entwicklung zu unendlicher Vielfalt, hervorgerufen durch die grenzenlose Kreativität befreiter und eigenverantwortlicher Individuen – es liegt an uns.

Somit sind wir wieder bei unserem *persönlichen Boden* angelangt, den wir uns verfügbar gemacht haben. Denn unsere Bewegungsfreiheit hängt maßgeblich von ihm ab, seiner Ausdehnung, aber vor allem von seiner Qualität und Güte. Wir wissen, daß unser Boden nur fruchtbar wird, wenn wir ihn veredeln und kultivieren, wenn sich die abgestorbenen Reste vergangenen Lebens in ihm umwandeln und ihm Nahrung geben. Dazu gehört, daß wir sie uns ansehen, hinspüren, reflektieren, wählen, aussortieren und loslassen. Je mehr Humus wir von dieser Art *verarbeiten,* um so tiefer wird er. Als Gärtner kennen wir seine *Tiefgründigkeit* und wissen, daß alles, was nach oben strebt, sich auch nach unten verankern und *erden* muß. Haltungen wollen gelebt sein. Ein hoher Geist möchte sich bewähren, Wissen angewandt, ein edles Herz geprüft, schöne Ideen erprobt und umgesetzt sein. Je hochwertiger der persönliche Boden, desto mehr wird seine Fruchtbarkeit auf den *großen Garten* ausstrahlen und übergreifen.

Das Wachstum

Den Boden zu *bereiten,* verursacht Arbeit. Doch wir wissen, daß man dem Wachstum selbst nur Raum geben kann, es vor allem auch *lassen* und für sich lassen muß, damit sich unsere Bemühungen vollenden. *Wir können das Leben nicht tun. Es fördern heißt, nicht eingreifen.* Wir lernen, daß *wir* nur *Weichen stellen,* jedoch das Werk nicht zu Ende führen können. Wir müssen den Samen ruhen lassen im Dunkeln und auf die Erde, den Himmel und das LEBEN vertrauen. Wir ahnen mit der Zeit, daß das, was alle drei durchwaltet, jegliche Schönheit hervorbringt, folglich Liebe ist. Denn Liebe ist Schönheit. In ihr treffen sich *höchste Ethik* und höchste *Ästhetik. Es gibt keine Schönheit außerhalb von ihr.* Das menschliche Tun ist sehr begrenzt. Wir haben das Leben in unserem Garten nicht erschaffen. Es kommt aus dem Dunkeln und Verborgenen und geht ins Dunkle zurück. Auch wir sind auf der Erde nur Vorläufige und Vorübergehende. Wir sind wie die Pflanzen. Es ist absurd zu glauben, daß wir etwas besitzen, beherrschen und dauerhaft an uns binden können. Wir besitzen uns nicht einmal selbst. So leichtfertig sprechen wir die Worte: *»mein Körper«*. Doch gehört er mir? Wenn ich gehe, wird er bleiben. Ich habe dieses Werk nicht vollbracht. Nicht einmal die paar Handvoll Erde, von der er genommen ist, sind mein. Wer kann all die Jahre zählen, zurück zum Ursprung ihrer Atome? Wer kennt schon ihre Reise, ihre Erinnerungen, ihr Geheimnis? Und wer sind *wir,* wenn unser Körper nicht unser Körper ist? Ist unser Ich, dieses Produkt aus Evolution, Geschichte, Volk, Kultur, Familie und verborgenen Umständen überhaupt *unser* Ich, wenn alles andere so ungleich älter ist und von außen kommt? Deine Gedanken, sagst du. Glaubst du wirklich, daß es die deinen sind? Vielleicht sind sie es, die dich denken. Und für wie neu hältst du sie? Du sagst: *»Ich liebe.«* Doch hat nicht die Liebe gar erst dich erschaffen, nicht umgekehrt? Und wie ist das mit den Gefühlen? Wären meine Gefühle und Gedanken wirklich einzigartig und nur mein, wie könnten Sie dieses Buch dann lesen. Allein die Tatsache, daß eine Musik vielen gefällt, ein Buch viele verstehen, zeigt die überpersönliche Ebene der Gedanken und Gefühle. Wie vermessen ist es da zu glauben, daß wir irgend etwas besitzen können, wenn wir uns nicht einmal selbst besitzen? *Lou Andreas-Salomé* äußert sich zu dieser Frage wie folgt : *»Alles ist euer; ihr aber seid Gottes.«* Wir alle sind nur einzelne Äste vom selben Baum, aus einer Wurzel, unser Geist und Bewußtsein nur einzelne Flammen des großen Feuers. *Wer könnte sagen, daß der Ast nicht dem Baum, die Flamme nicht dem Feuer gehöre, sondern sich selbst?* Aus dieser Erkenntnis entsteht der Wunsch nach Übereinstimmung, unsere Einzigartigkeit im Einklang mit dem Ganzen und nicht gegen das Ganze zu entfalten und unseren unverwechselbaren Beitrag zu leisten. So wie jeder Ast und jeder Baum anders wächst als ein anderer, um so mehr noch unterscheiden sich die menschlichen Gärten voneinander. *Denn die Individualität wächst und entfaltet sich um so mehr, wie das Leben an Bewußtsein zunimmt, reift und sich zum Geist hin entwickelt.* Doch jedes Lebewesen, das versucht, sich durch Egoismus abzukapseln und seine Interessen *gegen* das Wohl des Ganzen zu stellen, ist wie ein *Krebs-Geschwür am Baum des Lebens.*

Das Wachstum der Pflanzen führt uns auch immer wieder vor Augen, daß das Weiche das Harte besiegt. Wir beobachten, wie zarte Sämlinge Steine zersprengen oder sich durch Asphaltdecken bohren. Wir sehen, wie anpassungsfähig, erfinderisch und genügsam die Natur ist und sich ohne jegliches Aufhebens entfaltet. Sie will nicht etwas scheinen, sondern ist sich selbst. Sie bleibt ihrem Wesen treu. Deshalb entfaltet sie ihr Wesen und findet Vollendung. So erstrahlt in Schönheit, was nicht scheinen will. Wahre Schönheit ist nicht aufdringlich, will nicht überzeugen. Sie begnügt sich durchaus mit der eigenen Fülle und dem Erkennen der Sehenden. Sie verliert auch nicht ohne Anerkennung. Alles Wahre, das, was sich selbst wahr ist, kennt weder äußeren Gewinn noch Verlust. Sein Gewinn ist, dem stillen Ruf nach Vollendung zu folgen. Die Natur läuft niemandem hinterher. Früher oder später kommt ohnehin jeder zu ihr zurück, wenn nicht aus Einsicht, dann eben spätestens im Sarge. Die Pflanzen, wenn sie ins Leben treten, sind weich und zart, und wenn sie sterben, sind sie dürr und starr. Das führt uns die Natur vor Augen – und so spricht Lao Tse: *»Darum sind die Harten und Starken Gesellen des Todes, die Weichen und ›Schwachen‹ Gesellen des Lebens …«* Das Wasser besiegt den Stein.

Wasser und Stein

Das Wasser ist das Weiche, das jeder Kraft mit sanftem Widerstand nachgibt, bis diese sich erschöpft. Es hat Dauer. Denn wie sehr es sich auch mit Andersartigem mischt, wie sehr es verschmutzt wird, es bleibt innerlich, in seiner Struktur, immer rein. Wenn es durch die Sonne zum Himmel aufsteigt und als Regen zur Erde zurückkehrt, ist es wieder frisch und klar und neu geboren wie am ersten Tag. Fortlaufend ist es in Bewegung und überzieht die ganze Erde, in ihren tiefsten Tiefen, auf ihrer Oberfläche und ihren höchsten Schichten in der Stratosphäre. Es paßt sich allen äußeren Gegebenheiten an, verändert seine Form bei Hitze und Kälte und bleibt doch immer es selbst. Es formt und überdauert den Stein und zerschneidet den gewaltigsten Berg. Der unnachgiebige Stein, äußerlich scheinbar unwandelbar, splittert und bricht durch gewaltsame Einwirkung. Das Wasser schleift und höhlt ihn aus. Der Stein, der zersetzt wird, wird zu Erde wie auch alle organischen Formen, um diesen Halt und Nahrung zu bieten. Auch das Wasser wird von den Pflanzen und Tieren aufgenommen. Es wird aufgenommen und wieder ausgeschieden. Doch verliert es nie sein Wesen. Mit den toten Körpern von Tieren und Pflanzen kehrt es zur Erde zurück, um im endlosen Reigentanz der Elemente weiterzuziehen. Das ist die Lehre des Wassers: sich äußerlich anpassen, innerlich integer sein, im Fluß mit dem Geschehen und beweglich bleiben, ohne Kampf, ohne festzuhalten – doch vor allem: Transparenz bewahren für das Licht *und* es reflektieren. *Das Wasser ist wie die Liebe. Ewig in Bewegung und durch alle Manifestationen des Lebens fließend, ihr Sein erst ermöglichend, spiegelt es das Licht des Himmels.* Alles vergeht, doch sie, die Unwandelbare, selbst alles Verwandelnde nimmt die verschiedensten Formen an, bleibt aber immer sie selbst.

Wasser und Stein spielen auch in den Gärten des Zen und der Taoisten eine wichtige Rolle. Wird in den europäischen Gärten meist der jahreszeitliche Wechsel der Vegetation betont, geht es in den Zen-Gärten um äußerste Klarheit und die Harmonie zwischen Yin, dem weiblichen Prinzip, und Yang, dem männlichen. Dabei steht das Wasser, oft symbolisch durch strukturierte Sandflächen dargestellt, für Yin, Erde, Steine und Pflanzen für Yang. Wird diese Harmonie erreicht, ist der Gärtner bestrebt, ihr Dauer zu verleihen, weshalb in solchen Gärten Gehölze, oft immergrüne, und mit Flechten bewachsene Steine überwiegen.

Der Baum

Bäume verleihen einem Garten Dauer und zeitliche Tiefe. Sie betonen das Bleibende im Wandel der Zeit und der Jahreszeiten. Das trifft vor allem auf Nadelgehölze und andere immergrüne Pflanzen zu, die dadurch den Gärten, in denen sie überwiegen, auch schnell einen Hauch des Toten, der Sterilität verleihen. Denn Leben ist Wandel, fortlaufendes Werden und Erneuerung. Laubbäume wirken heiterer und lebendiger. Bäume verbinden das Heute mit dem Kontinuum der Geschichte, auch jener der eigenen Familie. Früher war es Brauch, zu besonderen Ereignissen, wie dem einer Geburt, einen Baum zu pflanzen. Zumindest aber erinnert der Baum uns an den Vorfahren, der ihn gepflanzt hat, sofern das Anwesen nicht erst neu erworben wurde. Seine Wurzeln reichen weit hinab in die Tiefe der Zeit. Zwischen diesen Wurzeln wird er noch fest sein Dasein halten, wenn unser flüchtiger Lebensfunke bereits erloschen und seine Spur verweht ist. In den Gärten des Südens finden wir Olivenbäume, die bis ins vorchristliche Zeitalter zurückreichen. Und wir begegnen der Zypresse, die weihrauchduftend, mit dunklem Ernst, wie ein Fingerzeig in die Unendlichkeit erscheinen möchte. Die Alleen alter Parks nehmen unseren Schritt auf und ziehen ihn magisch voran. Sie symbolisieren den direkten Weg, der in klare Etappen unterteilt ist und dessen Ende das Licht freigibt, das sich an keiner Stelle dem Blick entzieht. Eine alte Allee zu beschreiten, ist erhebend und klärt den Geist durch ihr Maß und ihre Symmetrie.

Wie der Mensch befindet sich auch der Baum im Spannungsfeld zwischen Himmel und Erde, um den Raum dazwischen zu besiedeln, zu erfüllen und beide, auch in sich, zu verbinden. Der Baum führt uns fortlaufend vor Augen, was aus dem Samenkorn werden kann, indem er immer die jeweilige Stufe der Entwicklung und Entfaltung des im Samenkorn angelegten Potentials verkörpert. Somit symbolisiert er auch die Verwirklichung unserer Talente und Aufgaben in unserem Leben. Im Wachstum des Baumes drückt sich einerseits das aus, was in ihm angelegt und vorgegeben ist, doch anderseits reagiert er auf alle Umwelteinflüsse. Keine zwei Eichen sind gleich, und die, die im dichten Wald stehen, haben es schwerer, sich zu entfalten und zum Licht zu gelangen. Nicht jede Eiche wird zu einem machtvollen Baum. Anderseits sind es manchmal gerade die mit den schwierigsten Bedingungen, die sich uns am eindrucksvollsten darstellen, wie wir an den Bäumen sehen, die sich in den rauhen und kargen Gebirgsregionen gegen den wilden Tanz der Elemente behaupten müssen. Ihr Holz wächst langsam und ist am zähesten. *Was schnell zum Licht emporstrebt, ohne jeden Wachstumsschritt zu festigen und abzusichern, wie uns das der Baum vor Augen führt, knickt allzu leicht im Sturm ein.* Die Eiche wächst langsam. Doch wirft sie so leicht nichts um. Tief verankert in ihrem Grund, sieht sie gleichmütig auf das Treiben der Welt. Ihr Atem und ihr Herzschlag folgen einem anderen Rhythmus als dem der modernen Zeit. Sie hat Königreiche und Kulturen auf-, nieder- und untergehen sehen. Und weil sie selbst nichts beansprucht, als *ihren* Platz in der Natur und im Kosmos, ist sie majestätisch.

Um etwas in dieser Welt real zu machen und zu verwirklichen, bedarf es der Erde. Unser Wachstum kann nicht in der Luft stattfinden, auch und gerade, wenn es sich um geistige Ideale handelt, sonst bleibt alles Phantasie und Einbildung. Die schönsten Ideale und erhabensten Gedanken müssen sich *im Sturm des Lebens* bewähren können, um für unser Leben von Wert zu sein. Das sicherlich eindringlichste Symbol für Verwurzelung, Erdung und Aufrichtung ist der Baum. Je mehr er seine Krone entfalten und zum Licht wachsen möchte, um so mehr muß er ins Erdreich eindringen und dort seinen Platz nehmen, sich stabil darin verankern. Wie auch der Mensch, benötigt er für sein Wachstum beides: Licht *und* Erde, Geist *und* Materie. Je mehr sich der Baum zum Licht hin entfaltet und nach oben ausbreitet, desto mehr erdige Stoffe muß er aufnehmen. Und um so mehr *irdische Materie* kann er wiederum in sein Leben hineinnehmen und *verwandeln. Je mehr er von der Erde aufnimmt, desto höher kann er sich über sie erheben.* Er benötigt für seinen Aufstieg die Materie. Doch dazu muß er sie transformieren. Das wiederum gelingt ihm nur, indem er das Licht in sich aufnimmt. So sind Erdung, Verwurzelung, Wachstum, Transformation und Aufstieg zum Licht untrennbar miteinander verwoben und verbunden. Der Baum ist dadurch nicht allein ein Symbol für Erdung, Entfaltung, Entwicklung und Umwandlung. Er steht ebenso für *Gleichgewicht zwischen den Gegensätzen,* deren gegenseitige Durchdringung und harmonische Vereinigung zur Ganzheit hin – also für *Komplementarität und Gegensatzvereinigung.* Auch der Mensch muß ganz werden: sowohl seine Wurzeln ausbilden, wie seine Krone entfalten.

Erdung bedeutet auch, auf den Boden der Tatsachen zu kommen, bei dem Schritt zu sein, der gerade notwendig ist, nicht schon beim nächsten, übernächsten, einem vergangenen oder rein illusionären. All unsere Wachstumsschritte müssen sich dicht und stabil mit Materie, Leben und Geist füllen. *Ein jeder Bereich verlangt seinen Tribut.* Kein Schritt kann übersprungen werden. Wachstum findet nicht irgendwo losgelöst in der Luft statt. Keiner weiß das besser als der Gärtner oder Bauer. Geist und Materie – *die Materie folgt dem Geist, die Tat dem Gedanken, der Gedanke der Sehnsucht oder dem Verlangen.* Zur *Erdung* bedarf es also eines gesunden Realitätssinns, einer praktischen Veranlagung, wie man sie gerade bei Bauern, Handwerkern oder Händlern findet. Letztlich halten diese die Welt am Laufen. Doch ohne Kunst, Wissen, Weisheit und Liebe wäre diese Bewegung nichts als dröhnender Leerlauf. Ganz kann man sich dem Eindruck dieses Geräusches ohnehin nicht erwehren.

Der Himmel

Wo sind wir mit dem Ewigen und Unendlichen mehr konfrontiert, als beim Anblick des Himmels? Er markiert die Grenze menschlicher Gestaltung. Auch hier hat zwar der Mensch schon seine Spuren hinterlassen, wie uns die aufdringlichen Kondensstreifen der Flugzeuge, Symbole menschlicher Ruhelosigkeit, stets vor Augen führen. Doch tangieren sie den Himmel, angesichts ihrer Erdnähe, im wahrsten Sinne nur peripher. Ernster sind da schon die plutoniumbetriebenen Raumsonden. Angesichts explodierender Sterne nehmen sie sich jedoch eher harmlos aus. Auch vergessen wir nur allzu leicht, welche brodelnde Urgewalt sich unter der dünnen Erdkruste direkt unter unseren Füßen befindet. Bereits ein kleines Erdbeben läßt die menschliche Hybris und Allmachts-Phantasie zur nackten Todesangst zusammenschrumpfen. Doch wollen wir nicht abschweifen. Der Himmel, zwar selbst Schöpfung, gilt seit jeher als der Sitz der schöpferisch-geistigen Kraft. Dieses Wortbild *Himmel* wurde immer verwendet, um den Aufenthaltsort des Schöpfergottes zu beschreiben. Nimmt es Wunder? So breitet er sich doch über alle Horizonte der Menschen weit hinaus ins Unendliche. Von ihm aus, Sitz der Sonnenkraft, wird alles Leben erhalten. Er gibt uns das Licht unserer Tage und den Sternenglanz der Nächte. Der Himmel behält seine eigene Ordnung, fernab jeglichen menschlichen Zugriffes. Er bleibt unser Fluchtpunkt hinter den Wolken, die immerzu ziehen, ohne Ankunft, ohne Abschied. Doch der Himmel ist auch schrecklich für die, deren Herzen noch allzusehr der Schönheit irdischer Gärten verhaftet sind. Noch kann er ihnen nicht Heimat sein. Doch was bleiben wird, ist der Himmel – ewig weiter Himmel, trügerisches Meer aus Licht, bodenloser Abgrund der Nacht, verlockende Juwelenkammer der Heimatlosen.

Unser Platz aber ist hier unten, sonst wären wir nicht hier. Wir alle haben eine Mission zu erfüllen, den *Himmel,* unseren Talenten und Neigungen entsprechend, auf die Erde herabzuholen. *Denn der Mensch ist sich und anderen ein Schleusentor in die Unendlichkeit.* Er muß alles aufwenden, dieses Tor zu öffnen, damit die Liebe über die Erde hereinbricht und ihre *Schwingung* erhöht. Denn die Erde leidet an uns und mit uns.

Symbolsprache der Blumen

Die Rose

Seit eh und je ist die Rose die Blume des Eros, also auch der Verführung. Man schenkt Rosen, wenn man zu seiner Liebsten geht, und erhofft sich damit Zutritt zu ihrem Herzen. Denn vor allem ist die Rose ein Symbol der Liebe.

Ein bekanntes Sinnbild ist auch das des Kreuzes, aus dessen Mitte heraus die Rose erblüht. Das Kreuz steht für die Verbindung von Geist und Materie, für den Geist, der in die Materie eindringt, aber auch für den Menschen, dessen Seele nicht mehr frei, sondern scheinbar an die Materie gefesselt ist und leidet. Wir sind *gekreuzigt an der Materie* und leiden an unserer Verletzlichkeit, an Sterblichkeit, Alter und Tod sowie unseren zahllosen Wünschen. Zuerst war das Kreuz, also das Leiden an der Welt. Im Zustand des Leides lernt der Mensch am meisten. Wird es nur groß genug, zwingt es uns, loszulassen und über uns selbst hinauszuwachsen. Meist ist das Leid die Wurzel der Weisheit. Aus dieser Wurzel kann die Liebe erblühen. Wir erleben es oft in Kriegszeiten, wo der Mensch sein wahres Gesicht zeigt. Die einen gleichen den Dämonen, von denen sie geritten werden. Die anderen sind angesichts des Todes und der äußersten Not zu Großem fähig. Zuerst wird der Mensch sich seines Kreuzes bewußt. Dann erblüht am Kreuz die Rose. Und zuletzt, wenn der Mensch mit seinem höheren Selbst verschmolzen ist und er sich über alle irdischen Bedingtheiten erhoben hat, er mit beiden Beinen auf der Erde steht und sein Haupt in den Himmel ragt, verschwindet das Kreuz wieder und es bleibt nur noch die Rose übrig – Symbol der Liebe. Die Rede ist von der *mystischen Hochzeit zwischen Geist und Seele,* wenn der *Prinz,* allegorische Gestalt der *Seele,* nach Bestehen aller Prüfungen und Einweihungen, seine *Prinzessin* heimgeführt hat, um uns in der Sprache der Märchen auszudrücken. Doch bevor dies geschehen kann, wird sein Charakter den schwersten Prüfungen unterzogen und kann sich so vollenden. Der Ritter muß den Drachen töten, das Tier in sich überwinden und besiegen, um die Prinzessin zu befreien, die den Geist symbolisiert. Auch bei Dornröschen schläft die Prinzessin einen Zauberschlaf. Die menschliche Seele muß zahlreiche Prüfungen bestehen, sich reinigen und bewähren, bevor sie sich mit ihrem Geist, dem höheren Selbst, vereinen kann. *Findet diese Hochzeit statt, wird auch die Materie des Körpers vergeistigt.* Am Ende dieses Prozesses ist der Mensch eins mit seiner wahren Natur. Er hat die Täuschung der Welt überwunden, ewiges Leben und Erleuchtung gefunden, wie immer wir es, unserer Tradition entsprechend, nennen wollen. Auf diese Schritte weist die Symbolik von Kreuz und Rose hin. Doch *wie der Baum können wir keinen ›Wachstumsschritt‹ überspringen.* Die momentane Aufgabe liegt vor unserer Nase; oder wie Lao Tse sagt: *»Die Reise von tausend Meilen beginnt mit dem ersten Schritt.«*

Die Seerose – Der Lotus

Aus morastig-faulem Grund gebogen, / Durch trüben Dämmerstrahl gezogen, / Ordnet sich rosettenhaft zum Kranz, / Zu empfangen und zu spiegeln, / Der Sonne Glanz, / Die Seerose, Blatt für Blatt. /
Schon schimmern Knospen aus der Tiefe, matt. / Verborgener Blüten reines Strahlen / Bald Tod und Schlamm gebärt, / Wenn der Weg zum Licht / Die Kräfte ordnet, mehrt.

»Alle Dinge haben im Rücken das Dunkle und streben zum Licht.« (Lao Tse) Wie für die Seerose, ist auch für uns der *Boden unseres Lebens,* unseres bisherigen Daseins, der Nährgrund für Wachstum und Entwicklung. Wir können auf nichts anderem wachsen, als dem, was wir haben – ein Grund, Frieden mit unserer Herkunft und Familie zu schließen. Doch um zu wachsen, müssen wir uns selbst heilen. Voraussetzung für den Reifungsprozeß zu einem erfüllenden Sein, einem Erwachsenendasein im positiven Sinn, ist die Befreiung des inneren Kindes. Wie ein Baum mit seinen Jahresringen, schließt unser jetztiges Dasein alle Stadien früheren Werdens mit ein. Um wirkliche Stabilität und erhöhte Lebenskraft zu erlangen, ist es nötig, das innere Kind und alle darauffolgenden Stadien des Ichs bewußt anzunehmen, indem wir sie betrachten und ihnen Liebe und Mitgefühl zukommen lassen. So können wir den Schmerz über erlittene Defor-

mation und unterdrücktes Wachstum heilen. Es bringt uns nicht weiter, die Eltern immer wieder für alles verantwortlich zu machen, sonst erklären wir uns selbst für ohnmächtig und bleiben blind für all das Gute, das sie uns gegeben haben. Verantwortung für das eigene Leben zu übernehmen, besitzt Würde und Schönheit. Danken wir unseren Eltern für das Geschenk des Lebens, egal welche Fehler sie auch gemacht haben. Denn ohne sie wären wir nicht hier. Den Eltern Dankbarkeit entgegenzubringen heißt, das eigene Leben anzunehmen.

Niemand, der seine Eltern ablehnt, kann sich selbst lieben. Und wer sich nicht annimmt, kann auch andere nicht lieben. Das Gebot: *»Du sollst Vater und Mutter ehren«* hat vor diesem Hintergrund höchste spirituelle Bedeutung. Es betrifft unsere grundsätzliche Liebesfähigkeit. Solange wir unsere Eltern ablehnen, können wir uns auch nicht von ihnen lösen. Ablehnung ist eine starke verbindende Kraft. Je mehr wir sie ablehnen, um so ähnlicher werden wir ihnen werden. Nur Liebe und Akzeptanz geben uns die Freiheit, loszulassen und unseren eigenen Weg zu gehen. Das schwerste Schicksal kann zur stärksten treibenden Kraft ans Licht werden. Die Pflanze kann sich auch nicht beleidigt zurückziehen und sagen: Hier will ich nicht wachsen. Die Dunkelheit des Waldes oder des Teiches behagt mir nicht. Sie wird ganz einfach ihre Kräfte mobilisieren.

Unser Leben gehört uns nicht. Es ist das größte Geschenk und eine einmalige Chance, das Höchste in uns zur Entfaltung zu bringen, ungeachtet der Umstände. Wenn die Umstände zu leicht sind, der Weg zu geebnet, werden wir vielleicht zu träge sein, ihn zu gehen. Wenn das Schicksal hart ist, sind wir gezwungen, unsere göttliche Kraft, unser Erbe, zu entdecken. Die Blüte des Lotus symbolisiert wie die Rose am Kreuz, in der christlichen Kultur, die höchste Entfaltung des Menschen. Die Lotusblüte steht aber auch für jedes der sieben Energiezentren, *Chakren* oder *Räder* im menschlichen *Ätherleib.* Die Rose, Sinnbild der Liebe, die am Kreuz erblüht, symbolisiert insbesondere das Herz-Chakra. Verschließt sich diese Rose, als mögliche Folge eines harten Schicksals, das den Menschen gehindert hat, sich selbst zu entfalten, wird er seine kreative Kraft, das *göttliche Feuer* in ihm, eher zum Negativen hin einsetzen, wodurch sich der *Boden des Herzens* immer mehr verfestigt, anstatt durchlässig und transparent zu werden. So wird dieses *Feuer* vom schöpferischen, wärmenden Aspekt zum (selbst)zerstörerischen hingelenkt. Öffnet er jedoch sein Herz wieder, kann ihn dieselbe Kraft befreien: Der Prinz, als Allegorie auf die Seele, wird die Prinzessin, welche den Geist symbolisiert, heimführen und heiraten. Und mit der Prinzessin ist ihm ein ganzes Königreich versprochen. Suchen wir also den Heiligen Gral. Er liegt in uns. Meditation kann helfen, Licht in Herz und innere Sphären zu ziehen, uns in diesem Licht von unseren Emotionen und Gefühlsverwirrungen zu reinigen, damit wir uns mit der inneren Quelle verbinden können, die wahre Souveränität verleiht. Deshalb sollten wir uns täglich ein wenig Zeit nehmen, uns dem chaotischen Getriebe der Welt zu entziehen und Gemeinschaft mit dieser göttlichen Quelle zu suchen. Das kann in inniger Verbundenheit mit der Natur, Gebet oder Meditation geschehen. Am besten ist es, keine der drei Möglichkeiten außer acht zu lassen. Doch jeder innere Fortschritt muß durch äußeres Tun, unser Denken, unsere Worte und Handlungen unterstützt und gefestigt werden. Man kann nicht das Innen unter Vernachlässigung des Außens kultivieren. Der Baum wächst auch nicht nur nach oben, sondern ebenso in die Tiefe der Welt – wie innen so außen. Je weiter wir uns durch Meditation entwickeln, desto mehr nimmt auch die Macht der Gedanken zu. Deswegen sollten wir uns darin üben, negativen Gedanken nicht anzuhaften. Wenn wir an ihnen festhalten und sie nähren, können sie großen Schaden anrichten und folgenschwere Konsequenzen, auch für uns selbst, hervorbringen. Denn ein jeder Gedanke, den wir aussenden, wirkt auf uns selbst zurück, wie unsere Worte und auch eine jede Handlung. Nur neigen wir meist dazu, die Folgen der Gedanken zu unterschätzen. Wir sehen also, wie wichtig eine harmonische und ganzheitliche Entwicklung unseres inneren und äußeren Menschen ist. Es genügt nicht, sich in ein weltfernes Gartenidyll zurückzuziehen, wenn wir der eigenen Vervollkommnung entgegenstreben. Tun wir es dennoch, geben wir bestenfalls eine pittoreske und exzentrisch-romantische Gestalt ab, eine Art Museumsstück für das Wachsfiguren-Kabinett, das höchstens die Herzen naiver Romantiker(innen) höherschlagen läßt. Ein vollendeter Baum wächst mit einem starken Stamm in den Himmel, ist tief in der Erde verankert und vor den Stürmen der Welt gefeit. Ein vollendeter Mensch ist ein Mensch des Geistes *und* der Tat. Er läßt sich nicht von seinen Emotionen hinreißen, sondern nur von der ruhigen Wahrnehmung seines Herzens leiten, der er Raum und Vorrang gewährt. Er bemüht sich ohne Unterlaß, allem Eigendünkel, seinem Ego und unvernünftigen Wünschen, Begierden und Ängsten die Zügel aus der Hand zu nehmen. Das kann er nur mit Vertrauen auf den Geist und die innere Führung, die er sucht. Dabei kann die Abgeschiedenheit eines Gartens von Zeit zu Zeit sehr hilfreich sein. Wenn der Gärtner dieser Führung und der Stimme seines Gewissens folgt, wird sich *sein Lotus* nach und nach öffnen. Er selbst und die Welt lernen dann die Schönheit seines *wahren Wesens* kennen. Er wird sicherlich nicht zu einem sonderbar orakelnden Esoteriker mutieren, sondern in aller Natürlichkeit und Freundlichkeit einem jeden Menschen die Brücke bauen, auf der er ihm auch begegnen kann. Er wird zu einem Anziehungspunkt für Menschen, die mit dem Herzen sehen, wie ein alleinstehender alter Baum auf einem Hügel.

Die Lilie

Die Lilie ist eine seltsame Blume. Wenn sie voll erblüht, ist ihr Duft sinnlich und berauschend wie der keiner anderen. Ihr beißend-durchdringendes Aroma kann sich, ausgehend von einem Strauß weniger Blüten, in einer ganzen Wohnung festsetzen. Wenn die Blüte ihren Höhepunkt überschreitet, entfaltet sich ihr Aroma maximal und ist wie von einem zarten Hauch Verwesung durchsetzt. Sie duftet in ihrer fleischigen Fülle nach Lust und Tod, erinnert an die unlösbare Einheit von irdischer Schönheit, Sinnlichkeit und Verfall. Dennoch ist die weiße Lilie von alters her auch ein Sinnbild der Reinheit und Unschuld. Oft begegnet sie uns in der christlich motivierten Malerei vergangener Jahrhunderte, in Verbindung mit Engelswesen. Die Blüte der Lilie setzt sich aus zwei Kränzen mit jeweils drei Blütenblättern zusammen. Diese beiden gegeneinander verschobenen Dreiecke bilden zusammen den sechszackigen Stern, auf dessen Symbolik im folgenden Absatz noch näher eingegangen wird. Die Zahl Sechs wiederholt sich in der Anzahl ihrer Staubgefäße, in deren Mitte noch einmal die Dreiecksform des Stempels steht, welcher durch seine zentrale Stellung wie ein Symbol für Trinität und Einheit erscheint.

Die Zahlensymbolik der Blüten

Viele Blüten, so auch die der Lilie, erinnern uns in ihrer Symmetrie an Mandalas, Meditationsbilder, die auf den Geist des Betrachters klärend und ordnend wirken. Die Tatsache, daß die Natur eine so starke Wirkung auf uns ausübt und in uns Weisheit und intuitives Erkennen wecken kann, führt uns immer wieder vor Augen, wie untrennbar wir mit ihr verwoben sind, wie sehr sie uns als *Brücke zum Geist* dient und die Welt ein Ganzes ist. In der Lilie, aber auch in vielen Frühlingsblumen wie Osterglocken, Narzissen und Hyazinthen, findet sich das Symbol des sechszackigen Sternes. Sein unteres Dreieck steht für den irdischen Menschen, der sich auf einer stabilen Basis zum *Licht* hin ausrichtet; die obere Spitze dieses Dreiecks ragt in den Zenit und sucht so die Berührung mit dem *Himmel,* der geistigen Welt. Das obere Dreieck symbolisiert den kosmischen Geist, welcher der Aufwärtsbewegung der Seele auf halbem Wege entgegenkommt. Der sechszackige Stern stellt also die Vereinigung zweier gleichschenkliger Dreiecke dar und versinnbildlicht somit den vollkommenen Menschen. Das Trinitätsprinzip findet sich sowohl in dieser wie auch in der geistigen Welt. *Der sechszackige Stern steht* für die Verschmelzung beider Welten, *für die mystische Hochzeit, der Vereinigung von Seele und Geist.* Das menschliche Herz wird *deckungsgleich* mit dem kosmischen Herzen, was in der Überlagerung der Mittelpunkte beider Dreiecke zum Ausdruck kommt. Dieser Gedanke bildet auch ein zentrales Motiv in dem Buch *»Die Meisterseele«* von *White Eagle,* das ich Interessierten unbedingt empfehlen möchte.

Das Trinitätsprinzip in unserer Welt drückt sich in der Grundfamilie Mann, Frau und Kind aus, aber auch im Liebespaar, das sich auf eine übergeordnete Einheit zubewegt, in der die Autonomie der Teilhabenden gewahrt bleibt: in Ich, Du und Beziehung. Es findet sich in den drei Wachstumsbedingungen, Erfahrungs- und Entwicklungsfeldern unserer Seele: Alleinsein, Freundschaft oder Beziehung und Gruppeneinbindung sowie in anderen Grundaspekten des Daseins: Erkennen, Sprechen und Handeln oder Körper, Geist und Seele, These, Antithese und Synthese. *Wenn sich der ›irdische Mensch‹ nun, angesichts dieser Bedingtheiten seines Daseins, in allem nach der Liebe hin ausrichtet, um Wahrhaftigkeit bemüht, darum, ein ›höheres Ziel‹ zu erkennen und den Einklang damit zu finden, gewährt er der universellen Liebe zunehmend*

Einlaß in sein Herz und in jedes Atom seines Körpers. Dadurch nimmt seine ›Strahlkraft‹ immer weiter zu, und er kann sich mit dem ›kosmischen Menschen‹, dessen Funke er im Herzen trägt, nach und nach verbinden und schließlich vereinigen. Dazu braucht er nur den halben Weg zu gehen. Doch er muß den halben Weg ganz gehen.

Es sind gerade die Frühlingsblumen, durch die wir dieser Symbolik des sechszackigen Sternes vermehrt begegnen. Und ohnehin wollen uns die blühenden Frühlingswiesen nach einem grauen, kalten Winter erscheinen, als würde eine himmlische Welt ihr Licht über diese Erde ausgießen und das Leben in all seiner Schönheit zurückkehren und auferstehen. So steht der Frühling stellvertretend für die Rückkehr des Lichtes in das menschliche Leben, für Erneuerung, Neuanfang und Aufbruch. Wer sich eingehender mit den spirituellen Aspekten von Festtagen und Jahreszeiten beschäftigen möchte, dem kann ich das Buch »*Geistige Jahreszeiten*« von *White Eagle* nur *ans Herz legen*.

Gärten der Stille

Natur und Meditation

Der alte Satz, über Erleuchtung oder Meditation zu sprechen sei, wie jemanden, der noch nie Honig gekostet hat, zu erzählen, wie Honig schmeckt, mag richtig sein, doch ist es bestimmt kein Fehler, jemandem Appetit auf Honig zu machen, sofern er ihn nicht schon hat. Der einzige Haken daran ist, daß es immer wieder mühsam ist, an diesen Honig heranzukommen. *Denn wie das bei Honig eben so ist, müssen wir zuerst irgendwie die Bienen überlisten und loswerden – die Bienen der Unruhe, der Zerstreuung, der tausend Ausreden und Zweifel, der Argumente, zu kurz zu kommen, irgend etwas zu versäumen oder keine Zeit zu haben.*

In der Meditation, egal, für welche Richtung und Methode wir uns entscheiden, geschieht es, daß sich die *Wogen unseres Gemüts* glätten, der Strom der Gedanken zur Ruhe kommt und wir in die Tiefe tauchen. Meditieren ist Eintauchen in die Stille. Dabei werden sich Qualität und Wahrnehmung dieser Stille zunehmend verändern. Sie ließe sich am ehesten als substanzhaft, rauschend, dicht und wesenhaft strömend beschreiben. Atem und Herzschlag kommen zur Ruhe. Es findet nach und nach eine Art *Frequenzwechsel* statt. *Das innere Radio stellt sich auf einen anderen Sender ein.* Die Grenze zwischen unserem Körper und der Luft verwischt. Es ist, wie wenn unser Körper *durchlässiger* wird und an Festigkeit abnimmt. Zeitweise spüren wir an unterschiedlichen Stellen eine Art Vibrieren und fühlen uns angenehm durchflossen. Doch das Wesentliche dabei ist ein tiefer innerer Frieden und ein Glücksgefühl, die sich immer wieder einstellen und nichts mit äußeren Umständen zu tun haben. All diese *Symptome* zeigen, daß wir auf dem Weg der Meditation bereits ein wenig Fuß gefaßt haben. Dieser Seins-Zustand entzieht sich jedoch gerne jeglicher Vereinnahmung und fester Erwartung. So lernen wir mit der Zeit auch loszulassen und Bescheidenheit. Denn manchmal passiert gar nichts. Wir würden so gerne *unter die Oberfläche tauchen,* doch der

Körper findet keine Ruhe. Überall juckt es, wir denken an Schokolade oder daß wir nicht mehr lange Zeit haben und uns nun *beeilen* müssen, wenn wir heute beim Meditieren noch etwas erreichen, an etwas heranreichen wollen. Zwanghafte Gedanken und Sorgen halten uns im Griff. Vielleicht kommen aber auch Schatten zum Vorschein, die immer wieder zwischen uns und unsere Quelle treten wie Wolken vor die Sonne. All diesen Erfahrungen begegnen wir, wenn wir meditieren. Denn *in der Meditation sitzen wir uns selbst gegenüber,* unserem Denken und unseren Emotionen. Beides kann sehr widerspenstig sein. Doch wir müssen lernen, den *Blick* auf Weiteres und Tieferes *einzustellen* als die Freuden, Verlockungen und Sorgen unserer *kleinen irdischen Gärten,* durch uns selbst hindurchzuschauen und transparent für die ganze Wirklichkeit zu werden, an nichts festzuhalten. Nach und nach üben wir uns in der Kunst des *Loslassens* und *Nicht-Anhaftens.* Die Wellen von Fortschritt und Rückschritt teilen sich vor unserem Lebensschiff, wir lernen Gelassenheit und Humor. Doch wenn wir regelmäßig meditieren, über viele Jahre hinweg, werden wir uns jenseits all dieser Auf und Abs schrittweise in immer tieferem Fahrwasser finden und uns in tieferem Grund verankern, der zunehmend weniger von den Bewegungen auf der Oberfläche unseres Daseins berührt wird.

In der Meditation suchen wir die Berührung mit unserer Quelle, die Nähe desjenigen, der aus dem Schweigen spricht, durch die Kräfte unseres Herzens. Die positive Strahlung in der Natur kann unsere Meditation sehr unterstützen. Sie wirkt verstärkend. Doch sollten wir nicht davon ausgehen, daß jeder Ort in der Natur positiv ist. Es gibt auch Plätze, an denen äußerst negative Kräfte vorherrschen. Erlauben wir uns bei der Auswahl unseres Meditationsortes, genau zu spüren. Wenn wir dabei nicht allzu spekulativ vorgehen, sondern auf die inneren Impulse von Anziehung und Abstoßung achten, wird es uns nicht schwerfallen, geeignete Orte auszuwählen. In der Meditation öffnen wir uns und sind besonders empfänglich für geistige Einflüsse. Unsere Sensitivität nimmt mit der Zeit auch deutlich zu. Da die äußeren Einflüsse nicht grundsätzlich immer positiv sind, wird uns unser Meditationslehrer Maßnahmen zeigen, mit Hilfe derer wir uns schützen können. Und wir sollten uns auch vergewissern, daß wir für die Dauer der Meditation nicht gestört werden. Das allein gebietet die Achtung vor dem Geist, dessen Nähe wir suchen. Bedenken wir:

Dieser nähert sich in dem Maße, wie wir uns klären und ihm ähnlicher werden. Wenn wir IHN in die Stille unseres Herzens einladen, sollten wir sicherstellen, daß nicht unberechenbare Ereignisse uns unnötigerweise stören.

So wie das Atmen, Pulsieren, Werden und Vergehen der Lebensformen, ihre Bedingtheiten und ihr Ineinandergreifen in unserem Garten der Wahrheit von der Einheit allen Lebens das Tor unserer Intuition von Zeit zu Zeit ein wenig öffnen kann – so kann uns die Meditation die Einheit aller Welten erahnen lassen und schließlich zur erfahrbaren Gewißheit machen. Im allgemeinen gilt, daß es in den großen Städten schwieriger ist, in die Meditation einzutauchen. Es gibt viele Störgeräusche, nicht nur akustischer Art. Disharmonie und reibungsvolle Betriebsamkeit erfüllen den Äther. Meditation bedeutet aber Einklang, den Zusammenklang mit dem Höchsten, der stillen Quelle aller Laute, den Ort der Ruhe, von dem alle Bewegung ausgeht, zu suchen. Dazu ist es nötig, selbst ruhig zu werden, sich nicht mehr zu erlauben, mit der äußeren Unruhe und Dissonanz mitzuschwingen. *Wir lernen, die Lebenskraft von den äußeren Sinnen zurückzuziehen und nach innen zu lauschen, auf den kosmischen Urlaut, den Blick nach oben zu richten auf das Licht,* dessen geheime Brechung uns die Farben der Welt vor Augen hält. Schauen wir hinter diese Farben.

Metropolis leistet unserem Bemühen nach Rückwendung zur Quelle eher Widerstand als die unberührte Natur. Doch ist gegen diesen Widerstand nichts einzuwenden. Gegenwind stärkt die Kräfte. Und einem unbeugsamen Willen kann sich auf Dauer nichts entgegenstellen. Es ist gut und wichtig, in den Städten zu meditieren. Damit leisten wir einen unsichtbaren Beitrag zur Harmonisierung und Verfeinerung ihrer Schwingung. Wenn unsere derzeitige Aufgabe uns an eine Stadt bindet, scheint mir das allemal gegenüber einem momentanen Vorteil beim Meditieren Vorrang zu haben. Die Lebenszusammenhänge und Einbindungen können, sofern sie unserer Entwicklung zuträglich sind, bedeutsamer sein als der bloße Ort. Ein kluger Mensch hat einmal gesagt, *daß es besser sei, mit einem weisen Mann in der Hölle zu sein als mit zehn Narren im Himmel.* Und auch in den Städten finden wir Gartenoasen, in deren Stille wir eintauchen und mit unserem Bewußtsein leichter unter die Oberfläche dringen können. Doch sollten wir uns auch immer wieder die Möglichkeit zu tieferen Erfahrungen geben, als sie uns aufgrund unserer momentanen Verfassung in der Stadt gemeinhin zuteil werden. Es gibt besonders reine und hohe Orte in der freien Natur, die uns in unserem Bemühen, vor allem, wenn wir gewöhnt sind, gegen den Strom zu arbeiten, förmlich vorankatapultieren. Ihre starke hohe Schwingung nimmt die unsere auf und hebt unser Bewußtsein in sie hinein. Wir spüren Rückenwind. Allgemein förderlich ist das Hochgebirge. Diese Sphäre ist von den Schwingungen grober menschlicher Emotion am wenigsten verunreinigt. Die Energie verstärkt sich auf Anhöhen und Berggipfeln, vor Felsmassiven mit Wasserfällen oder entlang sprudelnder Gebirgsbäche. Wir sollten solche Orte gelegentlich aufsuchen, um das Ziel nicht aus den Augen zu verlieren. Etwas ganz Besonderes sind alte Olivenhaine, vor allem während des Frühlings, der ihre Wiesen in ein rauschhaftes Blumenmeer verwandelt. Dann geraten diese manchmal über tausend und mehr Jahre alten Haine zu geheimnisvollen Gärten voller unsichtbarer Wesenheiten, deren Anwesenheit ein sensitiver Mensch, der sich behutsam und mit liebevoller Achtung nähert, spüren kann. Wenn wir die Möglichkeit haben, an einem solchen Ort zu meditieren, tut sich uns vielleicht ein neuer Himmel auf.

Im Garten des Todes

Der stille Begleiter

Auf vieles, das uns lange noch so fern erschien, blicken wir bereits zurück. Als Kind waren es Ziele wie die Schule zu beenden oder manche Träume zu verwirklichen. Es waren Sterne, die so entrückt schienen, daß sie scheinbar unbeweglich am Himmel unserer Sehnsucht standen. Der Abstand zwischen ihnen und uns wollte sich nicht verringern. Doch was einst in unserer Hoffnung golden glänzte, hat mittlerweile längst den Widerschein der Morgensonne verloren. Bestenfalls strahlt es noch im Kerzenschein der Erinnerung oder ist Teil unseres Daseins geworden. Vieles mußten wir uns hart erkämpfen und mit Ausdauer unser Schiff gegen die Strömung auf Kurs halten. Und irgendwann sahen wir ihn zum ersten Mal am Ufer wandern, *unseren* stillen Begleiter. Nicht daß er sich in seiner Gestalt gezeigt hätte. Doch seine Bewegungen hatten ihn verraten. Seitdem wissen wir um ihn. Leise und unaufdringlich wandert er *im Schatten des Waldes.* Lautlos ist er immer gegenwärtig und doch wartet er irgendwo in unserer Zukunft, um uns, da wo wir es vielleicht am wenigsten erwarten, aus dem Faltenwurf der Zeit anzuspringen? Wir wissen nicht, wie lange wir diesen Fluß noch befahren werden. Meistern wir ihn nicht, bevor der Tod uns überraschen wird, kann er uns vielleicht überwältigen und besiegen. Erlauben wir ihm nicht, uns klein zu sehen, denn wir sollen an ihm groß werden, dem alten Lehrer.

Opium für alle

Wie bei *Sigmund Freud,* stand auch bei *Karl Marx* und vielen anderen Denkern seiner Zeit, Religion nicht sonderlich hoch im Kurs. Seiner Ansicht nach war sie *»Opium für das Volk«.* Wer will es ihm verdenken, traf er doch damit zumindest einen Teil der Wahrheit. Denn auch Religion läßt sich mißbrauchen. Nur war das Volk viel weniger drum verlegen, auf *neue Opiate* auszuweichen, als Marx es sich vielleicht hätte träumen lassen, nachdem Religiosität *unpopulär* geworden war.

Seitdem sich die ganze Aufmerksamkeit auf das Diesseits richtet, gleich einer Massenhysterie, zu kurz zu kommen, und sich alle wie wild drauflos amüsieren und vergnügen, ist der Tod anscheinend zum letzten und einzigen Tabu einer Gesellschaft avanciert, die sich sämtlicher anderer Tabus bereits entledigt hat. *Die größte Sünde in dieser neuen Religion scheint, etwas zu verpassen. In diesem Klima alleiniger narzißtischer und hedonistischer Daseins-Vereinnahmung begegnet uns der Tod als ultimativer Spielverderber.* Vielleicht ist er heute so unentbehrlich und wertvoll wie noch nie? Bleibt er nicht die letzte Bastion des Großen und Gewaltigen, wo es aus dem täglichen Leben immer mehr zu verschwinden droht? Um die Liebe kommen wir herum, um den alten Lehrer Tod kaum. Beide haben zumindest das eine, doch gewiß noch manches mehr, gemeinsam, daß sie sich sehr wenig um unsere Pläne und die kleine, sicher zurechtgezimmerte Welt scheren. Die Liebe ist freiwillig. Der Tod hingegen fragt nicht lange. Entscheiden wir uns aber für *sie,* verliert *er* seinen Schrecken. *Liebe und Tod sind wie Bruder und Schwester.* Sie sind die zwei großen Tore der Verwandlung. *»Wenn es ein Feind wäre, dem man ausweichen kann«,* so rät uns *Michel de Montaigne, »würde ich (...) Zuflucht bei der Feigheit (...) nehmen; da dies nicht angeht, da er euch doch erwischt, ob ihr feig seid und flüchtet oder euch haltet wie ein redlicher Mann, und da euch kein Harnisch schützt, so laßt uns lernen, in festem Stand den Kampf mit ihm aufzunehmen.«* – Oder besser noch mit der Angst vor ihm? Bereits Montaigne äußert sich über seine Zeitgenossen des 16. Jahrhunderts, daß das Volk sich wohl damit behelfe, nicht an ihn zu denken. Sie liefen und tanzten herum, als hätten sie nie von ihm gehört. Wenn er aber käme, begegneten sie ihm mit Geschrei und Verzweiflung. Er schließt seine Betrachtungen über den Tod mit der Überlegung, daß man nichts beginnen dürfe, das lange Zeit währt, wenn man sein Herz daran hänge, es vollendet sehen zu wollen. *»(...) Wir sind (aber) geboren, um tätig zu sein. (...) der Tod soll mich antreffen, wie ich meinen Kohl pflanze, unbesorgt um seinetwillen und erst recht um meinen unfertigen Garten.« (Michel de Montaigne, 1533–1592)*

Im Garten des Todes

Irgendwann am Ende unserer Reise lösen sich die inneren Gärten von den äußeren, und wir geben der Erde ihr Eigentum zurück. Was wir bis dahin nicht *vergeistigt* haben, bleibt ihr Anteil nach Ablauf des irdischen Bühnenspiels. Lag dessen Bedeutung womöglich nur darin, den inneren Garten anzulegen, heranzubilden und zu kultivieren, den *Garten der Erkenntnis* zu bebauen?

In früheren Zeiten ließen die Menschen in der Gestaltung ihrer Grabmäler der Phantasie noch freien Lauf. In den kunstvollen oder kitschigen Skulpturen verewigten sich Trauer, Liebe und Verbundenheit, der Abschiedsschmerz und die Hoffnung derer, die auf diesem Weg den Fortgegangenen ein wenig später nachfolgen werden. Mit Mausoleen, aufwendigen Miniaturvillen mit Pomp und Bombast, war man oft noch schnell bedacht, die eigene Bedeutsamkeit oder die der Angehörigen, sei sie echt oder auch nur vermeintlich, zu verewigen. Doch drückte sich darin auch individuelle Vielfalt aus. Die Gestaltung eines Grabmales über das Mittel der Kunst kann denen, die *auf der anderen Seite* geblieben sind, helfen, Verlust und Schmerz kreativ zu verarbeiten. Und sie verbinden den Tod mit der Kunst, die immer gerne Hand in Hand mit den *letzten Dingen* geht und sich häufig mit dem Eros befaßt, was die zahlreichen erotisch anmutenden Grabskulpturen und Engel auf den alten südländischen Friedhöfen bezeugen. Von dieser Verbindung geht, gesteigert noch durch die düstere Poesie des äußeren Verfalls der Friedhöfe, eine inspirative geistige Kraft aus. Solche Friedhöfe atmen Feuer. Und das Feuer beflügelt unseren Geist. Friedhöfe könnten Paradiese sein, die wir gerne aufsuchen, um dort über den Tod, die Liebe und den Abschied zu meditieren, über *»die Lust, die nach Ewigkeit verlangt«,* und die endgültige Vereinigung der Seelen, die nur im Unendlichen, der Quelle des einen LEBENS, möglich ist.

Doch selbst Lehrer Tod unterliegt in der modernen Zeit dem strengen Reglement der Friedhofsordnung. Eine sterile Parzellierung, genormte Grabsteine, das Verbot figürlicher Darstellung auf deutschen Friedhöfen sterilisieren das größte Abenteuer unseres Lebens. Nicht selten erinnern die *Siedlungen der Toten* in makaberer Weise an die gleichförmigen Siedlungen der noch ›Lebenden‹ und ihre langweiligen Reihenhausgärten, sofern sie ein wenig wohlhabend waren. *Steril und keimfrei betreten wir die Welt, in der Regel durch ein Krankenhaus; steril, keimfrei und diskret verlassen wir sie wieder.* Alles ist organisiert und verläuft reibungslos. Eine dreitägige Aufbahrung im Haus, wie es früher üblich war, ist nicht mehr vorgesehen im Pauschalangebot des Leichenbestatters. *Man bringt lieber alles schnell unter die Erde; so ist die peinliche Sache vom Tisch. Und dann wächst wieder Gras über den Tod – bitte den Rasen nicht betreten!* Und wenn es uns einmal selbst erwischt, können wir es nicht fassen. Haben wir überhaupt Zeit zu sterben; zum Meditieren war sie doch meist zu knapp. Ausgiebig Zeit nahmen wir uns doch vor allem für die Dinge, die Geld kosteten, für die wir ständig arbeiten gehen mußten – eine Arbeit oft, die so vielen von uns Sinn, Glück und Erfüllung verwehrt hatte. Die kostbaren Dinge des Lebens, die uns geschenkt wurden, ließen wir nicht selten achtlos am Wegrand zurück, wie die Zeit für Muße und die Blumen in unserem Garten.

Eine Schlosspark-Parabel

Aus dem Tagebuch eines entwurzelten Spaziergängers

Jede der alten Linden mit der grünen Blechmarke ist geschützt. Die Stämme der meisten sind schon ganz hohl und dienen den Fledermäusen tagsüber als Schlafplatz. Früher kamen sie in den lauen Sommerabenden, in der Stunde des Übergangs, zu Tausenden aus ihren Verstecken, um mit ihrem flirrenden Tanz die Luft über den ruhig in der Abenddämmerung liegenden Wiesen und Seen zu erfüllen. Heute sind es nicht mehr so viele, seit nun schon im dritten Jahr das aggressive Geheul der Motorsägen während der Wintermonate kaum mehr verstummt. Wenn noch einige Stürme mit solcher Kraft, wie der des letzten, durch die breiten Schneisen der bereits stark gelichteten Waldflächen fegen, dann sind die greisen Eminenzen dieser Baumgesellschaft, die heute noch einigen Fledermäusen als Herberge dienen, auch bald verschwunden.

Früher war es mit der Intimität des Schloßparkes noch anders bestellt. Über viele Jahre wurde kaum spürbar in das empfindliche Gefüge seines differenzierten Innenlebens eingegriffen. Ein Zauber lag über dem verwilderten Garten. Hier gab es diese ganz besonderen Orte, die von introvertierten Kindern oder vielleicht eher noch von den Erwachsenen aufgespürt werden können, die bereits durch die Berührung des Gottes Eros gebrandmarkt worden sind. Wir erahnten in den wind-wogenden Wiesen, im sinnlichen Linienschwung der Wasserlilie, dem Tanz der Libellen das Wesen der erotischen Liebe – oder waren es Wesenheiten, denen zwar unser Herzschlag seismographisch antwortete, die von unseren Augen aber geleugnet wurden? Sie vermochten uns dennoch stärker zu berühren, als es allein die moosige Oberfläche der alten Baumstämme oder die zarten Blüten des Zittergrases gekonnt hätten. Was war also wirklicher? Wohin sind diese Wesen entschwunden, nachdem ihre Plätze einer neuen Ordnung gewichen waren? Und wohin sollen wir nun gehen mit unseren Erinnerungen und unserer Sehnsucht, ohne diese Orte stiller Zwiesprache? Heute ähnelt der Park eher einer Baustelle. Dabei war er bereits vollkommen, in all den wechselnden Stimmungen und Gesichtern seiner Jahreszeiten. Geistvoll gestaltet, wie er war, blieb er lange Zeit sich selbst überlassen und konnte sich in seiner Natur von Augenblick zu Augenblick selbst vollenden. Die vielen verschlungenen Wege gewährten Schutz vor den Blicken anderer Spaziergänger. Der üppige Laubwald in seinem dicht bewachsenen *Parterre* ließ den Liebenden die beschaulichen Plätze zum *Séparée* geraten. In dieser waldesartigen Geborgenheit kamen auch die weitläufigen Wiesen und Durchblicke zwischen den Seen und Pavillons, die durch den Kanal vorgegebene Mittelachse mit ihren beidseitigen Alleen ganz anders zur Geltung. Die äußere Geometrie und Struktur des Parks bildeten eine Art *Skelett,* das von der sinnlich verspielten Natur bemäntelt wurde und das ihren Akkorden Rhythmus verlieh. Beides erlangte aneinander Geltung. Doch heute können sich nicht einmal mehr die früher noch zahlreichen Rehe vor den Spaziergängern verstecken; den Ausdrucksformen des Poetischen, die der Abgeschiedenheit bedürfen, sind *die Kleider vom Leibe gerissen.* Und nicht nur das. Die Stille, aus der heraus sich der zart wogende Klangteppich der Natur hob und senkte, wird nun meist durch Motorenlärm zerschnitten. Die Kehrmaschinen zum Beispiel, um einmal die kleinsten und aufdringlichsten dieser Störenfriede, neben den ständig aktiven Kettensägen, herauszugreifen, beseitigen im Herbst mehrmals täglich das nun nicht mehr leise in die Stille fallende Laub. Diese herbstlichen Spuren werden un-entwegt bis an die stets frisch geschnittenen und geradlinig gezogenen Ränder der Wege beseitigt. Wie leicht könnte der beim Gehen aufsteigende Duft raschelnden Laubes uns Brücken zu unserer Kindheit bauen und uns dort wieder anknüpfen helfen, wo wir noch ganz aus unserem *eigenen Grund* heraus gelebt hatten, bevor die Welt uns *ihre Gründe* gab. – Wir könnten, vom Geist des Parks bewegt, wieder zu uns selbst zurückkehren in der Stille, wenn es sie denn gäbe: ein melancholischer Spaziergang an der Seite eines amputierten Herbstes.

Vielleicht kommen sie schon nächstes Jahr auf die Idee, das Laub wegen der Ordnung bereits Ende September aus den Kronen der Bäume zu reißen oder über Nacht ein Entlaubungsmittel zu benutzen. Das würde vielleicht noch mehr Arbeitsplätze im Park schaffen helfen und das Budget erhöhen. Dieser einstige Ort der Musen ist ja ohnehin bereits auf dem besten Weg, vorrangig Arbeitsplatz zu werden. Und diese Arbeit reißt immer mehr Wunden in die Landschaft, ist disharmonisch und laut und verdirbt den Müßiggängern den Tag. Denn was heißt Müßiggang anderes, als seiner Muse hinterherzugehen, ihr zu folgen an die Quelle unseres Schaffens, also unseres Sinns, somit unseres Seins? Manchmal scheint mir, als würde eine weitverbreitete Denkweise unserer Zeit schließlich und endlich einmal darin gipfeln, daß man laut und öffentlich über die Wiedereinführung der Todesstrafe im Interesse des Berufsstandes der Henker nachzudenken beginnt, unter Hinweis auf die Notwendigkeit der Schaffung neuer Arbeitsplätze. Zumindest zeigt die Praxis, daß man nicht mehr weit entfernt von der endgültigen *Exekution eines in Würde gealterten Parks* zu sein scheint, um *diesem Toten dann das sterile und gesichtslose Make-up ewiger Jugend aufzuzwingen, wie es dem ›Geist‹ der Zeit entspricht.* Das weibliche Prinzip sinnlich in üppiger Fülle schwelgenden Seins, in der sich selbst überlassenen Ausbreitung der Natur, im Landschaftsteil eines alten Parks, wird im Interesse männlichen Ordnungsdenkens, einer dogmatischen Auffassung von Denkmalschutz folgend, Stück für Stück zurückgedrängt. Doch was nimmt es Wunder – es paßt vortrefflich ins allgemeine Gefüge. Schließlich werden immer mehr Menschen für immer unsinnigere Dinge, mit der Begründung ihres Lebenserhalts, beschäftigt. Und sie bekommen für ihr Geld immer unsinnigere Dinge zu kaufen, die sie vergessen lassen sollen, daß sie den Erwerb ihres Unterhalts vielleicht mit ihrer Lebenszeit bezahlen. So viel Zeit verbringen die Menschen mit ihrer Arbeit, in der es immer schwieriger wird, Sinn zu finden, da sie zwar durch technischen Fortschritt immer mehr Dinge und Tätigkeiten hervorzubringen vermag, doch immer weniger zur Schaffung von Werten und zur Verwirklichung unseres Wesens taugt. Wo ist der Sinn? Ich sehe nur Zwecke! Zumindest kommen mir immer mehr Zweifel am *Nutzen,* in einem Park zu wandeln, in dem der Geist einer putzwütigen Hausfrau, des Vorstandes eines Kleingartenvereins oder eines Lageristen waltet. Es handelt sich doch um den Park von Königen und nicht von Technokraten. Wo bleibt der Adel, wenn der Stahlbesen regiert und die Furchen für die Saat des Kleingeistes zieht?

Dabei war ihre Rechtfertigung, als sie vor einigen Jahren begannen, die Springbrunnen vor dem Geranienhaus zuzuschütten und den Platz glattzuplanieren, schließlich sogar die alten Magnolienbäume fällten und den Rosengarten vor der Orangerie unter tristem Rasen begruben, den Park in seinen ursprünglichen Zustand zurückversetzen zu wollen. Doch was bedeutet das? Es bedeutet offenbar nicht, daß ihre Gärtner mit Holzrechen, Handschere, Spaten und Spitzhacke wie damals zu Felde ziehen. Nein! Sie kommen mit einer hochgerüsteten Armee von PS-starken LKWs, mit Hebekränen, Unimogs und Maschinen für jeden nur denkbaren Handgriff. Diese Gärtner sind auch häufig mit der Spraydose und der Motorsäge unterwegs. Mit ersterer werden die nicht der Baumschulnorm entsprechenden Bäume durch Markierung ihrer Daseinsberechtigung enthoben. Durch zweitere findet der Vollzug statt. Und immer, nachdem die markierten Bäume gefällt worden sind, tragen über Nacht die nächsten Auserwählten das Mal derer, die bald abkommandiert werden, den Nymphen und Feen nachzufolgen, denen der Park seinen Namen verdankt. Manchmal beschleicht mich der Verdacht, daß sie einfach zu viele Spraydosen gekauft haben, die sie nun aufbrauchen wollen.

Früher führten immer wieder versteckte Pfade, kaum breiter als Wildwechsel, durch das tanzende Zwielicht auf dem Waldboden. Das Dickicht ist heute größtenteils beseitigt. Und ungestört ist man seitdem nirgends mehr. Um so absurder nimmt es sich nun aus, daß die natürlich entstandenen kleinen Wege mit Weißdorn und Schlehen, also Dornengestrüpp, seitens der Verwaltung zugepflanzt wurden. Man schuf freien Durchgangsraum zwischen den vereinzelten Bäumen, die bisher das Massaker überdauert hatten, und pflanzte dagegen besonders hartnäckiges Dickicht auf den Wegen der Lustwandler und Musegänger. So scheint es, als würden sich heute die verbeamteten Kleinbürger an den Nachfahren eines aristokratischeren Lebensstils schadlos halten und demonstrieren, wer nun die Macht im Garten hat – und dann noch der fast schon obsessive Hang, jedes Grasfleckchen, das nicht betreten werden darf, nach mehrmaligem Zuwiderhandeln durch die Scharen der Sonntagsspaziergänger auf Monate hinaus mit diesen unsäglichen rot-weißen Absperrleinen zu umgrenzen, wie sämtliche, durch ihre Arbeitswut aufgerissenen Wunden in der Parklandschaft – der denkmalgeschützte Park als Dauerprovisorium.

Seit meiner Kindheit gehe ich hier spazieren, fühle mich verbunden mit jedem Stück, das mir nun aus der Seele gerissen wird. Seit

ich lebe, sehe ich die Schönheit dahingehen – überall, nicht nur hier. Es ist, als würde sie Jahr um Jahr weniger werden und durch Praktisches, Nützliches ersetzt werden. Und es scheint, daß alle vergessen haben, was das Praktische und Nützliche überhaupt ist. Es muß doch etwas nutzen, das Nützliche, ich meine, einem Wert dienen. Doch wofür gibt es noch Nutzen, wenn Sinn und Wert gehen? Wozu gibt es Nutzen und wofür, wenn die Schönheit, Geist und Seele von etwas dafür geopfert werden? Das ist doch, wie wenn man eine Leiche füttert, die von Tag zu Tag mehr … – nun, lassen wir das. Sehen Sie doch … ich bin alt und hilflos. Jeden Tag gehe ich hier spazieren und muß zusehen, wie die mein lebendiges Herz in Stücke schneiden. Ich muß zusehen und kann nichts tun, schwanke zwischen Verzweiflung, Wut und Fassungslosigkeit. Zum Beispiel drüben, auf der anderen Seite – da gibt es einen kleinen See mit Schilf und Lilien am Ufer. Dort beugte sich eine stattliche Birke in weit ausladendem Bogen über die Wasseroberfläche, so, als wollte sie mit ihren ins Wasser hängenden Zweigen den See umarmen. In meiner Kindheit war das die Attraktion. Ihr Stamm lud dazu ein, auf seinem breiten schwarzweiß gefleckten Rücken über dem Wasser zu balancieren. Ich ritt auf ihr durch ferne Länder und überflog Ozeane. Nichts konnte mich aufhalten. Wieviele Stunden saß ich in ihrem Geäst? … Habe dann später im Schutz ihrer Zweige meine ersten Zigaretten geraucht und vom großen Leben und den aufregenden Wegen in die Welt hinaus geträumt. Nun, viel herumgekommen bin ich nicht, doch der Park war mir immer Welt und Kosmos, war mir Bühne und Schauplatz meiner Lieben. Jeder Baum läßt mich zurückgehen, nimmt mich aber auch in seine Gegenwart hinein. In den Bäumen sind Vergangenheit und Gegenwart verwoben. Ich sehe heute, daß aus mir nicht allzuviel ›da draußen‹ geworden ist. Doch immer wieder kam ich gerne hierher zurück, in den Park, wie zu einer Mutter. Die alte Birke – sie haben sie gefällt, ohne jeden Grund. Man konnte, wie bei so vielen anderen alten Bäumen auch, an der Schnittstelle sehen, daß ihr Holz noch kräftig und völlig gesund war. So ein Baum kann nicht weglaufen. Sehen Sie, ihr einziger Fehler war, daß sie einfach über den See gewachsen ist, ohne vorher um Erlaubnis zu fragen. Sie störte die Ordnung gerader Baumstämme – und man hatte an ihr ein Exempel statuiert. Vielleicht hat es sogar ein Gutes, wenn das Schöne aus der Welt verschwindet. Man muß dann seine Schätze einsammeln, sie *ins Trockene bringen,* anstatt sie weiter da draußen herumzuführen und zu mehren, den Kreis enger ziehen und zum Wesentlichen durchstoßen. Das läßt vielleicht neue Wege beschreiten. Es wäre gut, tauchen zu lernen, wenn die Oberfläche nicht mehr trägt.

(...) Man sagt, Grün beruhige die Nerven. Das mag sein, wenn das Grün die lebendig bewegten Abstufungen und Differenzierungen enthält, die dem Spiel alter Baumkronen oder sommerlicher Wiesen im Wind zu eigen sind. Doch wenn es sich um die nitratgedüngte Monotonie penibel bereinigter Rasenflächen in maschendrahtbewehrten Gärten handelt, die von einem düsteren Karree zurechtgestutzter Thujen, welche wie ein Spalier Soldaten ich weiß nicht was bewachen, schlägt mir so viel Ordnungsgeist manchmal aufs Gemüt, und ich flüchte in den nahegelegenen Schloßpark, um mich ein wenig von meinen eigenen Empfindlichkeiten zu erholen. Auf seinen weitläufigen Wiesen entfaltet sich nach und nach im sommerlichen Werden, bis zum ersten Schnitt im Juni der Eros der Natur, verströmt und verschwendet sich rund um die von dunklem Eibengebüsch beschattete Statue des Pans, der, ganz wie es sich gehört, an der Quelle eines kleinen Baches sitzt und noch Flöte spielt. Doch ganz bleiben auch hier die Wiesen nicht verschont, seit der imposante Fuhrpark der Verwaltung durch ein fräsenartiges Gerät in der Größe eines Mähdreschers gekrönt worden ist, welches zwischen den Wiesen und dem Waldrand – hier gelangt dieses Wort eigentlich erst zu seiner wahren Bedeutung – eine scharf geschnittene Grenze zieht. Dabei dürfen wir uns das Ganze nicht nur als Linie vorstellen, denn zwischen dem geschliffenen Waldrand und den ersten unversehrten Halmen ist der Boden in einem breiten Band umgepflügt und aufgerissen, das in fataler Weise der ehemaligen deutsch-deutschen Grenze gleicht, die nicht ganz zu Unrecht den Namen Todesstreifen trug. Bis heute kann ich mir nicht erklären, welcher Sinn darin liegt, den Übergangsbereich zwischen Wald und Wiese zweimal jährlich in eine solche *Wunde* zu verwandeln. Nun, die neuesten technischen Innovationen gehen wohl an der Natur ebenfalls nicht spurlos vorüber. Vielleicht entstanden durch diese Art von *Fortschritt* auch bei ihr, genauso wie in der menschlichen Gesellschaft, neue Bedürfnisse und Notwendigkeiten, die es zuvor noch nicht gegeben hatte. Warum sollte nur der Mensch in neue Abhängigkeiten geraten sein? Das erklärt vielleicht auch, warum neben einer Vielzahl gesunder und großer Bäume überall nach und nach auch alles *Ge-Hölz* – denn mehr als das *reine Material Holz* scheinen die Pflanzen für die Verantwortlichen nicht darzustellen –, das den Höhepunkt seiner Lebenslaufbahn deutlich überschritten hat und sich schon spürbar seiner Rückkehr in den natürlichen Kreislauf nähert, entfernt wird. Sie *holzen* – schon wieder dieses Wort – alles heraus, was alt oder schwach ist, und berauben den Kreislauf der Natur eines seiner Segmente. Diese Art von *Pflanzenhygiene* sterilisiert für mein Empfinden das Naturbild und entfremdet es uns. Sie nehmen damit einer großen Anzahl seltener Vögel, zu denen auch ich mich zähle, die Nahrungs- und Lebensgrundlage. Dabei fällen sie jedes Jahr nur einen Teil der Bäume in jedem Waldstück. Die Ausdünnung schreitet jedoch Jahr für Jahr voran. Vermutlich geht man davon aus, daß das Gedächtnis der Spaziergänger nicht von einem Jahr zum nächsten reicht und der frühere Zustand nach einigen Jahren ohnehin im Nebel des Vergessens verschwunden sein wird. Mit dem Anspruch der Rückführung in den ursprünglichen Zustand war man angetreten. Offenbar gehen die heutigen Autoritäten von der allerursprünglichsten Situation aus, in der die ersten jungen Stämmchen der heute so mächtigen Bäume gepflanzt worden waren. Wie anders ließe sich sonst der massive Kahlschlag allerorts erklären und die Tatsache, daß man immer wieder frische junge Bäume und Sträucher, wie in einer der üblichen städtischen Grünanlagen, nachpflanzt?

Erst viel später erfuhr ich, daß auch so viele kräftige und gesunde alte Bäume gefällt wurden, weil diese absurde *Parkverjüngung* durch die Einnahmen aus dem Holzverkauf an die Möbelindustrie mitfinanziert wurde. Wollte man darüber hinaus, bevor es zur nahenden Privatisierung des Pflegebereiches kommen sollte, noch schnell einen ausgeputzten, zu Tode verjüngten und pflegeleichten Park übergeben? Gegen die Kritiker führte man, mit Hinweis auf die zunehmenden Sturmgefahren, versicherungsrechtliche Argumente ins Feld. Warum schaffen wir mit dieser so *schlüssigen* Begründung nicht gleich alle Wälder einfach ganz ab?

Und unter dem Deckmantel des Denkmalschutz-Gedankens frönt man nun einer *Philosophie des freien Durchblicks* von überall nach überall. Doch stellt sich dabei die Frage, ob dieses *Dogma des historischen Plans* tatsächlich in jedem Fall Vorrang vor dem Umweltschutz genießen sollte. Darüber hinaus scheint auch auf das ästhetische

Feingefühl der Verantwortlichen nicht einmal so weit Verlaß zu sein, daß sie neben dem Drang nach vermeintlicher Authentizität auch noch einen anderen Wert bestehen lassen können und mit diesem den Ausgleich suchen. Oder wie wäre es sonst zu erklären, daß man Springbrunnen zuschüttet, die von afrikanischen Lilien umrahmt waren, oder uralte Magnolienbäume fällt, nur um eine riesige Fläche planierten Staubes zu erhalten, die da seitdem der Rückkehr einiger angeblich *historisch verbürgter Blumenkübel* harrt?

Von Zeit zu Zeit begegnet man im Park noch einem anderen sonderbaren Spaziergänger. Das Merkwürdige an ihm ist, daß er sehr scheu gegenüber jeglicher Aufmerksamkeit und Neugier ist, zu deren Mittelpunkt seine Person nicht selten zu werden droht. Verhängnisvollerweise fordert sein Erscheinungsbild diese Aufmerksamkeit jedoch geradezu heraus – nicht daß an diesem etwas auszusetzen wäre, im Gegenteil: Die Art, wie er sich kleidet, verrät Geschmack und Sorgfalt; in seinen Bewegungen und Blicken drückt sich der teilnehmende Geist und Genuß des mußevollen Spaziergängers aus. Sein ganzes Aussehen könnte, obwohl zum Wald kontrastierend, kaum besser zur Umgebung passen. Das ist es ja gerade: Seine weißen Seidenstrümpfe, die Schnallenschuhe, die Hemdsärmel und das Kragentuch aus feiner französischer Spitze, der Dreispitz, die Bundhosen und der taillierte seidene Brokatrock passen nur allzugut zum Schloßpark, in dem wir uns schon viel zu sehr an die schreienden Neonfarben der Freizeitbekleidung, deren stetige Zunahme das ausgewogene Bild der Natur zunehmend stört, gewöhnt haben. Zweifellos ist er mit seiner Bekleidung aus dem achtzehnten Jahrhundert, obgleich Augenweide, so doch auch ein tragischer Fall, denn er hat sich selbst gezeichnet und dadurch zum Außenseiter gestempelt. Er hat sich isoliert, die Brücken zu den anderen abgebrochen. Natürlich wird er angestarrt wie ein Wundertier. Und sein sensibles, schüchternes Wesen leidet darunter, so daß er den Leuten ausweicht und vor Kameras förmlich wie ein gehetztes Tier ausreißt, zumindest hinter seinem Sonnenschirm Zuflucht nimmt. Doch anderseits möchte er sich auch *sichtbar* abgrenzen, vom *gesichtslosen Einerlei, vom großen Haufen der Konsum-Ameisen,* und bekam dabei die Hauptrolle in einem Stummfilm, einem Kostümfilm. Doch in gewisser Weise ist er ein Bruder, einer, der sich auflehnt. Nur tut er es äußerlich und schneidet sich dadurch, in fataler Kombination mit seinem introvertierten

Wesen, gänzlich von den anderen ab, so daß überhaupt keine Kommunikation mehr möglich ist. Vielleicht gehört er auch wirklich einer anderen Zeit an, in die es kein Zurück mehr gibt. So bewegt er sich heute durch Niemandsland, in dem es nur ihn allein gibt, ihn und den sterbenden Park.

Dieser Park war ein Reservat für bedrohte Arten, zu denen auch ich mich rechne. Warum läßt man uns nicht noch ein kleines Stück äußeren Raum, eine *Insel in der Wüste.* Die Bürokraten haben doch wahrlich schon genügend Betätigungsfelder, ihr trockenes Wesen auszudrücken. Warum gibt man ihnen auch noch einen Arbeitsbereich, in dem es ihnen gestattet ist, *die letzten Bachläufe der Poesie trockenzulegen?*

Niemand ist heute mehr vom dichten, zitternden Blätterwerk verdeckt. Weder sind es die Rehe, noch die *grellbunten Läufer,* noch die *ordentlichen Spaziergänger* in Mantel und Hut, Freunde der gepflegtmaßvollen Erbauung, noch die anderen, die Verrückten, die das Dionysisch-Rauschhafte suchen. Alle sind nun verstärkt und im Grunde dauernd und überall ihrem gegenseitigen Anblick auf den oft dicht nebeneinander verlaufenden Wegen, die früher größtenteils voneinander abgeschirmt waren, ausgesetzt. Bei all diesem denkmalschützerischen Arbeitseifer wird nicht berücksichtigt, daß heute Tausende von Besuchern jede Woche in den Park strömen, um sich in der Schönheit und Fülle der Natur zu regenerieren. Früher waren es nur wenige Adelige, die im Park weilten. Bäume und intakte Natur gab es überall genug. Heute können wir es uns doch nicht mehr erlauben, in einem städtischen Park Unmengen von Bäumen zu opfern, schon aus Gründen des Umweltschutzes. Und hat ein in vielen Jahrzehnten gewachsener wildromantischer Landschaftspark, in den der Mensch so lange Zeit kaum eingegriffen hat, etwa kein Recht auf Schutz und Erhaltung? Der *Gartenkünstler Friedrich Ludwig von Sckell* würde sich womöglich im Grabe umdrehen, wenn er von der starren Haltung der Technokraten wüßte, die sein gestalterisches Ideal, das der damaligen Zeit entwachsen war, den Menschen des heutigen städtischen Umfelds aufzwingen, die vor allem nach *Zuflucht,* nach Natur, nach üppiger Vegetation dürsten.

Das Fällen der Fledermausbäume erreicht weitere Höhepunkte, natürlich geht es nicht um die wenigen geschützten, die mit dem grünen Schild, dafür aber um jene völlig gleichgearteten Exemplare, die in der Überzahl und nicht in den Schutz der Plakette gekommen sind. Es handelt sich dabei meist um alte sturmgezeichnete Linden mit unverwechselbarer Persönlichkeit und vollem Mistelbewuchs, aber auch um Prunusarten, die an nicht so exponierten Stellen bisher ihr Auskommen hatten. Die werden nun ungehindert, ungeachtet ihres lebenden Inhalts, der schlafenden Fledermäuse, gefällt. Es sind außer den wenigen beschilderten Bäumen bald keine mehr übrig. Dann ist der Wald gänzlich aufgeräumt und gesäubert. Und übrigbleiben werden nur noch einige lose Baumgruppen mit den etikettierten *Alibi-Bäumen* für den Artenschutz, die den Schutzgedanken unter diesen Umständen eher verhöhnen, als ihm tatsächlich zuträglich zu sein. Denn erst der Schutz der wenigen läßt die Auslöschung der vielen im Lichte der Rechtmäßigkeit erscheinen.

Nach und nach fällen sie auch immer mehr *unserer Bäume,* die Zeuge unserer Liebe waren und ihre Geheimnise an deren Wurzeln trugen. Die Erinnerungen werden gewaltsam fortgerissen und mit jeder stürzenden Krone heimatloser. Bald bleibt nur noch der Himmel, zu dem die Liebe zurückflieht, wenn die Erde sie nicht mehr hält, um mit den Wolken zu ziehen – der Himmel, den sie sich noch nicht unterordnen konnten.

Im Garten des Künstlers

Zu Anfang dieses Buches war die Rede vom Gärtner als Künstler, der durch sein Künstlertum seinen individuellen Garten heranformt und in diesem Dialog-Prozeß selbst Anleitung, Unterweisung und Formung findet. Wendet der Gärtner die Weisheit, die er im gestalterischen Umgang mit der Natur erwirbt, auch konsequent und kreativ auf jeden anderen Bereich seines *Lebensgartens,* der in vielfältiger Wechselbeziehung zu seinem *Seelengarten* steht, an, können jene beiden sich aneinander vollenden. Das Ziel ist der Einklang aller Bereiche unter dem Primat von Liebe, Weisheit und Erkenntnis, also höchster Vernunft, wobei sich deren schöpferischer Ausdruck nicht einem allgemeinen formalen Ideal unterwerfen läßt, sondern die Persönlichkeit und das Wesen des Künstlers widerspiegelt, das in dieser Kultivierung aufblüht und sich vollendet. Bleiben wir diesem Primat treu, gewährt uns unser Weg eine zunehmende *Rückbindung zum großen Künstlergeist des Schöpfungsgartens.*

Drehen wir nun die Ebenen um und betrachten den *Künstler im allgemeinen* durch die *metaphorische Brille des Gärtners,* werden wir sehr schnell feststellen, daß der *Weg der Kunst* auch große Gefahren birgt: Die erste Gefahr ist, daß wir damit möglicherweise eine Kluft zwischen Erkenntnis und tatsächlichem Verhalten aufreißen, daß der Versuch der Umsetzung, ihrer zunehmenden Ausweitung auf unser Leben, uns vielleicht vor unseren Schwächen resignieren läßt.

Eine weitere Gefahr besteht darin, daß uns die Kunst immer und ausnahmslos, kraft ihres geistigen Gehaltes, Charisma und Macht verleiht. Je bedeutender ein Künstler ist, um so machtvoller wird seine *Magie,* es sei denn, er ist seiner Zeit zu weit voraus, um die Wirkung dieser Machtentfaltung selbst noch zu erleben. Wenn das *menschliche Wachstum* des Künstlers nicht mit seiner *künstlerischen Entwicklung* Schritt zu halten vermag, und das wird leichter der Fall sein, wenn die Kunst als Schonraum und Kompensation für die geflüchteten, nicht begegneten Herausforderungen des Lebens Verwendung findet, wächst die Gefahr, der Versuchung zu unterliegen, diese Macht *vor den eigenen Karren zu spannen,* sie egoistisch zu mißbrauchen. Dort, wo eine nicht harmonische Entwicklung Ungleichgewichte schafft, Defizite und ungesunde Obsessionen in den Vordergrund unseres Wollens stellt, läuft der Künstler Gefahr, daß er der Täuschung erliegt, die geistige Kraft seines Stoffes mit der eigenen zu verwechseln, und sich in seinem Garten, so schön er auch sein mag, selbst sein Grab schaufelt. Wer diese Behauptung für zu dramatisch hält, möge sich nur einmal klarmachen, wie leicht es bereits einem Musik- oder Tanzlehrer oft gemacht wird, sich mittels seiner *Kunst,* mit der es oft nicht einmal viel auf sich zu haben braucht, Zutritt in die Herzen seiner Schülerinnen oder Schüler zu verschaffen, den er *mit leeren Händen,* nur um seiner selbst willen, nicht so leicht bekommen hätte? Es bleibt zu fragen, ob *dieser Weg zum Herzen* durchaus auch ein Weg mit Herz ist.

Wir sehen also, wen die Abgründe auf diesem Weg in besonderer Weise anlächeln, nämlich die, die sich selbst zu wenig achten, die hungrigen Außenseiter, die sensibel genug für die Kunst, doch in ihrer *Not* ebenso offen für die Einflüsterungen ihrer Dämonen sind.

Es soll nicht verallgemeinert werden. Für viele ist der Schonraum Kunst überlebensnotwendig. Manche Seelen sind sehr *exquisite Pflanzen.* Sie brauchen die Kunst als Boden, um nicht zu verkümmern und zu welken. Nietzsche bemerkt dazu, daß die Gefährdung für jemand, der die Begierden einer hohen, wählerischen Seele hat und nur selten seinen Tisch gedeckt, seine Nahrung bereit findet, zu allen Zeiten groß sein wird. *»In ein lärmendes pöbelhaftes Zeitalter hineingeworfen, mit dem er nicht aus einer Schüssel essen mag, kann er leicht vor Hunger und Durst oder, falls er endlich dennoch zugreift, vor plötzlichem Ekel zugrunde gehen.«*

Der Schonraum ist durchaus berechtigt. Doch sollte ein solcher Künstler dabei keinesfalls die Gefahren unterschätzen, die im eigenen Inneren auf ihn lauern. Sie sind weit größer als die, von denen Nietzsche spricht. Denn der eigene Seelengarten ist unsere unmittelbarste Umgebung. Wer und was Einfluß auf unsere Welt hat, hängt *allein* von ihm ab.

Noch einmal zurück zum Gedanken der *Verführbarkeit* des Künstlers durch die eigene Kunst: Wie groß die Gefahr ist, daß unsere Blumen zu *fleischfressenden Pflanzen* mutieren, unser Garten zu einer Art *Venus-Fliegenfalle* wird, muß jeder selbst herausfinden. Generell gilt

aber der Satz, daß Heilung nur finden kann, wer sich von der Droge unabhängig macht. Denn die Kunst zu mißbrauchen, um Konfitüre zu sammeln, für das *trockene Brot des eigenen Lebens,* getreu dem Motto: *la vie est dure sans confiture,* läuft ihrem Geist zuwider. In dem Fall wirft dieses *Licht* einen Schatten auf unseren inneren Garten, der es darin kalt und frostig werden lassen kann, graben doch Eitelkeit und Narzißmus mit Vorliebe dort ihre *Saugwurzeln* in unsere Seele, wo die schlimmsten Verletzungen unseres inneren Kindes verborgen liegen: nicht genug Liebe, zu wenig Anerkennung, die anderen wurden bevorzugt, die große Liebe hat uns verschmäht, etc. Doch ist die Künstler-Eitelkeit eine seltsame *Heilpflanze,* eine, die sich an der Wunde nährt, die sie zu heilen vorgibt. Wenn wir bereit sind, sie auszureißen, müssen wir auch bereit sein, diese Wunden wieder aufzureißen, die *schlafende Schlange des Schmerzes* darin noch einmal zu wecken und fortzulassen, damit sie heilen können. Erst dann kann der sogenannte Künstler zum wahren Künstler werden. Denn seine Aufgabe ist die eines Mittlers und Mediums. Er kann sie nur ausfüllen, wenn er *reich* genug ist, sich als Person zurückzunehmen, wenn er nicht mehr der Versuchung erliegt, die Kunst zu mißbrauchen, um sich mittels ihrer selbst zu erhöhen.

Denn »*Du bist am Ende, was du bist*« läßt Goethe seinen Mephisto darüber resümieren: »*Setz dir Perücken auf von Millionen Locken, setz deinen Fuß auf ellenhohe Socken, du bleibst doch immer, was du bist.*« Es sei denn? – Es sei denn, wir weiten die Kunst auf unser gesamtes Leben aus und beginnen die mühsame Arbeit, unseren Seelen- und Lebensgarten zu kultivieren.

Wenn wir einmal davon ausgehen, daß die Aufgabe des Künstlers ist, als Mittler zwischen göttlicher und menschlicher Welt zu wirken, und viele Künstler aller Zeiten teilten diese Auffassung, müssen wir uns klar darüber sein, daß unser verletzbares oder verletztes Künstler-Ego immer unser größter Feind ist. Es wird stets bemüht sein, *Giftpflanzen mit aufsehenerregender Wirkung* in unseren Garten zu pflanzen, von wo aus der viele Wind, den wir dabei entfachen, ihre Saat in unzählige unfertige, noch im Nebel liegende Gärten tragen wird. Um bei der Metapher vom Seelengarten zu bleiben, sei die Behauptung gewagt, daß der Durchschnittsmensch in verschiedenem Maße verführbar und käuflich ist, abhängig davon, wo seine Schwachstellen liegen. *Was die meisten von uns an Tugenden und positiven Charakter-*

eigenschaften mitbringen, genügt vielleicht, um sich damit in einem durchschnittlichen Leben zu bewähren und einigermaßen über Wasser zu halten. Genügen sie aber auch für die Kunst? Jeder, der den Weg der Kunst wählen möchte, sollte sich fragen, ob seine *Ausrüstung* schon taugt, um nicht am Applaus der Bewunderer zugrunde zu gehen. Die Aufgabe des Künstlers als Medium und Mittler ist doch, die Menschen an der Schönheit einer höheren Ordnung teilhaben zu lassen. Um dieser Aufgabe gerecht zu werden, sollte der Künstler seine eigene Ordnung herstellen und selbst *rein* sein, zumindest im Zustand eigenen Schaffens. Niemals darf er seinen Blick dabei auf das Publikum richten. Er muß sich zu seiner innersten Quelle wenden. Diese allein nährt ihn und kann ihn immunisieren. Wie aber soll in unserem gesellschaftlichen Klima noch Kunst entstehen können, da die Medien im Dienste des Marktes stehen und der Markt, immer auf der Suche nach einem möglichst breiten Publikum, bestimmt, was verbreitet wird. Wo nur Quoten zählen, gilt der kleinste gemeinsame Nenner der größtmöglichen Masse. Oder man schätzt, was nur absurd und abwegig genug ist, um damit noch eine weitere Sensation zu erzielen. Doch auch das läuft sich irgendwann einmal tot. Nicht mehr die Menschen kommen heute zum Künstler, sondern der Künstler wird von den Marktstrategen, denen die Kunst an sich meist egal ist, gezwungen, den Menschen wie ein Gaukler hinterherzulaufen, um ihre diffusen Instinkte zu bedienen. Er wird von ihnen genötigt, mit Blick auf das Publikum, mit Blick auf den Markt zu schaffen. Wie aber soll der Mensch in diesem Klima die Kunst hochhalten, wenn es ihm so leichtgemacht wird, sie zu sich herabzuziehen? Woher sollte er sie überhaupt kennen? Ist sie bereits tot in unserem Jahrhundert, zugrunde gegangen an dem, was wir heute Demokratie nennen?

Dann müssen wir weiter vorangehen, weg von diesem *Marktplatz* zu einer Demokratie, in der wir uns nicht allein darauf beschränken, daß wir alle vier Jahre unsere Stimme abgeben, weggeben – was wiederum heißt, daß wir keine mehr haben – und still halten, solange es noch alles zu kaufen gibt, was käuflich ist. Wir bräuchten vielmehr eine Demokratie, die sich nicht allein mit der Befreiung von der äußeren Vorherrschaft einer privilegierten Adelsschicht begnügt und sich seitdem der eigenen Mittelmäßigkeit erfreut, sondern eine, in der sich jeder einzelne um gewissen Adel bemüht. Ohne diese Voraussetzung versinken sowohl das Volk wie auch der Künstler in einer

Barbarei, wie es sie noch nie gegeben hat, in dieser Zeit, in der wir uns aller verbindlichen Werte beinahe entledigt haben, und das weltweit, im zunehmenden globalen Einerlei. Denn was bleibt übrig vom Menschen, wenn er nur noch seinen Geschäften nachgeht, falls er nicht gerade beim *shopping* ist, fernsieht oder sich einem anderen *Amusement* widmet, das seiner Trägheit und seinen niedersten Instinkten auch den letzten Widerstand versagt?

Und wenn wir uns fragen, wodurch zeichnet sich dagegen dieser *Adel* aus, dann ist es schlicht und einfach *die Schönheit der Seele.* Adel kann heute nur noch die *Königswürde unseres wahren Selbst* bedeuten. Alles andere liefe ja auf neue Dünkel des Egos hinaus. Das bedeutet, die Fähigkeit zu entwickeln, aus sich selbst heraus Werte zu schöpfen und sich an diesen Werten zu messen, was auch heilsam immunisierend gegenüber der Meinung anderer ist. Werte wie Taten sollen vor dem Licht unseres Herzens bestehen können. Es bedeutet Achtsamkeit gegenüber diesen Werten und Haltung anstatt Trägheit, Zeitgeist und Opportunismus. Was soll das schon für ein Geist sein, der heute so ist und morgen anders? Wer bereits ahnt, was Schönheit ist, und spürt, daß er sie in sich finden, aus sich heraus schöpfen kann, dreht sich nicht mehr mit dem Wind – wenn, dann höchstens zum Schein, um andere nicht zu kränken, und hat sich bereits in gewissem Maße selbst gefunden. So entstehen Selbstachtung und Homogenität in und zwischen unseren inneren und äußeren Gärten, also Integrität und schließlich Selbstliebe.

Ohne daß wir eigenverantwortlich unsere Individuation vorantreiben und unsere inneren Potentiale entfalten, ohne daß wir unermüdlich nach Vollkommenheit und Umwandlung unserer gröberen Anteile streben, werden wir uns nur schwer mit unserem *inwendigen Menschen* vereinigen können und somit den *Rückweg in das verlorene Paradies* finden. Nur wer einen Weg hat, hat auch Werte. *Nur vor einem Weg tun sich die Kategorien Gut und Schlecht, Richtig und Falsch auf. Und ist nicht unser wahrer Weg immer der Weg zu unserem wahren Selbst?*, wie einer meiner Lehrer zu sagen pflegte.

Wenn Sie mich nun fragen: Welcher Mensch maßt sich an, solche Zeilen zu schreiben, kann ich nur antworten: Jemand, der gerade dabei ist, sich von den Mißverständnissen seiner Zeit zu befreien, die seiner Jugend ihren Stempel aufgeprägt hat, jemand, der sich bemüht, auf seinem Weg nach und nach mehr Fuß zu fassen. *Denn das sind nur einige Gedanken auf dem Weg, meinem eigenen,* den ich noch lange nicht zu Ende gegangen bin; und was die Anmaßung betrifft, haben Sie sicherlich recht: Ich *maße* sie mir an. Oder vielleicht sollte ich besser sagen: *Sie nehmen Maß an mir.*

»Vieles in euch ist noch Mensch, und vieles in euch ist noch nicht Mensch, sondern ein formloser Zwerg, der im Nebel schlafwandelt und nach seinem Erwachen sucht.« (Khalil Gibran)

Doch wer sucht wirklich?

Die Ernte – Der Schatz des Gärtners

144 Essenzen aus dem Wiesengrund

Wozu brauchen wir künstliche Erlebnis-Welten? Legen wir selbst wieder blühende Gärten an – innen wie außen.

Niemand kann uns sagen, wie *unser* Garten aussieht. Darum müssen wir lernen, auf die inneren Sehnsuchtsstimmen zu hören und ihnen zu folgen, um unser eigenes Wesen zu entdecken und auszudrücken.

Kein Ratgeberbuch kann Ihnen vermitteln, wie Ihr Garten aussieht. Schreiben Sie dieses Buch selbst, als Resultat des Dialoges zwischen Ihren Eingebungen und den Erfahrungen aus den Versuchen ihrer Umsetzung.

Kreativität ist ein lebenslanges Abenteuer, das wir nur finden, wenn wir bereit sind, auf Normlösungen zu verzichten. Der allgemeine Weg ist der Weg der Masse, die keinen Weg hat.
Der Weg ist zwar das Ziel, wer aber kein Ziel hat, hat auch keinen Weg.

Unser größter Lehrer ist die Natur. Wer sie liebt, schaut in ihre Tiefe, lernt so ihre Sprache zu verstehen und ihre geheimen Botschaften zu enträtseln. Ihre verborgene Wurzel ist auch die unsere. Der Gärtner, der das erkennt, weiß, welchen Boden er bearbeitet.

Erschafft der Gärtner seinen Garten oder verhält es sich umgekehrt? Warum wollen wir schnell etwas beenden, was nur ein lebenslanger Vorgang sein kann? Ihr Garten wird an Ihnen, und Sie werden an Ihrem Garten.

Wenn der Mensch nur als Werdender ganz Mensch ist, wie sollte er dann einen fertigen Garten sein eigen nennen?

Die Grundstruktur eines Gartens ist wie ein Skelett, das von der sinnlich verspielten Natur bemäntelt wird und deren *Akkorden* Rhythmus verleiht. Wie ein Komponist entdeckt der Gärtner Rhythmus und Melodie, um sie harmonisch zu vereinen.

Ein alter Hausbaum kann ein neues Gebäude schneller beseelen. Darum bewahren Sie, wenn möglich, alten Baumbestand.

In der Verwendung natürlicher und weitestgehend naturbelassener Materialien drückt sich die organische Weiterführung natürlicher Gestaltung durch den menschlichen Willen aus. Das ist *eine* wesentliche Voraussetzung für eine harmonische Vereinigung von Mensch, Kunst, Zivilisation und Natur.

Haus und Garten sollten immer eine Einheit bilden, auch mit der sie umgebenden Landschaft und organisch gewachsenen Architektur, sofern sie noch erhalten ist. Dabei leisten uns natürliche und traditionell verwendete Materialien beste Dienste.

Die Natur ist in ihrer Einfachheit und Klarheit vollendet. Lernen wir von ihr und unterlassen jegliches *Künsteln.*

Üblich sind heute Haus und Garten vom Fließband. Seien Sie sich dafür zu schade, denn beide sollen Ihre individuelle Seele beherbergen, für kurze Zeit auf Ihrer langen Reise.

Alle Materialien, die Sie in Haus und Garten verbauen, werden täglich auf Sie einwirken, vielleicht ein Leben lang. Vermeiden Sie daher alles Künstliche und Unbeseelte, das Ihrem inneren Garten nur Kraft und Leben entziehen würde.

Das Natürliche um uns her lädt das Lebendige in uns ein und holt es hervor. Alles genormt Sterile verletzt die Seele und drängt sie in die Bewußtlosigkeit ab.

Ihr Garten formt sich aus dem Echo der Stimmen, die aus Ihrem Inneren der Natur Antwort geben. Komponieren Sie die Symphonie Ihres ganz besonderen Gartens.

Wenn Sie einen Garten anlegen, verbinden Sie sich durch einen individuellen Gestaltungsprozeß mit allem, was aus der Natur zu Ihnen spricht, Sie am eindringlichsten anspricht.

Der Gärtner kopiert niemals die Natur. Er inszeniert seine persönliche Liebesbeziehung zu ihr.

Jede Einzelheit der Natur bringt einen anderen Ton in uns zum Klingen. Wir lernen an ihrer Ganzheit unseren inneren Kosmos kennen. Während die Natur auf der Tastatur unserer Seele spielt und sie uns dadurch entdeckt, rührt dieses Lied an etwas, das sowohl über ihr wie auch über uns selbst steht.

Einen Garten anzulegen ist wie ein Bild zu malen. Wenn Sie noch unsicher sind, können Sie damit beginnen, die Palette vorzubereiten und die Farben zu mischen, indem Sie alles, was Sie ansprechend finden, erst provisorisch einpflanzen und durch das Jahr hindurch auf sich wirken lassen. So offenbaren sich diese *Farben* im Wechselspiel ihrer Nuancen und vermehren sich zugleich auch noch dabei.

Wenn sich bei Ihnen noch keine Vorstellung von ihrem Garten eingestellt hat, machen Sie es wie ein Kind. Spielen Sie mit den Elementen der Natur, gruppieren Sie, ändern Sie und gestalten Sie um – immer aus reiner Spielfreude, bis die Ideen von sich aus an Sie herantreten. Es ist so einfach.

Falls Sie keine Zeit für die Arbeit im Garten finden, erfreuen Sie sich wenigstens an seiner Wildnis. Doch machen Sie die Natur niemals zu einem Problem. Das hat sie nicht verdient. Sie braucht Sie nicht. Gern behilft sie sich auch selbst.

Ein Berufsgärtner besitzt zwar Fachkenntnisse, wie aber sollte er wissen, wie *Ihr* Garten aussieht? Er kennt das Handwerk. Doch warum sollte er kreativer sein als Sie? Und wäre er es tatsächlich, was hätten Sie dann davon, außer einen fremden Garten? Sie würden ja auch nicht den Maurer, der Ihr Haus gebaut hat, dessen Räume einrichten lassen.

Im Mittelpunkt ihres Strebens sollte nicht ein schöner Garten stehen. Vielmehr geht es um die Spur, die das gestaltende Suchen danach in Ihrem Inneren hinterläßt. Diese Spur führt zu Ihnen selbst.

Jede Beziehung benötigt Zeit, Interesse und Aufmerksamkeit, Einfühlungsbereitschaft und Geduld. Beherzigen wir das auch im Umgang mit der Natur, werden wir bald über das nötige Wissen des Gärtners verfügen.

Der Gärtner gleicht einem Tänzer, der die Natur wie seine Geliebte führt. Dabei muß er sich zu ihr hin ausrichten, nach ihr orientieren. Der Führende nimmt Rücksicht auf den Folgenden. Ein vollendeter Tanz kann nur ein Miteinander, nie ein Gegeneinander sein.

Eine vollendete Gestaltung beinhaltet und versöhnt die Extreme, um sie aussagekräftig, in ästhetischer Weise zu inszenieren, aneinander zur Geltung kommen zu lassen und als Ganzheit erkennbar zu machen.

Wie der Baum führt uns auch der *stellare Garten* des Sonnensystems die harmonische Vereinigung der Gegensätze, ihr Gleichgewicht zueinander innerhalb eines übergeordneten Ganzen, vor Augen. Die Rotation der Erde sorgt für den Wechsel von Tag und Nacht, die geneigte Erdachse auf ihrer Umlaufbahn beschert uns das dynamische Wechselspiel der Jahreszeiten; letztere ist selbst Ausdruck des Gleichgewichts zweier entgegengerichteter Kräfte: Zentrifugal- und Gravitationskraft.

Oft bergen heutige Gärten dieselbe leblose Uniformität, die auch alle anderen Bereiche kennzeichnet. Wenn wir es nur zulassen, kann die Natur an unsere innere Wurzel rühren und die Sehnsucht nach dem Lebendigen und Echten wieder wecken.

Vielfalt belebt und schafft Kontraste. Dialog entsteht zwischen Gegensätzen. Korrespondenz und Harmonie bilden sich, wo jegliche plattwalzende Dominanz vermieden wird und jedes Teil über ausreichend Platz zu seiner Entfaltung verfügt. Danach kann man einen Garten anlegen, aber auch alles andere im Leben gestalten.

Gärten anlegen bedeutet, die Natur *nachzudichten,* das uns Wesensverwandte in ihr aufzugreifen, *zu verdichten* und herauszukristallisieren.

Ein wahrer Gärtner ist immer auch ein mußevoller Künstler des Spaziergangs. Schauend lernt er in der Hingabe an die Natur ihre Harmoniegesetze kennen, die er in seinen Gestaltungen auf immer neue Weise zur Anwendung bringt.

Ein Garten ist stets eine Einheit auf der Grundlage der Vielfalt. Während man einen Garten anlegt, lernt man ein Vielerlei zu einem harmonischen Ganzen zu verbinden. Wohlgemerkt: Man muß es nicht schon vorher können.

Die Idee ist mehr wert als bloße Erfahrung. Erst ihre konsequente Anwendung verhilft uns zu neuer Erfahrung und erschließt uns bis dahin ungeahnte Gärten.

Der Gärtner begreift bald, daß das *harmonische Ganze* weder in der Natur noch im menschlichen Leben als statisches Gebilde vorkommt. Es verlangt nach mitgehender Berücksichtigung aller Lebensprozesse und anhaltender Kultivierung, es sei denn, man überläßt es der Natur allein, an gegebener Stelle ihre eigene Harmonie hervorzubringen.

In Büchern finden wir oft das ausgedrückt, was wir empfinden. Wir erblicken in ihnen unseren Garten durch fremde Augen. Doch irgendwann müssen wir alles hinter uns lassen, was wir je gelesen haben, damit wir unseren Garten mit eigenen Augen sehen lernen.

E*in Buch ist wie ein Garten, den man in der Tasche trägt«,* sagt ein arabisches Sprichwort. Lesen wir ein Buch, betreten wir den *Spiegelsaal der Reflexion*. Wandeln wir aber durch die Natur, nähern wir uns dem Urgrund allen Seins direkt. Im Garten wirken die Kräfte der Natur, was ihn zu einem großen Weisheitsbuch macht.

Über die Jahre hinweg wächst die Seele des Gärtners in den Garten hinein, und der Garten senkt seine Wurzeln tief in das Erdreich seiner Seele.

Die Natur ist tief beseelt. In verwandtschaftlicher Weise bringt sie unsere eigene Seele zum Mitschwingen. Weil ihr innerstes Wesen selbst kreativ ist, beflügelt sie uns, Gärten anzulegen.

Wie sollen wir über etwas hinauswachsen, an das wir noch nicht einmal heranreichen? Lernen wir doch zuerst einmal, alles Lebendige, alles, was sich selbst wahr ist, wie die Kinder und die Natur zu ehren, zu achten und zu lieben.

In unserem Streben nach konventioneller Aufgeräumtheit übersehen wir nicht selten die tiefere Ordnung der Natur. Unser Garten soll aber nicht zu einem Pflegefall werden, und wir nicht zu seinem Arbeitssklaven.

Den passenden Zaun für Ihren Garten zu finden bedeutet, den richtigen Rahmen für das Bild Ihrer Gestaltung zu wählen. Immer aber paßt zur Natur nur das Natürliche.

Der Garten ist ein Spiegel der Seele. Er läßt erahnen, ob sein Gärtner es liebt, in überfließender Fülle zu schwelgen oder ob er eher zu rigider Eindämmung und Lebenskargheit neigt.

Folgen wir unserer Empfindsamkeit und Lebendigkeit zurück zu ihrer Quelle, so gelangen wir zu unserem inneren Kind. Nirgends durchbrechen wir die Verkrustungen und Erstarrungen des Erwachsenen-Daseins wieder leichter als im tätigen Umgang mit der Natur.

Das Kind, das noch in uns lebt, ist der Träger unserer kreativen Kraft. Deshalb muß der Gärtner sein inneres Kind befreien, um die Impulse zur Gestaltung zu wecken, seine inneren und äußeren Gärten zum Blühen zu bringen.

Erwachsene denken viel über richtig und falsch nach, anstatt einfach zu beginnen. Ein Kind traut sich und lernt Neues. Lernen Sie von den Kindern, zweckfrei, aus reiner Spielfreude zu handeln, damit *Ihr* Garten Gestalt annehmen kann.

Wenn in unserem Seelengarten das innere Kind wieder den Thron besteigt und der Verstand Ministerrang erhält, kehren der Frühling und die Sonne bald dorthin zurück.

Wenn wir aufhören zu denken, wo wir fühlen sollten, und anderseits lernen, die Emotionen aus unserem Denken herauszuhalten, können wir Herz und Verstand in aller Klarheit und Bewußtheit zusammenführen; dann leuchtet das Licht in allen Regenbogenfarben durch unseren *inneren Kristallgarten.*

Fehlende Selbstliebe, die in der Mißachtung und Verletzung des inneren Kindes wurzelt, ist der beste Nährboden für Dornen und Unkraut in unserem inneren Garten. Deshalb müssen wir unser inneres Kind heilen.

Nur ein Kind kann ein Kind begreifen. Nur ein glückliches Kind kann seinem Sohn, seiner Tochter einen *kindgerechten Garten* bereiten.

Das Herz ist die Sonne des Seelengartens. Wo ihr Licht leuchtet, schwindet der Nebel. Deshalb ist das Herz das *Organ der Erkenntnis,* der Verstand nur sein Werkzeug.

Graben wir das Unkraut in unserem inneren Garten mit den Wurzeln aus, damit wir zum Gärtner unseres Bodens, zum Herren unseres Lebens werden.

Ein blühender Garten entsteht selten über Nacht. Wir können nur unseren Teil der Arbeit tun. Öffnen müssen sich die Blüten selbst.

Wir können lediglich den Boden bereiten und die Samen in die Erde bringen. Es hilft nicht, sie immer wieder auszugraben und nachzusehen, ob ihr Leben schon aus ihnen hervortritt. Doch immer werden wir ernten, was wir gesät haben.

Ein Baum schleppt auch nicht das Laub all seiner Jahre als immer schwerer werdende Bürde durch sein Dasein. Deshalb bereinigen ebenso wir unseren inneren Garten immer wieder von Altlasten, indem wir Vergangenes sortieren, Verdorbenes wieder in Ordnung bringen und Überlebtes loslassen. Auf diesem *Humus* kann neues Leben wachsen.

Manches wächst in unserem Garten, was andere dort vor langer Zeit gesät haben, das nicht zu uns gehört. Und manches Unkraut haben wir selbst gesät. Graben wir ihn tief um, um uns alles Schädlichen zu entledigen.

Wo keine Erkenntnis mehr in den verhärteten Grund des inneren Gartens eindringt, hilft oft nur noch der harte Spaten des Schicksals, um uns noch einmal der Wahrheit und dem Leben zu öffnen. So gesehen kann ein schweres Los zum Hauptgewinn werden.

Wenn wir den *Garten des Königs* anlegen wollen, müssen wir uns unentwegt darin üben, die Schranken zu überwinden, hinter die man uns verwiesen hat. Andernfalls rechtfertigen wir unser Minderwertigkeitsgefühl rückwirkend.

Wer sich von Zwecken beherrschen läßt, degradiert sein Leben zum Mittel. So bringt man keinen Garten zum Blühen. Was würde es Ihnen nutzen, die ganze Welt zu gewinnen, solange Ihnen der Zutritt zu *Ihrem* Garten noch verwehrt bleibt?

Nicht darin zeigt sich Größe, die Welt zu erobern, sondern daß wir sie um einen Garten zu bereichern vermögen.

Einen Garten erkennen wir in den Augenblicken, in denen er uns aufnimmt und in sich hineinnimmt. Er offenbart sich in unserer eigenen Präsenz, die durch sein geistiges Wesen, seine Dichte und die Intensität seiner Kraft herausgefordert wird, durch die Augenblicke, die er uns darbietet.

Wenn es uns nicht möglich ist, unsere Kerkermauern zu zerbrechen, müssen wir unseren Garten eben hinter Gitterstäben zum Blühen bringen. Denn nicht zu blühen, ist das schlimmste Gefängnis.

Was heißt hier Unkraut? Das läßt sich wohl nur beantworten, wenn von unserem inneren Garten die Rede ist. Es gibt überall Schönheit in der Natur. Wir müssen nur die Augen öffnen.

Die Natur leert uns innerlich, wodurch wir zum Klangkörper werden können, auf dem etwas Großes unsere unverwechselbare Musik erklingen lassen kann. In dieser Symphonie finden wir auch die *Melodie unseres Gartens.*

Erwecken wir unseren Seelengarten in der Natur zum Leben; machen wir ihn nicht zum betonierten Parkplatz für das neue Einkaufszentrum.

Die Natur bringt uns zwar mit dem inneren Garten in Berührung, vollenden kann er sich aber nur, wenn wir uns auf *unserem* Platz verankern in der Gemeinschaft mit Menschen, dort unsere Autonomie wahren lernen, Verantwortung übernehmen, verbindlich und authentisch sind und am liebevollen Austausch *wachsen.*

Wir sollten lieber nichts von anderen erwarten; sie können uns höchstens geben, was sie selbst besitzen. Mehren wir statt dessen die Blumen im eigenen Garten; darauf haben wir Einfluß. Ohnehin zieht nach dem Gesetz der Resonanz doch Fülle immer nur die Fülle an.

Die Natur zu lieben, nimmt uns in die Pflicht, sie zu bewahren. Wer nicht schützt, was er liebt, verrät überdies auch noch die Liebe.

Ist es nicht widersinnig, sich der Natur im eigenen Garten in aller Sentimentalität zu widmen, außerhalb davon aber durch unser sonstiges Konsumverhalten wenig Rücksicht auf sie zu nehmen?

Liegt nicht eine bittere Ironie gerade darin, daß die Naturliebe des Gärtners mit dazu beiträgt, daß natürliche Moor- und Heidelandschaften unwiederbringlich zerstört werden, weil er nicht auf die Verwendung von Torfprodukten, zu denen auch die meisten Fertigerden gehören, verzichten möchte?

Nicht selten kompromittiert der Gärtner die Natur in seinem Garten, indem er sie in die Rolle der Umweltsünderin drängt. Verzichten wir auf Kunstdünger, Pestizide und andere schädliche Substanzen. Es gibt keine bequemen Lösungen dieser Art. Ihr Schaden ist größer als ihr Nutzen.

Das Leben fördern heißt, nicht in seine Ordnung eingreifen, sondern sie erkennen, sie unterstützen und sich mit ihr in Einklang bringen.

Die Natur ist unaufdringlich. Irgendwann kehrt ohnehin jeder zu ihr zurück, wenn nicht aus Einsicht, dann eben im Sarge.

Die Natur zu spüren heißt,
sich selbst zu spüren.

Alles in der Natur ist Oberfläche, zugleich aber auch Chiffre, die auf einen tieferen Sinn verweist. Nur die innige Beziehung zu den Dingen offenbart uns ihre Geheimnisse. Der Gärtner vertieft diese Beziehung, indem er in seinem Garten mit der Natur zusammenarbeitet.

Zu säen, zu kultivieren und zu ernten vertieft die Wahrnehmung für die Grundlagen unseres Daseins, macht unsere Einbindung in *das Ganze* und die Einheit allen Lebens bewußter.

Wenn wir einen Teil unserer Nahrung im Garten wieder selbst heranziehen, vertiefen wir das Bewußtsein für unsere Einbindung in die großen kosmischen Zusammenhänge auf sinnliche Weise. So verringern wir auch die Entfremdung zu den Grundlagen unseres Daseins.

Wir können den Boden kultivieren, Wachstum unterstützen, Fruchtbarkeit fördern, doch wir können das Leben selbst nicht *tun.* Wir müssen es *lassen,* damit es sich entfalten kann. Wir können nur ein guter Gastgeber sein, wissend, daß wir auch selbst Gast sind in einem viel größeren Garten.

Die Wiese auf einer Lichtung kann in ihrer Vielfalt und Tiefe wie ein unendliches, wogendes Meer zwischen dunklen Ufern erscheinen. Wird sie abgemäht, liegt nur noch eine überschaubare Fläche monotonen Grünes zwischen uns und dem nächsten Waldrand. Verhält es sich mit dem Leben nicht ebenso?

Wenn man dem Menschen verbietet, die wenigen Wiesen zu betreten, die es noch gibt, könnte man ihm ebenso gleich zu atmen verbieten. Wenn uns die Wiesen ein so kostbares Gut sind, warum legen wir dann nicht einfach mehr davon an?

Wenn ein Mensch durch eine Wiese geht, nimmt er mit jedem Schritt neue Lebendigkeit in sich auf und nährt dadurch sein inneres Leben. Doch jeder seiner Schritte bringt der verborgenen Welt auf dem Wiesengrund Zerstörung und Tod. So untrennbar greifen Leben und Tod ineinander.

Nicht der Tod ist der Gegner des Lebens, dafür aber alles Leblose im Menschen und das, was er durch seine Lebensfremdheit aus sich hervorbringt.

Zarte, weiche Pflanzen können dicke Asphaltdecken aufbrechen, weil sie das Leben auf ihrer Seite haben. Es wäre so einfach, wenn …

Unser Garten bleibt kaum mehr als nur ein Fenster, an dem das Leben stumm vorübergeht, wenn wir nicht den Mut finden, uns selbst auf *»Stirb und werde«,* auf den Tanz der Verwandlung, einzulassen.

Vielleicht sollten wir die Rose, uraltes Symbol der Liebe, nicht allzusehr überzüchten. Schon manche hat dabei das Mysterium ihres unergründlichen Duftes eingebüßt.

Wieviel Zeit opfern wir Dingen, die Geld kosten, für die wir eine Arbeit auf uns nehmen müssen, die den meisten Erfüllung versagt, und wie oft gehen wir dabei achtlos an den Geschenken des Lebens vorüber, wie der Zeit für Muße und Stille und den Blumen in unserem Garten?

Der Gärtner der Philosophie pflegt seinen Geist täglich selbst, damit nicht andere sein Gehirn waschen.

Auf dem Weg des Lebens gibt es weder äußeren Gewinn noch äußeren Verlust. Unser Gewinn ist, ihn zu beschreiten, indem wir ohne Aufhebens dem stillen Ruf nach Vollendung folgen.

Unser Inneres läßt sich nicht kultivieren, wenn wir das Äußere vernachlässigen. Ein Baum wächst auch nicht nur nach oben, sondern zugleich in die Tiefe der Erde. Die Pflanze muß sich in ihrem Boden, der Mensch in seiner Aufgabe verwurzeln, an der er wachsen kann.

Pflanzen mobilisieren alle Kräfte, um aus der Dunkelheit und der drängenden Enge des Dickichts zum Licht emporzuwachsen. Nur der Mensch vergeudet seine Kraft und Zeit mit Jammern und Gezeter, richtet sich dabei in seinem Elend gemütlich ein.

Der Baum führt die Stoffe der Erde aus ihrem Dunkel zum Licht, nach dem er sich immer ausrichtet. Dabei bringt er das Licht in die Dunkelheit der Materie, in welche er eindringt, in der er sich tiefer und tiefer verankert, die er in sich aufnimmt und transformiert – welch ein großer Lehrer für den Menschen.

All das, was der Baum aufnimmt, muß er in seinen lebenden Organismus, als lebendigen Teil davon, integrieren, damit es sich dort nicht als unbelebter Fremdkörper ablagert und die Bahnen, in denen seine Lebenskraft zirkuliert, verstopft und blockiert. Warum nur glauben wir dagegen, daß es den Kindern hilft, wenn wir sie in den Schulen mit *totem Wissen überfüttern?*

Erdung, Verwurzelung, Aufnahme und Austausch, Umwandlung, Integration und Aufstieg zum Licht schließen im Werden des Baumes Kreis um Kreis, ohne Unterlaß – und wir?

Der Baum führt uns die Vereinigung von Himmel und Erde vor Augen. An seinem Beispiel lernen wir die harmonische Durchdringung der Gegensätze zu einer neuen Ganzheit hin begreifen.

In den Jahresringen eines Baumes sind alle Stadien früheren Werdens präsent und verfügbar. Im Gegensatz zu uns zieht der Baum aus all seinen Schichten Kraft und Nutzen. Erringen wir uns die Kraft und Fülle all dessen zurück, was sich im Lauf der Zeit aus unserem Bewußtsein abgespalten hat, um uns der Fülle unseres ganzen Lebens zu nähern.

Wer schnell emporstrebt, ohne jeden Wachstumsschritt zu festigen, wie uns das der Baum vor Augen führt, knickt leicht im Sturm ein.

Entfaltung, Ausbildung und Verwirklichung eines jeden Blattes bescheren dem Baum einen Rückfluß der im Blatt gewonnenen ›Assimilate‹, was wiederum auch dem einzelnen Blatt zugute kommt, da es über den Baum Wasser und Nährstoffe aus der Erde erhält. Mit Menschheit und Natur ist es, günstigstenfalls, nicht anders: Entwicklung und Wachstum jedes einzelnen bringen das ›Ganze‹ voran, welches uns alle trägt und nährt.

Der schönste Garten kann zu einem Ort der Qual für einen Menschen werden, der sich *seinen* Boden im Leben, auf dem er selbst wachsen kann, noch nicht verfügbar gemacht hat.

Jeder Boden besitzt seine eigene Zusammensetzung, Qualität und innere Ordnung, doch nicht jede Pflanze gedeiht und blüht auf jedem Boden. Um wieviel mehr noch gilt das für die Menschenpflanze?

Wir können von keinem anderen Grund aus unser Wachstum entfalten als jenem, auf den uns das Leben gestellt hat. Deshalb sollten wir Frieden mit unserer Herkunft schließen und *diesen Boden* bereinigen, ihn bearbeiten, um uns sein Potential zu erschließen.

Sind wir nicht alle Zweige desselben Baumes und teilen die gleiche Wurzel? Jedes Wesen ist nur eine Flamme des großen Feuers. Wer könnte sagen, daß der Ast nicht dem Baum, die Flamme nicht dem Feuer angehört?

Unsere Individualität wächst und entfaltet sich in dem Maße, wie das Leben an Bewußtsein zunimmt und sich zum GEIST hin entwickelt, wie eine Blüte, die sich den Strahlen der Sonne öffnet und dabei ihr Gesicht zeigt.

Gärten erschließen uns den Reichtum unserer Seele und schenken neue Kraft. Bewähren und vollenden müssen sich diese Qualitäten aber tatkräftig auf unserem Weg durch das Leben.

Der Garten dient uns auch als Rückzugsort für den Dialog mit den höheren Ebenen in uns, als Raum der Stille und Kontemplation. Doch wenn er zum Ort der Lebensvermeidung und andauernden Weltflucht wird, mißbrauchen wir ihn, um in schöngeistiger Weise weite Teile unseres inneren Gartens brach und unbearbeitet liegenzulassen.

Der Garten kann dem Gärtner auch als Brücke zu anderen Menschen dienen: Wenn er sie dorthin einlädt, läßt er sie an seinem Inneren teilhaben. Zugleich bietet er ihnen einen *Raum,* in dem sie sich selbst öffnen können.

In den Gärten fällt es leichter, in Dialog miteinander zu treten, da wir an solchen Orten offener und entspannter sind, bereitwilliger miteinander umgehen. Deshalb sind Gärten auch der ideale Ort für schwierige Konferenzen und Verhandlungen.

Weil die Schönheit der Gärten uns magisch anzieht, geraten sie für den *Gärtner,* der nicht aus der Fülle in sich selbst schöpft, zuweilen zu Orten der Verführung. Manipulation läuft aber der Liebe zuwider.

Wo zwei sich einen Garten teilen, gilt erst recht: Es wächst nur zusammen, was auch alleine Bestand hat. Um gut zu vereinen, muß man die Ebenen klar trennen. Jeder braucht eigenen Boden, auf dem er sich erprobt, sein Inneres ausdrückt, seine Individualität am Widerstand der selbsterwählten Materie ausgestaltet und die Kraft schöpft, die ihm durch schöpferisches Tun aus der inneren Quelle zufließt.

Nur wenn jeder seinen Garten zum Blühen bringt, kann man einander bereichern und inspirieren, nicht, indem man sich, wie das in vielen Beziehungen geschieht, gegenseitig den Boden abgräbt.

Zwei Gärtner können sich in ihrer Kunst nur dann aneinander vollenden, wenn jeder frei und eigenverantwortlich seinen Garten gestaltet. Dieses Modell ist auch Bedingung dafür, daß zwei in einen gemeinsamen *Garten des Eros* eintreten können, ohne die Rosen dort schon bald zu verwüsten.

Eine Rose braucht Stacheln zu ihrem Schutz, doch Stacheln allein gewährleisten noch lange nicht, daß auch Rosen erblühen.

Liebe verlangt, nicht nur die Vase der Geliebten mit meinen Blumen zu füllen; sie verlangt an erster Stelle, sie darin zu unterstützen, daß in ihrem Garten die eigenen Blumen wachsen können. Liebe will die Geliebte reich sehen, nicht abhängig von meinen Geschenken.

In wie vielen Beziehungen halten sich die Menschen aneinander fest, halten dadurch auch den anderen fest? Das ist der sicherste Weg, sich gegenseitig von den eigenen Feldern fernzuhalten. Das ist, was die Liebe niemals sein kann, unfruchtbar, weil vereinnahmend.

In fremden Gärten suchen wir, was in unserem Garten noch fehlt. Daran lernen wir. Doch finden werden wir es nur, wenn wir es im eigenen Garten zur Blüte gebracht haben.

Gärtner Eros kann uns in den Garten der Einheit und Ganzheit führen; doch damit wir in diesem Garten bleiben dürfen, müssen wir ihn erst in uns selbst erringen. Nur wer auf dem eigenen Weg zu seiner Ganzheit heranwächst, kann auch vollwertiger Teil einer übergeordneten Ganzheit werden.

Ist es nicht schöner, jeder vollendet den eigenen Garten, bereit, voneinander zu lernen und dabei nach und nach einen gemeinsamen Bereich entstehen zu lassen, als zu zweit nur einen Garten anzulegen, der weder des einen noch des anderen ist? Wir müssen klar trennen, damit *zwei Ganzheiten* im Dialog und Austausch miteinander heranwachsen und so in aller Freiheit in einen übergeordneten Garten der Einheit eintreten können.

Gärtner Eros öffnet die Menschen durch die Liebe, die er weckt, für das tiefere Wesen der Natur und somit für ihre Einheit im GEIST, der sie auch selbst angehören. Spirituelle und erotische Hingabe wachsen aus derselben Wurzel und erlangen durch die Liebe erst ihre äußerste Fülle.

Im Garten der Liebe blüht der Augenblick und wird ganz voll, wie eine leuchtende Kugel, die uns umschließt. Wer aber sein Herz nicht öffnen kann, wird nie satt werden. Für ihn sind andere nur Mittel für seine Zwecke. Er bleibt ewig ein Landstreicher auf den staubigen, trockenen Straßen der Welt.

Machen wir unseren Garten zu einem gestaltgewordenen Liebesgedicht, in dem sich unser Wesen ausdrückt, durch das wir uns mittelbar geben können. Doch wichtiger als der äußere Garten ist die Frage, ob der innere Garten den Bedürfnissen der Liebe bereits genügt, damit er zu äußerem Blühen nicht im Widerspruch steht.

Eros entwächst der Sehnsucht nach Ganzheit. Liebe ist höchste Intelligenz und Schöpfungskraft, die uns aus der Quelle der Ganzheit entgegenflutet und trägt. Wenn der Eros mit der Liebe den Kreis in der Arbeit schließt, nähern wir uns, während der Reise auf unserem Weg, dem rückwärtigen Eingang zum verlorenen Paradies.

Liebe verbietet, den Garten des anderen zu vereinnahmen und so seine Entwicklung zu blockieren.

Immer wieder gibt es Menschen, die sich lieber um den Garten anderer kümmern wollen als um den eigenen. Deshalb benötigt auch unser Seelen- und Lebensgarten feste Zäune mit einladenden Toren, die leicht zu öffnen und leicht wieder zu verschließen sind.

Das Wesen eines Gartens lebt gerade auch durch sein geistiges Fluidum, seine Abgeschiedenheit; lassen wir es nicht zu, daß andere nach Belieben unsere Kreise stören.

Hüten wir uns vor Menschen, die nie gelernt haben, allein zu sein und ihr eigenes Feld zu bestellen, nur zu gerne vereinnahmen sie unsere inneren und äußeren Gärten.

Wer selbst keine Rosen kultiviert, kann auch keine als Gastgeschenk mitbringen. In solchen Gärten wuchern meist die Kletten.

Wo liebevolle Akzeptanz waltet, können Gartenzäune noch am leichtesten hingenommen werden. Eine strenge Abgrenzung, wo das unsere Entwicklung erfordert, verlangt im Gegenzug, immer auch wieder liebevoll auf diejenigen zuzugehen, denen wir unerbittlich die nötigen Grenzen setzen müssen – damit Abgrenzung nicht mit Ablehnung verwechselt wird.

Nähe zu Nachbarn, und seien sie noch so wunderbare Menschen, scheint mir fast unmöglich, weil sie in der Regel einfach zu nah sind. Vergessen wir nie, wenn sie uns auf die Nerven gehen, daß auch unsere Anwesenheit für sie eine Herausforderung darstellen muß. Doch Verständnis, Rücksicht und Toleranz können sogar unter Nachbarn mit der Zeit eine gewisse Nähe herbeiführen.

Liegt der tiefere Sinn aller irdischen Gärten nicht darin, daß sich an deren Herausforderungen der innere Garten heranformt? Doch ist der innere Garten wiederum die entscheidende Voraussetzung dafür, welche Gestalt und Qualität die äußeren Gärten annehmen. Nur eine starke Verbindung von Sehnsucht, Bewußtheit und Wille vermögen eine selbstverstärkende negative Wechselwirkung zu durchbrechen.

Im Tode löst sich der innere Garten von unseren äußeren ab und sucht sich nach dem Gesetz der Resonanz eine neue Umgebung, die ihm entspricht.

Dauerhafte Erfüllung finden wir nur in einem vollendeten Seelengarten, nicht in der wandelbaren Welt. An der Welt können wir uns aber vollenden. Doch wer innerlich von äußeren Ereignissen abhängig bleibt, muß immer damit rechnen, aus seinem *Paradies* wieder vertrieben zu werden.

Der Garten lehrt uns, für alles das richtige Maß zu finden. Zuviel Nährstoffe verbrennen die zarten Wurzeln, die unentwegt Neuland berühren, sowohl bei unseren Kindern wie auch bei jungen Pflanzen.

Wenn Sie die wahren Bedürfnisse einer Pflanze erkennen, anstatt die eigenen Vorstellungen und Wünsche zum Maßstab Ihres gärtnerischen Handelns zu erheben, kann sie unter Ihrer Fürsorge gedeihen und aufblühen. Mit Kindern ist das nicht anders.

Alles in der Natur kennt Maß und Proportion und findet von selbst zu harmonischer Entfaltung, wenn die Umstände es zulassen. Nur die menschliche Maßlosigkeit erzeugt pausenlos Ungleichgewichte.

Jede Kultur und *Bildung,* sei es im Garten oder in der Gesellschaft, sollte auf eine ganzheitliche Entfaltung ihrer Einzelwesen zielen. Deformation gibt es doch wahrlich überall schon genug.

Ist die Natur nicht mehr als bloße Verfügungsmasse menschlicher Launen? Zeugt diese Haltung nicht von Blindheit gegenüber dem Leben an sich?

Noch nie besaß der Mensch eine solche Freiheit, sich zu entfalten, noch nie war er zugleich stärker vom Verfall der Bedingungen bedroht, die sein Menschsein ausmachen. Ein Garten, in dem alles möglich und erlaubt ist, bietet ungeahnte Möglichkeiten, doch muß der Gärtner nun auch wachsam sein wie noch nie. Immer aber können wir von der Weisheit der Natur lernen und dadurch leichter Anbindung an die innere Quelle finden, die unseren Geist klärt.

Damit sich der Menschheitsgarten vollenden kann, müßten unsere Schulen zuerst fähige Gärtner ausbilden, anstatt nur funktionstüchtige Zahnrädchen für eine Maschinerie, die den Menschen verschlingt.

Die Gesellschaft ist unser Gesamtausdruck, der Garten, in dem die einzelne Menschenpflanze wächst. Doch der Mensch ist eine sonderbare Pflanze, die selbst zum Gärtner werden muß.

Der ideale Lehrer ist ein *Menschengärtner,* dem es gelingt, eine jede Pflanze auf den Weg *ihres* Wachstums zu bringen.

Der Garten liegt in uns,
als Möglichkeit.

Warum brennen wir nicht wie das blutrote Laub in den letzten sonnigen Tagen des Herbstes. Die Natur kennt auch nicht nur Pastelltöne; und sie gibt sich immer voll und ganz, behält nichts zurück.

Seien sie nicht traurig, wenn die Blüten welken, denn schon naht die Zeit der Ernte.

Die neun Wiesen-Grund-Sätze

D*er Realitäts-Grundsatz – als Meta-Aussage.* Wenn wir die neun Wiesen-Grund-Sätze als Samenkörner für unsere innere und äußere Entfaltung betrachten, dann wird der Boden, auf dem diese Samen aufgehen, durch unser Wollen und Tun bereitet. Der Wert eines Grundsatzes bemißt sich auch am Grad seiner Umsetzung in sämtliche Lebensbereiche.

1. *Der Werte-Grundsatz*
   Alles Leben ist göttlich. Leben ist das höchste Gut. Sein individueller Wert definiert sich nicht zuletzt über das entsprechende Entwicklungspotential zum Höchsten hin. Weisheit und Erkenntniskraft können nur im Einklang mit der Liebe errungen werden, da diese eins ist mit der Quelle allen Seins, die es uns zu erschließen gilt. Der Weg zu dieser Quelle führt über das innere Kind.

2. *Der Dialog-Grundsatz*
   Keine Beziehung funktioniert als Einbahnstraße, sondern nur in wechselseitigem Geben und Nehmen wie zwischen Gärtner und Garten, zwischen zwei Freunden oder Liebenden, zwischen Künstler und Werk, Lehrer und Schüler, Ich und Selbst, Körper, Seele und Geist, Mensch und spiritueller Quelle.

3. *Der Samenkorn-Grundsatz*
   Alle Bildung und Kultivierung respektieren immer das Individuum als absoluten Wert, richten sich an den Erfordernissen seiner Entfaltung und den *bestehenden Anlagen* aus, *anstatt Wesensfremdes aufzupfropfen.* Der Mensch kann nur zum eigenen Garten finden,

wo sich auch sein innerer Garten auf die ihm gemäße Weise entfalten darf. Das gilt für alle Bereiche.

4. *Der Entfaltungs-Grundsatz*
Der höchsten Entfaltung des Lebens den Weg zu öffnen, bedarf es intensiver Arbeit, doch können wir das Leben nicht tun, sondern müssen es zu Blüte und Frucht kommen *lassen*.

5. *Der Trenne-um-zu-einen-Grundsatz*
Die Grundlage für jeden Zusammenschluß ist das eigenverantwortlich Autonome. Beziehungen und Gruppen im positiven Sinne können sich nur bilden, wo die Autonomie des Individuums geachtet und gefördert wird, sich entwickelt.

6. *Der Ziel-Weg-Grundsatz*
Der Weg ist das Ziel, doch ohne Ziel gibt es keinen Weg. Erkenne, wohin deine Reise geht, und du erkennst dich selbst. Richte all dein Tun nur am Höchsten aus und gebe dein Bestes.

7. *Der Himmel-Erde-Grundsatz*
Ohne Gegensatzvereinigung gibt es kein harmonisches Wachstum, endet jeder Weg im Bereich der Einbildung und des Irrtums. Unter diesen Grundsatz fällt auch die Verbindung von erkennendem Bewußtsein und Verwirklichung, also materieller Umsetzung.

8. *Der Integritäts-Grundsatz*
Gegensätze an sich in unseren Gestaltungen zu vereinen ist nicht immer leicht, doch nicht alles, das in unseren inneren wie äußeren Gärten bereits Gestalt angenommen hat, ist überhaupt miteinander oder mit den Grundsätzen unserer Entfaltung vereinbar. Das gleiche gilt auch für die Gesamtheit unserer inneren und äußeren Gärten: wie innen, so außen. Integrität ist das Streben nach Einklang und bewußter Einheit in der Vielfalt.

9. *Der Kreativitäts-und-Quell-Grundsatz*
An der Quelle alles Schöpferischen in uns sitzt das innere Kind. In ihm drückt sich der ursprüngliche menschliche Impuls aus, eigene Welten zu erschaffen. Das offenbart sich in seiner Spielfreude.

Lilienzeit

Mensch und Natur im Geiste eines Menschengärtners

Ein Essay von Petra Steidl

Man schreibt das Jahr 1814. Junge Soldaten, unter ihnen Friedrich Fröbel (1782–1852), kehren vom Krieg zurück. Sie wandern heimwärts und durchqueren deutsche Lande. Friedrich ist erfüllt von einer ihm *»unerklärbaren, gewaltigen Sehnsucht«*, die ihn vorwärts, weiter treibt. Eines Tages betritt er einen Garten. Begeistert betrachtet er die kräftigen Gewächse und frischen Blumen. Doch als ihm alle Schönheit des Gartens *»wie in einem Blick vor die Seele tritt«*, steigt plötzlich eine Frage in ihm auf: *»Haben Sie denn keine Lilien in Ihrem Garten?«* Verwundert gibt der Besitzer zur Antwort: *»Nein. Wir haben sie auch nie vermißt.«* Ihm aber erscheint der Garten in seiner ganzen Pracht und Fülle ohne Lilie *»wie das vorüberbewegende bunte Leben ohne Einheit«*. Er weiß nun, wonach er sich sehnt, was er sucht *»im Bild der stillen, klaren, einfachen Lilie: der Seele Klarheit, des Herzens stillen Frieden, des Lebens Einklang«*.

Die Lilie wird als Symbol der *»Lebenseinigung«* sein Dasein bestimmen. Die Sehnsucht nach der *»Lilienzeit«*, der *»Zeit des Schwindens allen Widerspruchs«*, wird ihn sein ganzes Leben lang begleiten. Doch ihre Wurzeln liegen weit zurück. Der Same seines Denkens und Handelns ging früh, bereits in seiner Kindheit auf.

Gartenkind

Friedrich Fröbel wird in einem kleinen Bergdorf des Thüringer Waldes geboren. Noch ehe er sein erstes Lebensjahr durchlebt hat, stirbt die Mutter. Seine Kindheit taucht in Dunkelheit. Rückblickend schreibt er: *»Mein junges, für jeden Eindruck empfängliches Wesen wurde nun der Welt mit all ihren Mängeln und Gebrechen, Verdorben- und Verkehrtheiten in die Arme gegeben. Der Kampf mit mir und mit der Welt begann.«* Doch dieser lebenslange Kampf wird Frieden mehren, weil es ein Kampf besonderer Art, *»die größte Aufgabe des Menschen«* ist, *»Leben und Tod, Einigung und Trennung, Unsichtbares und Sichtbares zu einen; (...) die größten der Gegensätze (...) im eigenen Leben und durch das eigene Leben in ihre Widerspruchslosigkeit aufzulösen.«* Die Kindheit schlägt ihm schwere Wunden. Der Vater, Dorf- und Gemeindepfarrer, herrscht über Schule und Gemeinde mit streng dogmatischer Gläubigkeit. Sein allwaltender, moralischer Rigorismus hinterläßt bei Friedrich tiefe Spuren. Ein Welt- und Selbstverständnis, das von Sünde und Strafe bestimmt ist, ängstigt ihn, nimmt ihm die Luft zum Atmen, vergällt ihm alle Lust am Leben. Die Stiefmutter verweigert ihm das *Du,* und bis zum zehnten Lebensjahr ist ihm das Verlassen des Grundstücks und der Umgang mit den Dorfkindern verboten. Er zieht sich von der Welt zurück, ins einsame eigene Innere und beginnt, ein egozentrisch-eigenbrötlerisches Verhalten an den Tag zu legen. Er gilt als trotzig, böse. Aber drückt sich in diesem Verhalten nicht gerade die innere Widerstandskraft eines Kindes aus, das ahnungsvoll seine Würde und Freiheit bereits in jungen Jahren für sich zu beanspruchen sucht? Friedrich orientiert sich ganz aufs eigene Selbst. Später erinnert er sich: *»Unausgesetzte Selbstbeobachtung, Selbstbetrachtung und Selbsterziehung ist der Grundcharakter meines Lebens von frühe an gewesen und bis in die spätere Zeit (...) hinein geblieben (...) Ich lebte durch äußeren Zwang genötigt ein Leben in mir, bildete und entwickelte mich in mir, soviel es der kleine Raum erlaubte, in welchem es sich um sich selbst bewegte.«* Immerhin ist er von Kindesbeinen an gewohnt, mit sich selbst umzugehen, sich alleine zu beschäftigen. Am liebsten lebt und spielt er im Garten, in der Natur. Sie ist ihm einziger Halt, schenkt ihm Geborgenheit, wird ihm zur *zweiten Mutter,* zum Sinnbild allen Lebens. Er baut ein inniges, betrachtendes, gestaltendes Verhältnis zu ihr auf. Sein Blick richtet sich auf das Nahe. Die Pflanzen- und Blumenwelt wird Gegenstand seiner Beobachtung und seines Nachdenkens. Entdecken, Erforschen, Empfinden der Natur wird ihm zur Selbstverständlichkeit. Eine tiefe Sehnsucht nach Erkenntnis weckt seinen kindlichen Forscherdrang und bricht sich Bahn aus seiner aussichtslosen äußeren Situation. Sein schöpferischer Tatendrang erwacht. Er baut Bäche, Mühlgräben, Teiche, schnitzt und zimmert. Die Natur bringt Licht und Liebe, Aufgabe und Sinn in sein junges Leben. Schließlich befreit ihn der Bruder seiner Mutter aus dem engen Elternhaus, nimmt ihn zu sich und fördert ihn. Endlich kann ein freies, bildendes Leben beginnen! Friedrich tritt eine Försterlehre an, ist in der Landwirtschaft tätig, legt umfangreiche Pflanzen- und Steinsammlungen an, vertieft sich in Abhandlungen über Forstwirtschaft, Mathematik und zeichnet Landkarten der Umgebung. Er geht ganz in seinem *»Ideal des Landmannes«* auf, will Bauer, Jäger, Förster, Feldmesser zugleich sein. Seine Naturbeschäftigungen erweitern sich. Und dennoch hält er an der *Selbsterziehung* fest. Obwohl er nicht mehr an einem *»äußeren Zwang«*, an *»störenden feindlichen Einwirkungen von außen«* leiden muß, will er doch sein *»inneres Leben«* leben und gestalten, *»die Welt nach seiner eigenen Ansicht in sich aufnehmen, sie ungestört und in Ruhe von innen heraus ausbilden«*. So analysiert, zerlegt, erforscht er die Einzeldinge der Natur, die Steine, Kristalle, Pflanzen und Blumen. Zugleich entwickelt er ein tiefes, fast mystisches Empfinden der Natur. Sie ist ihm *große Einheit,* überall. Er will *erspüren,* was allem Seienden zugrunde liegt, er ahnt die unsichtbare Quelle, die alles eint. So *taucht* er *ein* in Landschaften, *ruht* in Gegenden und geht im *All-Sein* auf: *»Himmel und Erde floß mir in dieser glücklichen Zeit grenzenlos zusammen«,* äußert er emphatisch. Doch immer nachhaltiger drängt die aus der Kindheit und Jugend unbestimmte, ahnungsvolle Naturverbundenheit nach klarem Bewußtsein. Er beginnt Naturwissenschaften, vor allem Botanik und Chemie zu studieren und widmet sich schließlich der Pädagogik. Zu dieser Zeit verewigt er sich im Stammbuch eines Freundes mit einer Eintragung, die in dunkler Vorahnung Lebensweg und -ziel vorzeichnet: *»Mich treibe es rastlos durch die Welt, und nur so viel Zeit zur Ruhe und Erholung vergönne es mir, als nötig ist, um meinen Standpunkt zu der Welt und den Menschen erkennen zu können. Mein Streben sei,* (den) *Menschen* (sich) *selbst zu geben.«* Er wird Erzieher und Lehrer an einer Schule und seinen nun klar vor Augen stehenden Beruf versteht er als *»Berufung«*. Endlich hat er das *»lang Ersehnte, lang Vermißte«,* das *»Element seines Lebens«* gefunden. Nun ist ihm *»wie dem Fisch im Wasser, dem Vogel in der Luft«*. Er lernt Theorie und Praxis des großen Pädagogen *Johann Heinrich Pestalozz*i kennen und beschäftigt sich mit pädagogisch-philosophischen Werken. Am meisten fasziniert ihn eine Schrift, die Erziehung als möglichst freies Entwickelnlassen eines Organismus, eines lebendigen Ganzen versteht. Dieses Buch, die *»Fragmente der Menschenerziehung«* von *Ernst Moritz Arndt,* wird ihm zur *»Bibel der Erziehung«*. Nebenher bieten ihm die Schriften von *Novalis,* auch *Friedrich W. J.*

Schellings spekulativ-romantische Naturphilosophie, ersehnte Nahrung. Verschiedenste Quellen werden in sein Welt- und Menschenbild einfließen. Doch ehe es konkret Gestalt annimmt, schlägt das Schicksal erneut zu. Es tut sich eine Weisheitsquelle in ihm auf, die sein gesamtes Lebenswerk durchdringen wird.

Erosliebe

Die Begegnung einer Frau greift schicksalhaft in sein Leben ein. Die Macht des Eros bringt ihn an die Grenzen seines Selbst und fordert unerbittlich, fast sein ganzes Leben lang: das *Loslassen.* Sie rührt an seinen Kern, den Quellpunkt seiner Existenz und treibt ihn vorwärts, *heimwärts,* weckt den Genius in ihm. Caroline, eine Frau aus reichem, adeligem Hause ist 31 Jahre alt, seit 13 Jahren verheiratet und Mutter von vier Kindern, als er ihr begegnet. Gemeinsame geistige Interessen und eine tiefe Seelenverwandtschaft stiften ein inniges Band. Schließlich wünscht Caroline Friedrich als Erzieher ihrer Kinder. Er nimmt an, bezieht mit den vier Kindern ein Landhaus und kann sein Konzept eines *pädagogischen Landlebens* verwirklichen. Caroline ist von seinen außergewöhnlichen Fähigkeiten überzeugt. Friedrich, der bisher nur spärlich in den Genuß weiblicher Fürsorge kam, findet endlich Anerkennung und Geborgenheit, ehrlich gemeinte Unterstützung und finanzielle Sicherheit. In seiner Seelenfreundin sieht er nicht nur die geistig-erzieherische Gleichgesinnte, durch sie tritt auch wieder die Liebe und Nähe einer Frau in sein Leben, die er während der Kindheit durch den frühen Tod der Mutter so schmerzhaft entbehren mußte. Und sie wird ihm zum Ebenbild der Mutter Natur. Während ihm nämlich bisher sein *»stilles, ungestörtes Leben«* allein aus der Natur *»wie aus einem klaren See verschönt zurückstrahlte«,* gibt ihm nun *»das reine Sein der Freundin verschönt und verherrlicht sein eigenes Wesen zurück«.* Beide fühlen ihre Verbindung von Ewigkeit her bestimmt. Sie bekennt in ihrem »*Gedankenbuch«:* *»Es ist ein gar eigenes Ding um Menschen, welche ersehen sind zum glücklichen Liebesbund. Sie können und dürfen einander nicht verfehlen; sie ahnen einander, ehe sie sich gesehen, und erkennen sich dann sogleich, müssen auch eins werden, ob Meere oder Felsen sich zwischen sie legten.«* Der Glaube an eine Liebe, die ewig währt und sich auch jenseits irdischer Begrenzungen erfüllen kann, sollte noch hart geprüft werden. Carolines Bindung an ihre Familie, die nicht zu überbrückenden Standesunterschiede und die plötzliche Kündigung der Hauslehrerstelle entgegen der Absprache, führen unweigerlich zur Trennung. Fröbel flieht nach Göttingen und schreibt ihr letzte Worte: *»Abschied von Dir, geliebte Seele, Ariadne, Gattin mir (...) von Ewigkeit und in alle Ewigkeit gegeben.«* Ariadne?! Fröbel kannte das Melodram *»Ariadne«* von *Herder,* das den alten Mythos der Göttin Ariadne aufgreift. Sie führt durch das Labyrinth der Welt. Ihr Faden weist den rechten Weg. Und dieser *Ariadne-Faden* ist es, der Friedrich als Symbol sein Leben lang begleiten, *leiten* wird. Er weiß, es gibt nur eine Möglichkeit der Einung über Grenzen: das *»Eins-im-andern-Leben«.* So *prophezeit* er seiner Liebsten: *»Nur wenn sie mich in sich wiederfindet und mir in sich zu leben erlaubt, kommt die Zeit ihrer (und meiner) Erlösung.«* Die Zeit dieser Erlösung ist die *»Lilienzeit«, »die Zeit des Schwindens allen Widerspruchs. Da werde ich auch mit der Freundin ganz ausgesöhnt sein«,* ahnt und hofft er. Die Liliensehnsucht wird zur Grundstimmung dieser Phase existentieller Not, innerer Zerrüttetheit, dunkler Abgründe, ein fast lebenslanger Kampf, *»der höchste, der gefährlichste Lebenskampf, welchen ich je gekämpft habe, der Kampf, wo das Herz und Gemüt von jedem geistigen Lebensbande losgerissen nur noch auf sich selbst ruhen soll, (...) ein langer, furchtbarer, lebensvernichtender, mehr als zwanzigjähriger Kampf, der mich an den Abgrund fast geistiger Vernichtung führte. (...) Wie aus dem Tod das Leben hervorgeht, so geht aus der Entsagung die Gewährung hervor. (...) Eines nur lebt in Ewigkeit, die reine Liebe.«*

Erst 21 Jahre später, als Fröbel wieder eine Ehe eingegangen war, die kinderlos blieb und deren Sinn sich vor allem in der gemeinsamen Erziehungsarbeit erfüllte, wähnt er sich frei: *»Ja, nun ist mir alles klar (...)! Nun bin ich frei! Nicht dadurch, daß ich die Fesseln zerbrochen habe, nein, ich habe sie, wie sie auch drückten, lang getragen, sondern dadurch bin ich frei, daß sie, durch das Licht der Erkenntnis im Staub zerfallen, von mir gesunken sind!«* Hat sich die Liliensehnsucht, die Aussöhnung mit der Freundin erfüllt? Ist es der beiden Geister *»Einung«, »Ehe«,* die trotz oder aufgrund der Hindernisse nach jahrelangen Kämpfen möglich wurde? Oder war einfach nur der letzte Trennungsschmerz getilgt, der Loslösungsprozeß von seiner *Ariadne* nun beendet? In jedem Fall ist die schmerzhafte innere Wandlung Fröbels mit einer tiefen Erkenntnis verbunden, die er durch Wort und Tat in das Bewußtsein und Leben der Menschheit einfließen läßt: Allein die Liebe ist es, welche die seelische Zerrissenheit lindern, den Kampf der inneren Widersprüche schlichten, den inneren Raum erfüllen kann. Sie ist die unerschöpfliche Quelle, die jenseits aller Gegensätze ewig fließt und wirkt und sie verbinden, sie einen kann.

Sphärenleben

Die schicksalshafte Beziehung zu Caroline mit ihren Sehnsüchten, Mächten, Kräften und Kämpfen erschließt ihm die Quelle, die den Genius weckt. Mit allem Wissensdurst und Eifer stürzt er sich nach der Trennung in ein breit angelegtes Studium. Sein Motto lautet: *»Rastlos vorwärts in die Tiefe, in die Weite!«* Dieses Streben bringt ihn in vielseitige Berührung mit den geistes- und naturwissenschaftlichen Strömungen seiner Zeit. Sein Interesse gilt nicht nur den theoretischen, sondern auch den praktischen Wissenschaften. Er hört Vorlesungen über angewandte Mathematik, Arithmetik, Algebra, Geometrie, Botanik, Mineralogie, Naturgeschichte, Physik, Chemie, Geognostik, ebenso in Disziplinen wie Philosophie, Anthropologie, Physiologie, Ethik und Pädagogik. Es ist, alles in allem, ein *Studium generale,* das seinen unersättlichen Erkenntnishunger stillen soll. Doch kommt der Zeitpunkt, wo die unübersehbare Menge verschiedenster Erkenntnisse zur Bedrohung der eigenen Geisteskraft wird. So drängt die Vielheit nach Einheit, das Vielwissen soll auf seine ganz individuelle, geniale Weise zu einer alles umfassenden Konzeption führen. Er schreibt: *»Ich hatte meinen Geist durch einen Schutt fremden Wissens und Autorität fast in sich selbst vernichtet, verschüttet (...) So dauerte es einige Monate, ehe mein Geist sich durch diesen Schutt wie aus einem Grabe, einer Verpuppung zu lichter Klarheit, Ruhe, Friede und Freude emporarbeitete.«* Ergebnis dieser lichten Klarheit ist die Konzeption der *»Sphäre«,* die ihn *»wie eine Erleuchtung«* überfallen habe. Was ist die *Sphäre?* Was ist *Sphärenleben?*

Der Urgrund der Welt ist das Ewig-Eine, Ungeteilte, Sich-selbstgleiche, In-sich-Ruhende, der große Schöpfergeist, ein *Punkt* oder, wie Fröbel ihn gerne nennt, einfach das *»x«.* Dieses *»x«* ist wahres, absolutes Leben. In diesem einen *Punkt* ballt sich die ganze Innenkraft, höchste Potenz. Das Leben aber will sich offenbaren, die Innenkraft drängt nach außen, zerlegt sich, strahlt aus, zerstreut sich nach allen Richtungen, erfüllt den Raum und bringt die Schöpfung, die *»Sphäre«* hervor. Diese setzt sich aus unendlich vielen Einzelerscheinungen zusammen und bildet doch eine Einheit für sich, eine in sich mannigfaltige, unendliche Einheit, die alles umfaßt, eine Art *Kugel,* welche alle vom Mittelpunkt ausgehenden Kraftlinien umspannt und erhält.

Nun kann die in sich geballte, selbst einige Urkraft nur Schöpfung hervorbringen, indem sie sich zerlegt. Dabei erzeugt sie den Gegensatz, der sich, auf den einfachsten Nenner gebracht, in der Polarität von Plus und Minus ausspricht. Die Anziehungskraft zwischen beiden Polen entspringt der Aufspaltung der Ureinheit in verschiedenste Gegensatzpaare und strebt nach neuer Einheit. Dies ist das *»sphärische Gesetz«,* das die Sphäre bestimmt und erfüllt, *»das ganze Universum durchherrscht«.* Alle Dinge und Wesen, Kristalle, Steine, Pflanzen, Tiere und der Mensch, sind diesem Gesetz unterworfen, sind zwischen Gegensätzen wie Ein- und Ausatmen, Innen und Außen, Himmel und Erde, Geist und Materie, Männlich und Weiblich *eingespannt.* Das Schlagen des Herzens, der Puls des Lebens läßt uns stets empfinden: Leben geht aus der Spannung zwischen Gegensätzen hervor, aus dem Zusammenwirken von *»Expansion und Kontraktion«,* dem *»allseitigen Hervortreten von der Einheit zur Vielheit«* und dem *»Sammeln der Vielheit zur Einheit. Die Vereinigung beider ist Puls, ist Leben! Alles, was im All geschieht, ist ein Wechseln, ein Alternieren, ein Pendulieren, ein Schwingen, ein Oszillieren (...), ein Wallen und Wogen und Schlagen der Kraft.«* Ewiges Schaffen.

Die Sphäre ist ein ganzheitlicher Organismus, ein *Makrokosmos,* der sich aus unendlich vielen Einzelorganismen, *Mikrokosmen,* zusammensetzt, die nach Entfaltung, Offenbarung ihres eigentlichen Wesens, ihrer inneren Urkraft streben, um sich auf diesem Weg letztlich zu einer vollkommenen Sphäre im kleinen zu vollenden. Das ist der *Schöpfungsauftrag,* der jedem Einzelwesen eingepflanzt und aufgegeben ist. Und Schöpfung ist beständiges Hervorbringen, eine in Vermittlung und Einigung der Gegensätze verlaufende Entwicklung. Sie vollzieht sich in Stufen, Stadien, die aufeinander folgen, auseinander hervorgehen und miteinander verbunden sind. Jede Stufe gründet sich auf die vorhergehende und ist Voraussetzung für die folgende. Dieses Entwicklungsgesetz spricht sich auch im Leben der Pflanzen aus. Fröbel erforscht und bewundert sie als Quelle, als Symbol und Gleichnis für die Erkenntnis der Sphärengesetzlichkeit. Betrachten wir zum Beispiel das Wachstum eines Obstbaumes. Er *entstammt* einer Einheit, entfaltet sich in stufenweiser Entwicklung zur Vielheit seiner Teile und Glieder, um schließlich als vollkommener Baum sein ganzes Wesen zu umfassen: Als Stamm entsteigt er seinem Kern, bildet Äste nach allen Richtungen aus, verästelt und verzweigt sich immer mehr, treibt Blätter, duftende Blüten und bringt schließlich Früchte hervor, aus deren Kern ein neuer Baum entstehen kann. Auch die Entwicklung der *»Menschenpflanze«* erfolgt in Stadien. Sie geht aus einer Einheit, der befruchteten Eizelle hervor, bildet ihre Anlagen und Glieder aus und durchläuft dabei alle Stadien der Evolutionsgeschichte, die sie, noch ehe sie geboren ist, im Innern trägt und in sich schließt. *Zur Welt gebracht,* strebt sie danach, ihr ganzes Menschenleben Schritt für Schritt, in aufeinanderfolgenden Entwicklungsstufen zur Entfaltung zu bringen.

Nicht nur im Einzelwesen baut sich Entwicklung nach einem vorgegebenen Stadiengesetz auf. Der ganze Kosmos ist ein großes *Treppenhaus,* das von seinen Einzelerscheinungen bewohnt ist, die auf verschiedenen Stufen sitzen. Auf welcher Stufe sie sich befinden, hängt vom Grad ihres Bewußtseins ab. Das *Unorganische,* die *Festgestalten,* Gesteine und Kristalle nehmen die unteren Ränge ein, daran knüpft sich die *lebende* Pflanzenwelt, schließlich folgt das *lebendige* Tierreich. Alle Geschöpfe dieser Stufen tragen die Urkraft in sich und stellen sie im Rahmen ihres Daseins auf ihre ganz besondere Weise dar, wobei sie ihrer Bestimmung treu folgen: ihr innerstes Wesen, ihre ihnen verliehenen Anlagen zu entfalten, zu leben, um sich auf diesem Wege zu einer in sich geschlossenen, eigentümlichen Wesenseinheit *emporzubilden,* sich zu einem kleinen *»Lebensganzen«* im großen *»Ganzleben«* zu vollenden. Doch Steine, Pflanzen, Tiere wissen nicht um sich selbst, um ihren Ursprung und ihr Ziel. Ihr Leben ist ein eher unbewußtes Leben, ihr Geist-Sein ein mehr oder weniger unbewußtes. Sie kommen ihrem Auftrag auf ganz natürliche, instinktive Weise nach. Eine Blume blüht und fragt nicht nach dem *Warum.* Ihre innere Wachstumskraft treibt sie zur Blüte, deren Entfaltung dem Sphärengesetz folgt. Ihr Leben frei wählen und bestimmen, ihr eigenes Dasein willentlich schöpferisch gestalten aber kann und braucht sie nicht.

Des Menschen Geist-Sein aber kann bewußtes Geist-Sein werden. Der Mensch ist *»das letzte und das vollkommenste aller Erdenwesen«*. Er besitzt von seiner Anlage her freien Willen, Vernunft und Schöpferkraft und kann sich wie auch seinen Ursprung bewußt erkennen und schöpferisch darstellen. Auch der Baum bringt wie von selbst Früchte hervor, der Vogel baut kunstvoll sein Nest. Doch nur der Mensch kann sein Denken und Handeln frei bestimmen. Er kann sich über sein Schaffen und über das Gesetz seines Schaffens Rechenschaft ablegen. Die ureigenste Bestimmung des Menschen besteht nun darin, sich dieser hohen Stellung und Verantwortung bewußt zu werden, sich sein *»göttliches Wesen (...) zum völligen Bewußtsein, zur lebendigen Erkenntnis, zur klaren Einsicht zu bringen und es mit Selbstbestimmung und Freiheit im eigenen Leben auszuüben, wirksam sein zu lassen, kundzutun«*. Folgt der Mensch seiner Bestimmung, so kann er sich zum *Nach- und Mitschöpfer* des großen Schöpfergeistes aufschwingen, kann er *werden,* was er *ist.* Die ewige Forderung des *»Erkenne dich selbst!«* oder *»Werde, der du bist!«* hat hierin ihre Wurzeln. Er ist dazu erschaffen, vollkommenes Bewußtsein zu erlangen, über sich selbst, über die anderen, über die Welt und der allem Leben zugrundeliegenden Einheit. Sein Streben sei die *Selbst-,* die *All-* und *Ein-*Erkenntnis! Denn *»im Menschen tritt das Grundgesetz der Sphäre, der Gegensatz am bestimmtesten hervor. Er ist dazu geschaffen, das ganze Universum in sich aufzunehmen und nachzuschaffen, (...) die Gegensätze zu verbinden.«* Und schließlich ist dem Menschen *»als ein gestaltendes, aus sich heraustretendes, sich zur Vollkommenheit emporbildendes Wesen (...) ein Weg zur eigenen Unsterblichkeit gegeben«*. Sein Ursprung ist die Ewigkeit, sein Ziel, in diese Ewigkeit aus freiem Willen und mit vollem Bewußtsein zurückzukehren.

Leben mehrt sich im eigenen Innern, doch auch im Austausch mit der Welt. Die Pflanze kann sich nur im *Eingespanntsein* zwischen Himmel und Erde, Geist und Materie, Innen und Außen entfalten. Sie lebt ganz eingebunden in die Kräfte der Natur, des Kosmos, sie braucht Luft, Licht, Wasser und Erde. Diese Bedingungen *ziehen* ihr Wesen *hervor* oder lassen es kläglich verkümmern. Auch der Mensch gedeiht im Austausch mit der Welt, entwickelt sich im schöpferischen Dialog mit der Natur, den Dingen, Wesen, Menschen. Er kann sich nur vollenden, wenn er sein Innerstes nach außen *stülpt,* sich hingibt und verschenkt, sich offenbart und im *großen Ganzen* aufgeht, wenn er die Quelle seines Innern in Gedanken, Worten, Werken in die Welt trägt und in sein gesamtes Leben *fließen* läßt – um immer mehr im großen Meer des Seins zu leben und zu wirken.

Fröbel war tief beseelt von der Vision der *»Lebenseinigung«:* dem Hervortreten aller Dinge, Wesen und Menschen aus einem Kraftzentrum und dem Zurückkehren in diese Einheit. Dieses *Zurück* ist keineswegs die Regression ins karge Nichts. Es ist ein *Vorwärts, Heimwärts* in Richtung *Lebensfülle!* Die Sehnsucht nach der *»Lebenseinigung«* ist sicherlich ein hohes Ziel. Doch ruht sie nicht in jedem Wesen, ist allen Menschen *eingepflanzt?* Warum sie nicht erhalten, schützen, anregen, entfalten lassen? Denn *»dieses Streben nach Einheit, nach Einheit in sich, nach Einheit in ›x‹, nach Einheit unter sich ist Eintracht. Dieses Streben nach ursprünglicher Einheit ist Liebe.«* Wo dieses Streben untergeht, ist Dunkelheit: *»Einheit und Einklang, Einigung spottet der Mensch nur seiner Selbstvernichtung.«*

Menschengärtnern

Das Kind gleicht einem Samenkorn. Die Kindheit ist die *Keimezeit.* So wie in einem einzelnen Samenkorn alle Anlagen und Kräfte noch eingeschlossen ruhen, besitzt auch das Kind von Anbeginn alles, was es werden kann und soll, in sich selbst. Das gesamte Potential ist in ihm *eingefaltet,* in sich selbst verschränkt und strebt nach *Ent-* und *Ausfaltung.* Menschengärtnern kann sich also nur darauf gründen, diese inneren Samenkräfte zu umsorgen, sie zu achten, zu schützen, sie zu wecken und anzuregen. *»Man muß das, was sich später entwickeln soll, früh in den zartesten Keimen und Wurzeln, die es zeigt, beachten und pflegen.«* Der Samen muß keimen dürfen, sonst geht er zugrunde. Die Kraft muß Raum zur Entfaltung erhalten, sonst zieht sie sich zurück und *»schwindet«, »verknöchert«* und raubt dem Leben *»seinen eigentlichen, echten Grund und Boden«.* Nicht nur das Unterdrücken, das Zurück- und Mißdrängen, das Hemmen und Stören der hervorkommenden Kraft widerspricht dem Menschengärtnern, auch das Fehlleiten, das willkürliche, unbedachte Umgehen, das *falsche Spiel,* das manipulative Vorgehen, das Zurechtstutzen, Hinbiegen der Kraft nach eigenem Gutdünken richtet enormen Schaden an. *»Pflanzen, (...) jungen Pflanzen (...) geben wir Raum und Zeit, wissend, daß sie sich*

dann den in ihnen, in dem einzelnen wirkenden Gesetzen gemäß entfalten und gut wachsen; (...) jungen Pflanzen läßt man Ruhe und sucht gewaltsam eingreifende Einwirkungen auf sie zu vermeiden, wissend, daß das Gegenteil ihre reine Entfaltung und gesunde Entwicklung störe. Aber der junge Mensch ist dem Menschen ein Wachsstück, ein Tonklumpen, aus dem er kneten kann, was er will!« Der Menschengärtner muß lernen zu *lassen!* Seine Bemühungen sollten sich hauptsächlich darauf erstrecken, rechte Bedingungen, eine günstige Umgebung zu schaffen, welche die Kraft ungestört und frei nach allen Richtungen entfalten läßt. Entscheidend ist, welche *Nahrung* der jungen Pflanze, dem Kleinkind zufließt. Denn so wie der Keimling ganz *aufnehmendes Wesen* ist und sich durch die Nährstoffe aus Boden, Wasser und der Kraft der Sonne aufbaut, so ist auch die frühe Kindheit, diese Säuglingsphase, im wahrsten Sinne des Wortes ein Dasein des *»Einsaugens«*. Der Säugling aber saugt nicht nur die Milch, sondern auch *»den Zustand der ihn umgebenden Menschen«,* ja seine gesamte Umgebung ein, und zwar schutzlos. Wird man sich dieser Tatsache bewußt, so muß man anerkennen, daß *»diese erste Stufe der Entwicklung für den Menschen, für dessen Gegenwart und Zukunft so über alle Beschreibungen wichtig ist«*. Ein kränkelnder Keimling wird sich nur unter großer Müh' und Not, wenn überhaupt, zu einer ausgewachsenen, vor Gesundheit strotzenden Pflanze entfalten können. So haben auch *»oft die härtesten Kämpfe des (...) Menschen mit sich selbst und seine späteren widrigsten und drückendsten Schicksale in dieser Stufe der Entwicklung ihren Grund, (...) eben weil sein ganzes Wesen (...) den Eindrücken (...) geöffnet, ihnen hin- und preisgegeben war«*.

Im Unterschied zur Pflanzenwelt muß sich der Mensch seiner inneren Kraft, seinem *»höchsten Gut«*, seiner ureigenen *»Quelle«* nach und nach bewußt werden. Denn sie muß schwinden, wenn er nichts von ihr weiß, sie nicht erkennt, an sich erfährt. Den Zugang zu dieser Kraft kann er aber nur erlangen, wenn er sie hervortreten, in eine äußere, gestaltende Tätigkeit einfließen läßt. Für alle Menschenerziehung, für alles gärtnerische Umgehen mit der *»Menschenpflanze«* kann es daher nur einen einzigen Grundsatz, nur ein einziges Ziel, nur einen einzigen Zweck geben: *»die allseitige Entwicklung und klare sichere Ausbildung (...) nach den drei Hauptrichtungen seiner Kraft als ein handelndes (schaffendes, schöpferisches), ein empfindendes (fühlendes) und erkennendes (denkendes) vernünftiges Wesen.«* Alle Anlagen, alle Hauptrichtungen menschlicher Wesens- und Lebenskräfte sind im Einklang miteinander *»hervorzuziehen«,* und keine der individuellen Qualitäten darf auf Kosten der anderen bevorzugt, keine einzelne Kraft darf zugunsten der anderen zurückgedrängt und vernachlässigt werden. Doch muß Entwicklung selbst gewollt sein! Der eigene Wille, das eigene Streben nach Entfaltung und Anwendung der Kräfte ist Grundvoraussetzung jeglichen *Werdens.* Nicht ohne Grund ist im Menschen ein Impuls gesetzt, die inneren Kräfte zu gebrauchen. *»Der Trieb zur Tätigkeit ist (...) erste Regung des menschlichen Wesens, und dieser Trieb geht durch das ganze Leben hindurch, wie die Markröhre im Baum von der Wurzel bis zur Krone steigt«* (vorausgesetzt, daß er nicht schon in seinen Anfängen gestört, erdrückt, zurückgestaut wurde). Daher ist *»die Erregung der Lust und der Kraft im Menschen, an seiner eigenen Erziehung und Entfaltung unausgesetzt zu arbeiten«,* Anfangs- und Zielpunkt jedes wahren Menschengärtners. Die *Hilfe zur Selbsthilfe,* die Anregung zur *freien Selbsttätigkeit* und Selbsterziehung muß eines seiner Hauptanliegen sein. Leider begegnet man nur allzuoft *»einer Zurückdrängung und Verdumpfung derselben«;* man sieht *»statt freier Selbsttätigkeit (...) Lebensabstumpfung, statt Wecken der Lebenstätigkeit (...) Einschläfern (...)«* Das *Hervortretenhelfen* der Kinderkräfte ist nicht nur zur freien Entfaltung des Kindes notwendig, sondern auch dazu, daß es sich selbst und sein Leben frei bestimmen und gestalten lernt, daß es sein späteres Dasein nicht nur passiv, leidend, duldend fristen muß! Um Mißverständnissen vorzubeugen: Die *»Menschenpflanze«* soll nicht im *Treibhaus* ehrgeiziger Menschengärtner, unter dem Druck marktwirtschaftlicher Interessen, unter Verwendung künstlicher Düngemittel, leistungssteigernder Pillen und giftiger Spritzmittel im Schnellverfahren, nach selbst errechneten, strategisch ausgeklügelten und methodisch genau festgelegten Kriterien hochgezüchtet werden. Niemals kann und darf es darum gehen, dem Kind seine Kindheit und Individualität rauben zu wollen, es mit dem Prinzip von Markt und Leistung unter Druck zu setzen, falschen Ehrgeiz zu wecken, es mit fremdem Wissen zu überhäufen, mit von außen einstürmenden angeblichen Notwendigkeiten zu überfüttern, nach eigenen Zwecken, Bedürfnissen zurechtzubiegen. Wir sollten aufhören, *»(...) unsere Kinder gleich Münzen zu prägen, mit fremder Aufschrift und fremdem Bildnis auszustaffieren«!*

Des Menschen Bestimmung liegt in der Entwicklung und Entfaltung seiner Schaffenskraft, und diese gilt es zu unterstützen und zu fördern. Sie vollzieht sich in drei ineinanderwirkenden Prozessen:

»Innerliches äußerlich, Äußerliches innerlich machen und für beides die Einheit finden.«

Innerliches äußerlich machen heißt, daß der Mensch sein kreatives Potential verwirklicht, selbsttätig und frei zum Ausdruck bringt, Material mit Geist belebt, ein Kunstwerk schafft, *»das Unendliche am Endlichen«* wirken läßt. Je intensiver sich der Mensch dieser Aufgabe widmet, um so mehr Vertrauen faßt er zu seiner inneren Kraft als einer unerschöpflich ewigen. Sein Leben wird Fülle und Weite gewinnen, denn je reicher, sprudelnder die eigene Quelle ist, um so kosmischer wird ihm das Kunstwerk, sein eigenes Leben als Kunstwerk geraten: *»Findest du die Mitte und die Quelle deines Wesens, so entwickelt sich aus dir eine Sphäre, eine Welt, ein unendliches All!«* Leider wird die innere Quelle allzuoft *»mit Schutt bedeckt«, »mit Wust verdämmt«* oder *»Gestrüpp umzäunt«* und Kreativität und Weltbegegnung in ihrem Keim erstickt.

Äußerliches innerlich machen bedeutet, äußere Eindrücke, Erlebnisse, Gesetzmäßigkeiten zu verinnerlichen, sie wahrzunehmen, zu empfinden, sie zu erforschen, zu begreifen. Um mit unserer Umgebung in Kontakt zu treten, sind verschiedene Fähigkeiten von uns, in uns gefordert. Weil wir diese aktivieren, können wir sie an uns selbst erfahren. Nur der Gebrauch unserer Kräfte macht es uns möglich, sie zu erkennen und verfügbar zu machen. Die Außenwelt wird uns Symbol und Gleichnis kosmischer Gesetze, da alle Dinge, Wesen nach dem sphärischen Gesetz erschaffen sind, so auch wir selbst. Wenn wir uns den Dingen widmen und ihr tiefes Wesen, ihre innere Gesetzmäßigkeit entdecken und erkennen lernen, kommen wir auch unserem eigenen Wesen, unserer eigenen inneren Gesetzmäßigkeit näher. Denn der Mensch trägt die ganze Welt in seinen Stufen, seiner Mannigfaltigkeit in sich. In ihm ruht das gesamte Universum, kann erweckt, entdeckt, erfahren und erkannt werden. Die Einzelerscheinungen der Natur können die entsprechenden Facetten in unserem Innern ansprechen, die jeweiligen Seelenanteile *zum Schwingen bringen.* Dem Kind sind die Blumen auf der Wiese, die krabbelnd-fliegende Insektenwelt, die Vielfalt ihm leicht erreichbarer Naturgegenstände ein großes Geheimnis. Und dieses Geheimnis will es ergründen! Daher das emsige Treiben, das Sammeln, Zerpflücken, das völlig in sich versenkte Staunen, Berühren, Zerlegen dieser fremden Welten, die in seinem eigenen Innern eine reiche Palette verschiedensster Empfindungen auslösen können. Der Erwachsene nennt dies oft kindisch, nutzlos, bloßen Zeitvertreib. Aber das Kind will forschen und *entdecken,* unter die *Decke,* hinter die Fassade blicken, den Schleier lüften! Es will wissen, was sich in und hinter den Wesen und Dingen verbirgt – und entdeckt in diesem Forschen auch sich selbst. Später *studiert* der Mensch Natur, Kultur, Geschichte, Kunst nicht nur, um Wissen anzuhäufen, *Abschlüsse* zu erzielen, sondern zuletzt doch *»zu dem Zweck, den Entwicklungsgang seines individuellen Wesens sich zur Anschauung und zur Erkenntnis zu bringen«.*

Diese beiden Vorgänge des *Innerliches äußerlich und Äußerliches innerlich Machens* gehören zusammen, sollen eine Einheit bilden. Ansonsten mangelt es dem jeweils einzelnen, eingleisigen Vorgang an notwendigem Ausgleich und steht einer allseitig harmonischen Entwicklung entgegen. Ein Inneres, das sich nicht veräußern kann, muß notgedrungen *zurückstauen,* in seiner inneren Wesenslosigkeit versinken, wirkunglos und fruchtlos bleiben. Zu oft wird die Veräußerung der Innenkraft verhindert, versperrt, verstellt, mit fremdem Stoff *»verstopft«.* Kein Wunder, daß eine *»anleimende«, »aufpropfende«* Bildung Schaden anrichtet. Wir sollten aufhören, uns mit einer *»lastenden Menge aufgebürdeter, angehefteter, fremdartiger Bildung zu erdrücken, (...) uns mit totem Wissen, Kennen und Können (...) herauszuputzen, (...) uns mit fremden Empfindungen (...) zu brüsten«.* Solange wir unser Leben nicht mit eigenem Geist erfüllen, beleben, wird es zunehmend schwinden, in Sinnlosigkeit tauchen, letztlich im großen Nichts versinken, untergehen. Denn diese Gedanken, Gefühle, Worte und Taten, die unsere nicht sind, unmöglich sein können, sind *»hohl und leer, ohne Inhalt und Leben, (...) Hüllen ohne Mark, Marionetten ohne Leben, Spielmarken ohne inneren Wert«.* Und nicht nur unser eigenes Leben, auch das, womit wir uns umgeben, als Massenware kaufen, ist oftmals ohne Wesen, leblos. »*Unsere Umgebungen sind (...) tot (...),* (voll lebloser) *Masse, sie erdrücken, statt zu erheben, denn ihnen fehlt das Belebende, Sinn und Bedeutung Gebende (...) Nur darum ist unser inneres und äußeres Leben so arm (...)«* Das noch reiche Leben unserer Kinder dürfen wir nicht mit unserer eigenen, inneren Armut ersticken. Denn ihre Widerstandskraft ist begrenzt, bleierne Totenstarre kann sich einschleichen, sich schließlich festsetzen und Ketten legen, Knoten knüpfen, die nicht so leicht zu lösen sind. Wir könnten von den Kinder lernen, denn *»was uns mangelt, (...) was wir nicht mehr besitzen (...)* (ist) *die alles belebende* *gestaltende Kraft des Kinderlebens. Lassen wir sie von ihnen wieder in unser Leben übergehen!«*

Entwicklung ist ein vorwärtsschreitender Prozeß, ein *Oszillieren* zwischen Gegensätzen. Normalerweise vollzieht sich dieser Prozeß in einer natürlichen Entfaltung, die von einem Punkt in aufeinander aufbauenden, aufeinander bezogenen, fließend ineinander übergehenden Stufen stetig fortschreitet. Die Erreichung der Nächsthöheren ist an die volle Erfüllung der Vorhergehenden gebunden. Jede Lebensphase, ob Säuglingsalter, Kindheit, Jugend, Reife oder Alter, hat ihren eigenen Wert und soll ganz ausgelebt, ganz *ausgeschöpft* werden. »*Der Mensch soll kein anderes Streben haben, als auf jeder Stufe ganz das zu sein, was diese Stufe fordert.*« Eine Erziehung oder Selbstbildung, die dieses natürliche Entwicklungsgesetz beachtet, *»die nichts übereilt und nichts versäumt, kommt auch in nichts zu früh und in nichts zu spät; nimmt auch keinen Menschen über das jetzt besitzende Maß seiner Kräfte, seiner Anlagen in Anspruch, entwickelt auch keinen Menschen über dieses Maß.«* Sie schafft Zufriedenheit, denn *»jedes Geschöpf ist dann zufrieden, ist dadurch glücklich, daß es sich in und nach dem Maß seiner Kräfte für seine jetzige Lebens- und Daseinsstufe ganz entwickelt, daß es (...) sein Leben, (...) seine Bestimmung ganz ergreifen, ganz erfüllen, ihm ganz genügen kann«*.

Eine reibungslose, natürliche, harmonische Ausbildung des Menschen setzt voraus, daß der Entwicklungsgang weder einen *Bruch* noch eine *Lücke,* weder ein Überspringen noch ein Versäumen aufweist. Sie fordert, die einzelnen Stufen zu verwirklichen, sie aufzunehmen, ins eigene Innere zu integrieren. So lehrt es uns auch die Natur: *»Jede folgende Stufe der Entwicklung schließt die vorhergehende nicht in sich aus, sondern nimmt sie veredelt, gesteigert, ausgebildeter in sich auf.«* Auf diese Weise kommt der Mensch der Fülle und dem *Universum* seines Lebens stetig näher und kann am Ziel seiner Entwicklung den großen Kreis der Lebensalter schließen. So ist der Mann *»nicht durch das Mannesalter Mann, sondern nur dadurch, daß die Forderungen seiner Kindheits-, Knaben- und Jünglingsstufe treu von ihm erfüllt worden sind«*. Wurde aber eine Phase vernachlässigt, so muß der Mann, die Frau, der Mensch sich dieser später stellen. Nicht, daß er zur Regression verdammt wäre. Aber er muß zu diesen Quellen finden, seine noch schlummernden Lebenskräfte in sich zum Fließen bringen, wenn er zum *alldurchflossenen Lebensganzen* werden will. Vielleicht kann uns das *Kindergärtnern* auf eine ganz besondere Weise helfen, die vernachlässigte, möglicherweise in Vergessenheit geratene, mit Schutt und Schatten beladene, nie recht gelebte Kindheit auszugraben und ins Licht zu heben. Daher ist das Beachten der Kindheit für den erwachsenen Menschen so überaus wertvoll. *»Er erblickt dadurch wie in einem Spiegel die ihm selbst ferne eigene Kindheit. (...) Durch diese Beachtung der Kinder, der Kindheit, wird der Mensch sich selbst und ihm sein Leben klar, es kommt Einheit in dasselbe, das eigene Leben wird ihm zu einem ungestückten Ganzen.«*

Entwicklung bedeutet *Loslassen.* Jede Lebensphase, jede errungene Etappe sollten wir auskosten. Wir können uns dort für eine kleine Weile niederlassen und zufrieden sein, daß wir dem Ziel ein Stück weit nähergekommen sind. Erklingt jedoch in uns der Ruf voranzugehen, gilt es, den vertraut gewordenen Standort zu verlassen, das Risiko des Weiterschreitens auf uns zu nehmen, die Mühen der vor uns liegenden Wegstrecke nicht zu scheuen. Und wieder ist es die Natur, die uns dies klar vor Augen führt, denn *»die schützende, wärmende Knospenhülle muß abfallen, wenn der junge Zweig, die duftende Blüte sich entfalten soll, obgleich der junge Zweig, die duftende Blüte dadurch nun dem oft noch rauhen Frühlingswetter ausgesetzt wird und ist! Die duftende Blüte muß abfallen, um einer zuerst unansehnlichen und sauren, herben Frucht Platz zu machen! Die rotwangige Frucht muß sinken und faulen, damit in Jugendfrische junge Pflanzen und Bäume keimen!«*

Entwicklung ist *Wagnis.* Wir sollten bereit sein, Grenzen zu überschreiten in ein Land, das wir nicht kennen, noch gar nicht kennen können, weil es vollkommenes *Neuland* ist. Und Neuland scheint gefährlich. Wir müssen uns die rechten Wege bahnen und Brücken bauen, um *Abgründe* zu überwinden. Erziehen ist *Wegebahnen und Brückenbauen.* Doch gehen muß der Mensch selbst.

Menschengärtnern kann sich daher nicht nur im *Wachsenlassen* erschöpfen. Was zuerst dieses mehr passive, *»nachgehende«* Gärtnern war, muß sich im Lauf der Entwicklung mit einem mehr aktiven Vorgehen ergänzen. Der Menschengärtner wird zum Richtungsweiser, Wegebahner, Brückenbauer, indem er durch festes und zugleich liebevolles Handeln die Entwicklung unterstützt, das bereits Entfaltete zu bewahren versucht, zugleich aber auch neue Impulse zur Selbsterziehung setzt, um die positiven Kräfte zu stärken und Verletzungen, Störungen zu vermeiden. Diese Aktivität soll und darf nur bewußt und behutsam geschehen. Denn Einwirken meint nicht, den Menschen nach eigenem Bilde *»prägen«* zu wollen. Der wahre Menschengärtner ehrt und achtet jede Menschenpflanze und ist bemüht, seine Entwicklung zu fördern. Das rechte Behandeln des Weinstocks liefert uns eine anschauliche Parallele. Grundsätzlich *»soll der Weinstock beschnitten werden; aber das Beschneiden als solches bringt bei dem Weinstock keinen Wein.«* Vielmehr sind es sein Kraft- und Lebensfluß im Inneren und bestimmte äußere Bedingungen, die ihn gedeihen und fruchten lassen. Das Beschneiden ist lediglich notwendig, um den Kraftfluß seines Lebenssaftes optimal zu fördern und zu leiten. Wie geht der Gärtner vor? Er greift nicht bestimmend, selbstgefällig, willkürlich, die Gesetze des Pflanzenwachstums mißachtend, in den Kraftfluß ein. Er würde ihn hemmen und fehlleiten, vielleicht gerade dort beschneiden, wo seine Kraft zum nächsten Entwicklungsschub ansetzt, oder ihn ohne Rücksicht auf Verluste zurechtstutzen, *niederschneiden* bis zum Krüppel, der weder festen Stand in sich erwerben, noch einen guten Ertrag an vollen Trauben bringen kann. Vielmehr beobachtet der wahre Gärtner das Wachstum seiner Pflanze, berücksichtigt ihre Entwicklungsgesetze und kann so die Lebenskraft des Weinstocks fördern und anregen, seine Fruchtbarkeit erschöpfend aus ihm *»hervorziehen«* und seine Tragbarkeit optimieren. Die Natur kann uns zeigen, wie wir mit ihr umzugehen haben. Sie kann uns aber auch belehren, wie und unter welchen Bedingungen die Menschenpflanze wächst, gedeiht und blüht und Früchte bringt. Denn *»in beiden wirken doch Kräfte, welche aus einer Quelle geflossen und nach gleichem Gesetz tätig sind«.*

Der Mensch aber muß sich dieser Quelle bewußt werden. Erst dann wird er erkennen können, daß es die Quelle ist, welche die Würde jedes Lebewesens ausmacht. *Achtung* des Lebens ist sein größter Schutz, wirkt jeder Art von *Mißachtung* entgegen. Das Lebensfeindliche, Lebensvernichtende ist dennoch unter uns, und Fröbel ist sich dieser *Verirrung* in höchstem Maße bewußt. Zeit seines Lebens setzt er sich in Wort und Tat dafür ein, die Extreme *erzieherischen Fehlverhaltens* einzudämmen, auszuschalten: die Willkür, die Gleichgültigkeit, die Verwilderung und das *Sich-selbst-Überlassen* des Kindes auf der einen Seite, der rigide Zwang, die falsche Autorität und Manipulation auf der anderen Seite. Aus diesem Grunde fordert er zwischen Gärtner und Pflanze, zwischen Erzieher und Kind ein besonderes *»lebendig Verknüpfendes«*, ein waltendes *»unsichtbares Drittes«*.

Naturbegegnung

Das *»unsichtbare Dritte«* ist etwas *Objektives,* das dem kosmischen Gesetz entspricht, den *Geist des Lebens* zum Ausdruck bringt und offenbaren kann. Klar und einsehbar soll es für sich sprechen, wirken und fordern. Auf der Ebene des menschlichen Verstandes ist die Zahl eine *»sichere Leiter«* der Erkenntnis, zum Beispiel in Form mathematischer Gesetzmäßigkeiten, an denen nicht zu rütteln ist. Diese Gesetzmäßigkeiten sind zwar nicht das Lebendige selbst, aber drücken die Gesetze des Lebens klar und deutlich aus. Das Kind kann in der Auseinandersetzung mit ihnen grundlegende Einsichten gewinnen, den Geist klären und zu Bewußtsein gelangen.

Die Zahl erwacht zum Leben, erhält Lebendigkeit und Sinnlichkeit in ihren mannigfaltigen Erscheinungen der Natur. Die Natur ist das *»unsichtbarsichtbare Geisterreich«.* In unendlich vielen verschiedenen Gestalten offenbart sich der Geist als zahlhaftes Gesetz, so in den natürlichen Entwicklungsgesetzen, wie sie beispielsweise das Wachstum einer Pflanze zum Ausdruck bringt, in symbolhaften Zeichen und Formen, in der Gestalt der Pflanzen, der Zahlhaftigkeit der Blätter- und Blütenformen, ebenso aber auch in den sinnlichen Erscheinungen wie dem Duft der Rose oder Lilie. Die Natur kann und soll ein *lebendiges Drittes* zwischen Kind und Erzieher sein, aber sie muß dem Kind auch gelassen, geboten und nahegebracht werden. Ihre *Weisheit* will erkannt und erfahren werden. Sie muß sich aussprechen dürfen, damit der Mensch sie selbsttätig und frei lieben, erforschen und entdecken lernen kann. Nicht ohne Grund treibt es so manchen Menschen zu den Dingen der Natur, den Steinen, Pflanzen, Blumen, Bäumen, Tieren. Sucht er *»die alle Dinge und Wesen einende Einheit und so auch sich selbst in und unter allen Dingen zu finden«?* Naturbegegnung ist Selbstbegegnung, Naturerfahrung Selbsterfahrung, Naturerkenntnis Selbsterkenntnis. Denn *»die Seele, das Gemüt des Menschen, und die Seele der Dinge, die Natur, sind in ihrem innersten Wesen eins und dasselbe«.* Sie entspringen einer gemeinsamen Quelle, unterliegen dem gleichen Gesetz. In der Natur ist daher *»schlechterdings nichts, auch nicht das Geringste, was den Beobachtenden nicht zu höherer Vollkommenheit führe. In der Natur ist nichts, was nicht zur Erkenntnis der Wahrheit (...) führe.«* Aber Beobachten will geschult, Erkennen will gelernt sein. Das gewöhnlich *»isolierte«* Betrachten der Natur konzentriert sich in der Regel auf Einzelerscheinungen, die als etwas Geschiedenes, Getrenntes ohne *»inneres Band«* wahrgenommen werden. Aber die Natur soll bei aller faszinierenden Einzelbetrachtung auch als lebendiger Gesamtorganismus, als große Einheit, *»als eine Lebensgestalt«* empfunden und erforscht werden. Denn *»alle Einzelkräfte wie Stoffe, Töne, Farben, Formen und Gestalten haben ihre innere Einheit, ihren lebendigen inneren Zusammenhang in und unter sich und mit dem Ganzen«*. Aus diesem Grund empfiehlt Fröbel den Erziehern, den Kindern auf gemeinsamen Spaziergängen oder kleineren Reisen *»eine Gegend, in der sie leben, als ein Ganzes schauen zu lernen und die Natur als ein stetiges Ganzes fühlend und empfindend zu machen«*, anstatt sie *»wie eine Herde Schafe hinauszutreiben«, »wie eine Kompanie Soldaten hinauszuführen«*. Kinder, und nicht nur sie, sollen im Freien leben, atmen, sich bewegen, *in* und *mit* der Natur sein. Das gemeinsame Streben aller könnte sein, *»das Leben und den Geist der Natur in sich aufzunehmen, in sich leben und wirken zu lassen«*. Denn *»was hätten sonst alle Spaziergänge für einen unmittelbaren geistigen Nutzen? Sie machten tot statt lebendig. Sie machten leer, statt Fülle zu geben. Wie der Mensch die Luft, von welcher er rings umschlossen ist, als zu sich gehörig betrachtet und reine Luft einatmet, so soll er die reine klare Natur, die ihn überall umgibt, als zu sich gehörig betrachten und den großen Geist, der in ihr wohnt, in sich eindringen lassen.«* Denn allen Einzelheiten liegt eine allumfassende Einheit, ein *»zutiefst verborgener Herzpunkt und ein darin wirkendes Gesetz«* zugrunde. Und diesem Gesetz *auf den Grund zu gehen,* ist das eigentliche Ziel jeder wahren Naturbetrachtung. So soll zum Beispiel jede Blume, jeder Baum und jeder Gegenstand zunächst in seinem Gesamteindruck, seiner Einheit erfahren werden. *»Während der Betrachtung aller Einzelheiten und Glieder des Gegenstandes muß das Bild des Ganzen gleichsam als Umriß, wie die verknüpfende und bedingende Seele, immer zugrunde liegen.«* Die in einem Gegenstand oder einer Pflanze wirksame und alles verbindende Lebenskraft soll stets im Bewußtsein gehalten werden. Denn die Natur ist ein *»heiliges Buch«,* doch muß man in ihm zu lesen verstehen. Erzieher und Gärtner können helfen, das *Buch* der Natur in eine *Sprache* zu übersetzen, die der Mensch langsam verstehen, achten, lieben lernt. Diese Sprache könnte uns zeigen und lehren, *»wie in der äußeren Natur alles einem inneren Gesetze gehorcht, alles ein inneres Gesetz ausspricht, alles Gesetz an sich ist«*. Die Tatsache, daß jede Einzelerscheinung aus der Einheit hervorgeht, sich nach dem sphärischen Gesetz zur Vielheit gestaltet und wieder zur Einheit zurückkehrt, ist *»der Grund, die Wahrheit aller Naturerkenntnis und Naturbetrachtung. Ohne sie findet gar keine echte, wahre, fruchtbringende Naturforschung statt. Ohne sie ist gar keine wahre, zu Einsicht in das Wesen der Natur führende Naturbetrachtung möglich. Nur der ist Naturforscher, der diese Wahrheit, bewußt oder unbewußt, weiß!«* Und nur so *»bleibt die Natur dem Menschen nicht länger ein Totes, Stummes, Zerstücktes, Zerrissenes, Herzloses. Nein, sie wird ein lebendiges, sprechendes Ganzes, ein nie irreführendes festes und sicheres Sinnbild des Lebens, eine Quelle der Liebe, die zur Liebe führt.«* Naturbetrachtung, die letztlich immer zur *Naturbegegnung* wird, ist so verstanden ein freier, sinnlich-geistiger Umgang mit der Natur, ein von Liebe getragener, herzlicher Dialog, ein Genießen und Wertschätzen der Natur, ein *Aufgehen* in ihr. Wir brauchen keine *abgehobenen*, weltabgewandten Lehren. Warum mit *»Reizmitteln aus dem Jenseits«* locken und dem Diesseits, dem Hier und Jetzt, der Schönheit und Kraft der Natur den Rücken kehren? Die Natur bildet *»eine schönere Leiter zum Himmel und zur Erde, als Jacob sah, nicht eine einseitige, sondern eine allseitige, nicht nach einer, nach allen Richtungen hin. Nicht im Traum siehst du sie, sie ist bleibend, überall umgibt sie dich!«*

Fröbel selbst versteht und bezeichnet sein Leben als ein *»natürlich-religiöses«* nicht nur deshalb, weil ihm die Natur ein *»unsichtbarsichtbares Gottesreich«* ist, sondern auch, weil er gegen alle falsche, heuchlerische Religion ankämpft, die dem Menschen äußere und, was vielleicht noch schlimmer ist, *»innere Fesseln«* anlegt und seiner freien, natürlichen Entwicklung entgegenwirkt. Seine Religion ist ein schöpferischer Weg der Freiheit und Selbstbestimmung, und sein persönliches Vorbild ist das Leben eines Menschen, der *»den ursprünglichen Grund seines Seins, seines Erscheinens und Lebens klar und lebendig in sich erkannte, welches selbsttätig und selbständig durch ewige Bedingung, nach dem ewigen Gesetz, aus dem ewig Lebenden, ewig Schaffenden hervorging«*. Und dieses höchste Vorbild, der erleuchtete, verwandelte, vollendete Mensch, fordert, daß *(...) jeder Mensch für sich und für andere werde, daß jeder Mensch nach ewigem Gesetz, mit Freiheit und Selbstbestimmung und Selbstwahl aus sich hervortrete«*. Des Menschen Bestimmung ist, *»(...) durch die Endlichkeit, Räumlichkeit und Leiblichkeit hindurchzugehen, mit Selbstbestimmung sich seines freien und göttlichen Wesens bewußt zu werden«* und *»außerhalb von sich in alle Ewigkeit durch alle Ewigkeit hindurch zu offenbaren«*. Da nun *»Religion ohne Tätigkeit, ohne*

Arbeit Gefahr läuft, leere Träumerei, nichtige Schwärmerei, gehaltloses Phantom zu werden, und Arbeit, Tätigkeit ohne Religion den Menschen zum Lasttier, zur Maschine macht«, kann sich diese Offenbarung nur in der Einigung von Glaube und Tat vollziehen. Und diese Offenbarung ist eine schöpferische, spielerische Offenbarung.

Weltenspiele

D*er Baum, der im Winter so kahl dasteht, bricht im Frühling hervor in unzähligen Knospen und Blättern. So strebt das einige Leben des Kindes, in unendlich vielem sich kundzutun, um seine verborgene Fülle kennenzulernen.«* Der Baum tritt scheinbar wie von selbst, wie von geheimer Hand geleitet, in immer neues Leben ein. Nach starrem Winter bricht belebender Frühling an, und sein still in sich gekehrtes Sein beginnt sich neu zu regen, strebt nach innerer Bewegung, die bald nach außen treibt. Nicht nur die innere Triebkraft läßt seine Lebenssäfte schwellen. Auch die Natur, das Leben um ihn her, erweckt ihn aus dem tiefen Schlaf. Aus feuchtem, fruchtbarem Erdreich tränkt er sein Wesen, spielt zugleich mit dem Himmelslicht, mit warmen Sonnenstrahlen, die ihm besondere Nahrung sind und seine Lebenssäfte steigen lassen, ihn durchdringen und erfüllen, bis er in voller Blüte steht und Früchte trägt. So wie der Baum nach ewigem Gesetz in seine Fülle tritt, so auch der Mensch. Entwicklung ist Bewegung, nimmt seinen Lauf in immer neu belebter und erfüllter Spannung zwischen Gegensätzen. Sie ist ein schöpferisches Spiel, pulsierender, freier *Kampf,* der sich nach Frieden, Ruhe sehnt. Sie ist Emporstreben zu einem *»höher liegenden Geeinten«.*

Den Drang nach Entfaltung besitzt das Kind in ganz besonderem Maße. Es zeigt Interesse an der Umwelt, möchte am Leben teilnehmen, seine Umwelt er- und begreifen. Vielleicht baut es Brücken und schnitzt Boote, bastelt Sterne, flicht Kränze, sammelt Blätter, pflanzt Zwiebeln, pflückt Blumen, erntet Beeren, beobachtet Insekten und pflegt Tiere. Denn Entwicklung geschieht nicht durch passives Anschauen, Konsumieren, Belehren, sondern durch aktive Selbsttätigkeit, durch freies, kreatives Spiel. Das Spiel ist *»der Schlüssel zur Außenwelt«* und zugleich das beste Mittel zum *»Wecken der Innenwelt«.* Das schöpferische Kind erschafft und spielt nach dem Gesetz der Welt, dem sphärischen Gesetz der Gegensätze. Es liebt den Wechsel der *Entgegensetzung.* Es *ballt* gerne alles zusammen, was ihm unter die Finger kommt, möchte einzelnes zu einem Ganzen verknüpfen, aus verschiedenen Materialien etwas gestalten und entstehen lassen. So bindet es aus Blumen einen Strauß, bastelt aus Kastanien Tiergestalten oder schaufelt Sand, um Burgen zu erbauen. Und doch liebt es auch das Zerteilen, ja Zerstören eines Ganzen, um Einzelteile und ihren Zusammenhang zu erforschen, und um aus den nun neu verfügbaren Einzelteilen etwas ganz anderes, Neues entstehen lassen zu können. Indem es beständig die Einheit zur Vielheit zerlegt und die Vielheit zu neuer Einheit verknüpft, macht es sich ganz von selbst *»etwas zu schaffen«.* Im Zergliedern und wieder Vereinen vollzieht das Kind die große Schöpfung nach, setzt sie fort und kann durch sich die Schöpferkraft erfahren, die aller Vielheit der Welt als Urgrund und Zielpunkt zugrunde liegt. Wen wundert es, daß das Kind nicht ruhen kann und ungehalten wird, wenn es unbeschäftigt bleibt, aufgrund von Hektik, Unruhe, Reizüberflutung weder zu seiner inneren Kraftquelle vorstoßen kann, noch Möglichkeit, Raum und Freiheit zu schöpferischem Tun besitzt? Auch Dumpfheit, Monotonie, das Unbelebte, Tote begraben, ersticken alles Leben, das sich nach innerer und äußerer Fülle sehnt. Ganz instinktiv treibt es das Kind noch zum Lebendigen, Belebten, Vielfältigen; es möchte die Art und Weise seiner Tätigkeiten wechseln, wünscht von den unterschiedlichsten Materialien Gebrauch zu machen. Es möchte alle Sinne erproben, will schmecken, tasten, fühlen, hören, sehen, ist hungrig nach Welt, Leben, Liebe und geht mit allem auf eine freie, spontane, spielerisch kreative Weise um, die es die Fülle des Lebens, seinen inneren und äußeren Reichtum kosten und genießen läßt. Im Spiel kann sich das Kind frei nach allen Richtungen und Beziehungen ausbilden, seine Kräfte, Anlagen, Neigungen wecken und steigern, seinen Hoffnungen und Wünschen begegnen. Das Spiel erschließt das Kind für die Welt, so wie sich umgekehrt die Welt dem Kind erschließt.

Fröbel setzt seine Weltphilosophie und Erziehungskonzeption in die Tat um. Er entwickelt ein ganzes System aufeinander aufbauender *»Spiel- und Beschäftigungsmittel«,* die geradezu universell einsetzbar sind. Nichts soll in fertiger Form vorgegeben werden, vielmehr sollen die Spielmaterialien dem Kind Lust machen, selbsttätig und kreativ damit umzugehen, sie immer neu zu variieren, zu arrangieren und sich auch bei der Schaffung der rechten Spielbedingungen mit eigenen Ideen beteiligen. Die Spielgegenstände sollen die Erfahrungen über Dinge und Wesen der Welt bereichern, Einsichten in ihre innere Gesetzmäßigkeit, Verwendbarkeit und Schönheit liefern. Sie sollen die Phantasie anregen, die Geschicklichkeit schulen, Voraussicht und Konzentration entwickeln sowie soziale Beziehungen anbahnen. Die Spielgaben besitzen Symbolcharakter, hinter jedem sinnlich gegebenen Gegenstand steckt ein tieferer Sinn. Nicht ohne Grund entwickelt Fröbel seine *»Spiel- und Beschäftigungsmittel«* am Vorbild der Natur. So wie sich die Sphäre aus einer Einheit heraus entfaltet, sich in die Mannigfaltigkeit seiner Erscheinungen zerlegt und wieder zur Einheit zurückkehrt, so sind auch die Spielgaben und Beschäftigungsmittel nach diesem System, einer Art *Baukastenordnung,* aufgebaut. Sie gehen von der Einfachheit aus, differenzieren und entfalten sich zu einem Reichtum an Formen und Materialien und bleiben doch immer rückbezogen auf die Einheit, aus der sie hervorgegangen sind.

Da alles aus dem Einen, Einfachen hervorgeht, so muß auch das Spiel des Kindes von einer Einheit, einem Einfachsten ausgehen, aus dem sich eine Vielfalt an Formen und Materialien entwickeln kann. Mit diesen Überlegungen legt Fröbel das Fundament seines Spielgabensystems: Die erste Spielgabe, die *Urgabe* aller Gaben, die Urform aller Formen, muß die Gestalt des Punktigen, Kugligen besitzen. Es ist der Ball. Die runde Form erscheint auch durchgehend in der Natur, als alles in sich schließende Knospe, die nach Entfaltung drängt, sich dann in ihrer Blüte als Duft verströmt und schließlich als zumeist rundliche oder traubige Frucht seine Entwicklung vollendet, *abrundet.* Sie ist überhaupt *»die allgemeinst erste sowie die allgemeinst letzte Naturform: so die großen Weltkörper, Sonnen, Planeten, Monde; so das Wasser und alles Flüssige; die Luft und alles Gasförmige und Feste, Erdige in seiner feinsten, pulverigen Gestalt, dem Staub; jedes in seiner Einzelerscheinung«* bis hin zum Atom. Was ist das Besondere am Runden, diesem Symbol der alles in sich schließenden, umspannenden Sphäre, diesem All oder, in Fröbels sinniger Schreibweise, diesem *B-All?* Der Ball gleicht dem All, jenem räumlich-stofflichen Erzeugnis der einen Kraft, die sich nach allen Richtungen hin allseitig frei und ungehindert entwickelt hat. Er ist in sich gerundet, keine Linie, keine Ebene, keine Seite tritt an ihm hervor. Und doch ist er allpunktig, allseitig, allflächig, denn er trägt alle Punkte, alle Linien, Seiten, Flächen in sich selbst. So soll der Ball, zunächst als weicher, bunter Stoffball, des Kindes *»erster Spielgefährte«* sein und ist dies auch *»mit vollem Recht: Das Kind ergreift mit dem Ball gleichsam seine ganze Bestimmung und Lebensaufgabe im Bilde. Denn durch alle Entwicklung will es zuletzt doch nur sich selbst als eine bewußte Einheit erfassen, will die Welt als ein Ganzes in sich aufnehmen und ihren Schöpfer als das einige Wesen, was alles aus sich entwickelt und alles in sich eint, lebendig fühlen und mit ihm sich geeint wissen.«* Von dieser Urgestalt alles Seienden fächert Fröbel die Vielfalt der unterschiedlichsten Formen, Gaben und Materialien auf.

Die Spielgaben können und sollen als *Erkenntnis-*, *Lebens-* und *Schönheitsformen* eingesetzt werden. Die *»Erkenntnisformen«* dienen dazu, durch Tätigkeiten wie Vergleichen, Messen, Zerlegen und Zusammenfügen Raum-, Zahlen-, Zeit- und Bewegungsverhältnisse, auch mathematische und geometrische Gesetzmäßigkeiten zu vermitteln. Da nur eine Fülle an verschiedensten Erkenntnisformen dem Kind eine Vielfalt an Gesetzen anschaulich machen kann, unterscheidet Fröbel körperartige Gruppen (Kugel, Würfel, Walze, Kegel), flächenartige (Quadrate, Dreiecke, die verschiedenen Formen der Blätter), linienförmige (Holzstäbe, Späne, Äste, Papierstreifen) und punktförmige Beschäftigungsmittel (Steinchen, Früchte, Perlen, Sand). Nicht nur die geistige Durchdringung bestimmter Formengesetze wird angebahnt, auch die sinnliche Wahrnehmung, die Erfahrung der Welt in ihrer materialen Vielfalt wird geschult. So wechseln die Gaben in ihrer Beschaffenheit: Holz, Ton, Wachs, Stoff, Papier oder sonstige Naturmaterialien bilden ein breites Spektrum an sinnlichem Material. Die dem Kind zum Bewußtsein kommende gegenständliche Welt erweitert sich nach und nach immer mehr. Seine Spiele werden bunter, vielfältiger, auch komplizierter und planmäßiger. Die Spielgaben erhalten zunehmend den Charakter des Bauens und Schaffens. Nicht nur die geistige Erkenntnis und das schöpferische Umgehen mit den Spielgaben, auch das Vertrautwerden mit seiner Umwelt kann im Spiel angebahnt werden. So werden Gegenstände aus dem täglichen Leben, sogenannte *»Lebensformen«* gebaut, die zur unmittelbaren Umgebung des Kindes gehören, zum Beispiel Tische, Bänke, Treppen, Mauern, Häuser, Brücken, Bäume, Gärten, Wege. Im Spiel mit diesen Lebensformen drückt das Kind seine Beziehung zur Umwelt aus und gestaltet sie nach oder, was weit besser und anzustreben ist: schafft und baut sie nach seinen eigenen Vorstellungen und Wünschen selbst. Die Spielmittel dienen auch der ästhetischen Sensibilisierung. Fröbel hat zu diesem Zweck bestimmte ästhetische Urformen zusammengestellt, die im Kind den Sinn für Ebenmaß, Ordnung, Harmonie und Einklang entwickeln. Bei diesen *»Schönheitsformen«* handelt es sich eigentlich um *Ornamente,* die der Mineralwelt und Natur entlehnt sind, wie zum Beispiel die Form der Schneekristalle, des Kreuzes oder Blätter-, Stern- und Blumenformen aller Art. Diese Schönheitsformen können und sollen in ihrer Erscheinung in der Natur entdeckt und betrachtet oder im Spiel selbsttätig geschaffen werden. Nicht nur das Umgehen, Beobachten, Spielen und Bauen mit anderen Dingen und Wesen, auch das Spiel mit sich selbst, die Selbstwahrnehmung, das Umgehen mit dem eigenen Körper, die Eigenbewegung muß Teil des großen Lebensspiels werden: Bewegungs- und Darstellungsspiele, Geh-, Lauf- und Wanderspiele, Sing- und Sprachspiele gehören ebenso hierher wie die besonders bedeutungsvollen *»Kreisspiele«,* welche das Lebensganze symbolisieren und in der Darstellung von Sternen, Blumen und Mustern die Schönheitsformen in Bewegung setzen, auf diesem Wege eine Harmonie im Einzel- als auch Gemeinschaftstanz zum Ausdruck bringen.

Gibt es nun so etwas wie einen Spielführer? Wer spielt mit wem, wie und warum? Das Spielen ist freie Selbsttätigkeit, aber kein willkürliches, wildes *Drauflos* ohne Sinn und Ziel. Es gilt, einen Rahmen zu schaffen, der die Möglichkeiten des Spiels optimal zuläßt und unterstützt. So muß die *Baukastenordnung,* die Systematik der einzelnen, aufeinanderfolgenden Spielgaben der Entwicklung des Kindes angemessen sein. Daher soll ein *Spielbegleiter,* ein sich im Hintergrund aufhaltender *Mitspieler* zumindest einen Überblick über Abfolge und Bedeutung der Spielgaben behalten und dort nachhelfen, wo das Kind nicht weiter weiß oder einer Anregung von außen bedarf. Wenn ein Spielführer in Aktion tritt, so nur behutsam, begleitend, niemals den individuellen Spielfluß des Kindes vorausnehmend oder behindernd. Kinder sind meist derart in ihr sinniges, ihr stilles Spiel vertieft, daß es immer störend wirkt, wenn jemand, helfend oder klärend, eingreifen will. Da heißt es oft, im Sinne kindlicher Äußerungen: *»Laß mich erst in und mit mir selbst klarwerden, ehe du mir mit einer fremden, gemachten, vereinzelten Klarheit vor Augen kommst!«* Die

Dinge, die Natur, ihre inneren Gesetzmäßigkeiten sprechen sowieso für sich. Sie sind die eigentlichen Spielführer! Und ein guter Spielbegleiter weiß, daß ein einfaches, natürliches Kind keine *»halben Wahrheiten und falschen Vorstellungen (...) erträgt und duldet«*. Er geht ihren Fragen *»still, sinnig und sinnend«* nach, sie werden ihn *»leiten«*, denn sie haben ihren Grund im kindlichen, einfachen, unverbildeten Menschengeist. Kinder fragen mehr, als ihnen ihre *großen Mitspieler und Menschengärtner* beantworten können. Innere Weisheit, und sei sie noch so einfach, unbewußt und kindlich, läßt sich daran erkennen, daß nicht mit absoluten Antworten geprotzt wird, sondern die richtigen Fragen gestellt werden. Und Kinder stellen richtige Fragen, auf die die Erwachsenen zumeist keine *absoluten* Antworten zu geben fähig sind. Wie aber soll mit diesen Fragen umgegangen werden? *»Entweder stehst du an der Grenze des Irdischen und der Pforte des Göttlichen, dann sprich es einfach aus, des Kindes Gemüt und Geist wird sich beruhigt fühlen; oder du stehst an der Grenze nur deines Wissens und Erkennens, dann scheue dich ebenfalls nicht, es auszusprechen. Nur hüte dich zu sagen, als ständet ihr* (beide) *in diesem Fall an der Grenze der menschlichen Einsicht überhaupt; dies zerdrückt und verkrüppelt den menschlichen Geist.«* Spielen ist Dialog, Kommunikation, und alle, die daran teilnehmen, kommen sich selbst und dem anderen näher. *»Das Spiel, recht erkannt und recht gepflegt, einigt das keimende Kindesleben mit dem Erfahrungsleben des Erwachsenen und fördert so eines durch das andere.«* So wie das Kind die behutsame, sich meist im Hintergrund haltende Hilfestellung annehmen kann, wenn es will, so muß auch der Erwachsene bereit sein, sein eigenes Verhalten zu korrigieren, sich immer neu auf das Kind einzustellen. Daher ist das Spiel für alle *»(...) ein Spiegel des Lebens, des eigenen und des Fremdlebens, des Innen- und Umlebens; aber in Freiheit der Darstellung und doch getragen vom inneren Gesetz und deshalb das Leben«*. In seiner Durchdringung von Gesetz, Freiheit und Leben liegt seine Schönheit, Leichtigkeit und Heiterkeit, keine Willkür, keine Flatterhaftigkeit, kein Leichtsinn, keine Nutzlosigkeit oder Gleichgültigkeit, wie viele meinen mögen. Spiel hat nichts mit *Spielerei* zu tun, sondern besitzt *»bei aller Lust und Freude hohe Bedeutung und tiefen Ernst«*. Es kann Selbst-, Andern-, und Allerkenntnis fördern und vermag des Menschen Gegensätze, die inneren, widerstreitenden Triebe zu einer Stimmigkeit und Harmonie zu erheben, die den Menschen zu einer *schönen Seele* bilden werden. Daher sind die Spiele des Kindesalters *»die Herzblätter des ganzen zukünftigen Lebens«,* und aus ihnen schält sich das Verhältnis des Menschen zu sich selbst, zu den anderen, zur Natur und zu dem großen Einen heraus. Es gebiert *»Freude, Freiheit, Zufriedenheit und Ruhe in und außer sich, Frieden mit der Welt«.* Es ist *»das große Spiel des Lebens selbst«,* das unser aller Quelle zum Fließen, Sprudeln bringt.

Wir Erwachsenen haben das Spielen verlernt. Was aber kann das Kind, was wir verloren haben? Seine Phantasie ist reich und unerschöpflich, sein Schaffenstrieb kennt keine Grenzen, sein Wissensdurst ist unersättlich. Es ist nicht starr fixiert auf sein Gefertigtes, nimmt sein Ergebnis nicht so wichtig. Es will nicht festhalten am selbst Produzierten, es absichern und konservieren, *einmotten* auf ewig. Es kann loslassen, sich trotzdem freuen und bleibt beständig und lebendig im Fluß des Schaffens. Es gibt sich ganz der spielerischen und doch ernsten Umsetzung seiner Phantasien und Pläne hin. Es überlegt, probiert, verwirft, bespricht und konfrontiert sich mit anderen, probiert noch einmal, arrangiert um, korrigiert und baut neu. Es mag zuweilen verärgert, abgekämpft, enttäuscht sein über Mißerfolg. Aber wenn sein Schaffen konkret Gestalt annimmt und Früchte bringt, wenn das Kind unbewußt ahnt und an sich erfährt, daß es vielleicht wieder einen Schritt vorangekommen ist, eine neue, bisher schlummernde Fähigkeit seines Wesens entfalten konnte, wird es trotz aller Anstrengung glücklich und zufrieden sein. Dem Kind fällt leichter, keiner zwanghaften Starre zu verfallen, in der es kein *vor und zurück,* ein nur noch *Auf-der-Stelle-Treten* gibt. Es spielt in Lebendigkeit, liebt das Dynamische, nie Ruhende, bewegt seinen Geist, seinen Körper, bereit für die Aufgaben, die sich ihm stellen, hat keine Angst vor Fehlern, wächst auf im Umgang mit anderen, lebt frei in Dialog, Achtsamkeit und Hingabe und faßt Vertrauen zu sich selbst, zur Welt, zum Urgrund alles Seienden.

Wenn wir spielen, wird uns das Unbekannte bekannt, die Ferne nah, das Dunkel Licht, die Fremde Heimat. Heimat aber ist etwas, was uns umgibt, sich zugleich in uns selbst befindet und so die Gegensätze *einen* kann. Das freie Spielen ist Brückenbauen zwischen Innen und Außen, Geist und Natur, Ich und Du, ist Heimkommen, *»Lebenseinigung«, »lehrt den einen höchsten Grund von beiden ahnen und empfinden«,* die *»geistige Einheit«,* den *»allumfassenden Geist«,* der Wahrheit, Leben, Liebe ist.

Kindergarten

Jeder von uns kennt den *»Kindergarten«*. Seine Existenz ist uns längst zur Selbstverständlichkeit geworden. Friedrich Fröbel hat ihn begründet und allen Widerständen zum Trotz in unsere Welt gebracht. An einem leuchtenden Maimorgen, während einer Wanderung mit seinen engsten Freunden, befällt ihn der Name *»Kindergarten«* wie eine Offenbarung: *»In einem Garten unter göttlichem Schutz und unter der Sorgfalt erfahrener, einsichtiger Gärtner, im Einklange mit der Natur sollen die edelsten Gewächse, die Menschen, Kinder, als Keime und Glieder der Menschheit in Übereinstimmung mit sich, dem Göttlichen und der Natur erzogen (...) werden.«* Da das Kind *»ein Ebenbild seines Schöpfers«*, ein durch Schaffen und Schauen *»zum Bewußtsein emporsteigendes Wesen«* ist, muß es geführt werden, *»daß es gleichsam wie an der Hand des Schöpfers (...) die Natur und die Menschenwelt schaffend aus sich darstelle und schauend in sich aufnehme, aus der Einheit die Mannigfaltigkeit entwickele und für jede Mannigfaltigkeit die Einheit wieder finden lerne«*. Der Kindergarten ist also keine *Bewahranstalt,* auch keine *Warte- oder Spielschule,* sondern *»fordert (...) notwendig, einen Garten und in diesem notwendig Gärten und Gärtner für Kinder«*. Dieser Garten ist eine Welt für sich, ein *»Paradies«*, dem großen Ziel der *»Lebenseinigung«* verpflichtet. In ihm wird *Lebenskunst* im weitesten Sinne, in vielseitigster Weise frei, schöpferisch, selbsttätig und gemeinschaftlich gelebt. Hier wird all das zur lebendigen Anwendung und Anschauung gebracht, was Fröbel in seiner großangelegten Philosophie und Spieltheorie entwickelt hat. Das Leben im Kindergarten ruht auf drei Pfeilern: erstens der Arbeit im Garten, also dem erkenntnisbringenden, alle Sinne schulenden, pflegenden und verantwortungsvollen Umgang mit der Natur; zweitens der Beschäftigung mit den Spielgaben und Naturmaterialien aller Art; und drittens den verschiedenen Bewegungs- und Tanzspielen. Es ist leicht vorstellbar, daß in den Kindergärten reges Treiben herrscht.

Was den eigentlichen Garten im Kindergarten betrifft, so steht für Fröbel ohne Zweifel fest: Es ist ein unberechenbarer Gewinn für das Kind, durch die Pflege eines eigenen kleinen Gartens von der dunklen Ahnung zur klaren Erfahrung und Einsicht der natürlichen und allgemeinen Entwicklungsgesetze zu gelangen. *»Denn wer so in der Mitte des Ganzen steht und so in und aus demselben hervorwächst, der muß wohl das Ganze erfassen.«* Es gilt, den Kindern die Augen und Sinne für das zu öffnen, was um sie herum vorgeht, auch an *denkendes Beobachten* zu gewöhnen, sie umfassend auf die Natur, ihre Einheit und Vielheit, ihr Wachstum und ihre Wandlungen hinzuweisen. Der Kinder Betrachten, selbsttätiges Tun vollzieht sich nach den natürlichen Gesetzen der Natur, im Rhythmus der Jahreszeiten. Denn nicht nur die Naturbegegnung im allgemeinen, das Wandern im Freien zu den verschiedensten Jahreszeiten, das Pflücken der Blumen am Wegrand, das Betrachten der blühenden Sträucher, das Beklettern der Bäume und Ernten der Äpfel, Kirschen und Beeren vermittelt dem Kind die Kraft der Natur und Einheit der Welt. *»Nein! – es einigt sich noch mehr mit der Natur dadurch, daß es sie selbst pflegt, auf eigenem Beet, im wirklichen Kindergarten das Samenkorn steckt, es gleichsam aus dem Grabe unter seiner Pflege erstehen, wachsen, blühen und fruchten sieht; es lernt hier an einem andern tun und üben, was mit ihm geschieht; (...) seine eigene Tätigkeit, sein Helfen läßt das Kind sich als ein Glied in dem großen Schöpfungsganzen finden; es fühlt die Liebe, das Leben (...) auch in sich selbst walten und empfindet sich eins mit Natur und Mensch, so auch mit dem, der beiden Leben und Dasein gibt.«*

Wie sieht nun dieser Garten im Kindergarten aus? Der Gesamtraum muß in zwei Teile zerfallen. Der eine Teil ist der Gemeinschaftsgarten, in dem alle Kinder zugleich sein, lernen und beobachten können. Der andere Teil setzt sich aus den Einzelbeeten der Kinder zusammen.

Im Gemeinschaftsgarten, der die Einzelbeete schützend umschließt, sollen alle Pflanzen als helfendes Muster und anregendes Vorbild stehen. Blumen, aber auch verschiedenste Gemüse-, Frucht- und Getreidesorten sollen angepflanzt werden, damit die Kinder reiche Blüte und Ernte haben. Sie können dann einige Blumen und Früchte mit nach Hause nehmen, den Eltern und Freunden zeigen, schenken und erzählen, was sie an der Natur erfahren und gelernt haben. Auch bietet sich an, dem Kindergarten eine blühende Umgebung zu geben, Blumen, Sträucher, Bäume rundherum anzulegen, einen Rahmen zu schaffen, der ihn zu einer Welt für sich, zu Heimat und Schonraum, zu einem kleinen *Paradies* werden läßt.

Auf den Einzelbeeten kann sich jedes Kind seine eigene, kleine Welt anlegen, sie hegen und pflegen. Seine Tätigkeiten wechseln je nach Jahreszeit. Das Abräumen der Beete für den Winter, das Einsammeln und Aufbewahren der Samen und Zwiebeln vor dem Frost, die Kompostierung fauler Früchte, abgefallener Blätter, trockener Zweige auf dem gemeinschaftlichen Komposthaufen, die verschiedensten Vorbereitungen zur Beetbepflanzung wie das Umgraben und Rechen der Erde sowie die ständige Pflege und Beobachtung der im Frühjahr gedeihenden Pflanzen, das Gießen der Blumen im Sommer, all das sind Tätigkeiten, die das Kind das ganze Jahr über in Anspruch nehmen. Jedes Kind darf auf seinem Beet pflanzen, was und wie es will, wobei es zu bedenken lohnt, daß sich bestimmte Pflanzen aufgrund ihrer Einfachheit und Symbolhaftigkeit besonders gut eignen, zum Beispiel die Tulpen mit ihren sechs Blüten-, sechs Staubblättern und dem dreigliedrigen Stempel. Anspruchslose Zwiebelpflanzen schenken dem Kind ein leicht zu erringendes Erfolgserlebnis und veranschaulichen die zyklische Bewegung des Lebens, das Rückziehen und innere Sammeln der Kräfte zum Herbst und Winter hin sowie das Aufschießen, die Aus- und Entfaltung der Kräfte, das Wachstum und die Blüte im Frühling und Sommer. Es bietet sich auch an, auf jedem Einzelbeet eine Frucht, zum Beispiel eine Erdbeerpflanze, zu setzen. Neben dem Pflanzen von Blumen können im zeitigen Frühjahr auch Laufbohnen, Winden- oder Kressekerne in die Erde gesteckt werden. Alles, was gepflanzt wird, soll gemeinsam betrachtet, verglichen, unterschieden und benannt werden. Grundsätzlich darf das Kind mit den Pflanzen umgehen, wie es will. So kann es aus den eigenen Fehlern lernen und selbst erleben, daß man sorgsam und gesetzmäßig mit den Gewächsen umgehen muß, daß sie bei guter Pflege am besten wachsen und am kräftigsten blühen. Jedes Kind trägt die Verantwortung seines Beetes allein, woraus ihm seine individuell-schöpferische Naturbeziehung erwächst.

Die Aufteilung in Gemeinschafts- und Einzelgarten drückt auf eine sehr einfache, aber anschauliche und für die Kinder konkret erfahrbare Weise aus, daß sich das Besondere, das einzelne Kind, im Schutz des Allgemeinen, des Ganzen, der Gemeinschaft frei entfalten kann und daß seine eigene freie Entwicklung dem Ganzen wiederum zugute kommt. So spricht sich *»nirgends schöner, lebensvoller und bestimmter (...) die Wechseltätigkeit zwischen Einzelnem und Einigem, zwischen Glied und Ganzem«*, zwischen Individuum und Gesellschaft aus. Ist doch der einzelne *»ein göttlicher Lebensfunke in einer in sich schließenden Knospe«*, *»ein Auge an dem großen Baum der Menschheit«*. Und dieses Auge soll sich ganz entfalten, soll seinen inneren Reichtum zur

Blüte bringen, auf diesem Weg die große Menschheitsblüte mit vorantreiben.

Der Kindergarten war Fröbels umfassendstes, größtes und zugleich mühevollstes Lebenswerk. Zu seiner Zeit wurde er kaum beachtet, nicht geduldet, schließlich verboten. Trotzdem verkündet Fröbel kurz vor seinem Tod: *»Ich sterbe nicht!«* Er hält Zeit seines Lebens an der Bestimmung fest: Der Mensch muß sich entfalten dürfen, wie die Lilie im Garten.

Lilienzeit ist Menschheitsfrühling.

Zum Dialog der Malerinnen aus Ost und aus West

Nachwort zu den Blumen- und Gartenbildern in diesem Buch

Mit traumwandlerischer Sicherheit setzt die chinesische Künstlerin *Chao-Hsiu Chen* Zeichen und Farben von auserlesener Schönheit. Die aus Taiwan stammende Meisterin vieler Künste kann sich von jahrtausendealten Traditionen tragen lassen, die ihre Kunst beherrschen bzw. die sie beherrscht. Die vollendete Schönheit, wie sie uns in ihren Blumen-, Blüten- und Pflanzenaquarellen begegnet, entfaltet sich nicht etwa in einer dafür eingerichteten Nische, wie wir dies in der westlichen Welt pflegen, wenn wir besonders schöne Exemplare von Blumen bzw. von Bildern von Blumen in einer Ecke isolieren, um die Häßlichkeit der Umgebung zu überstrahlen. Bei Chao-Hsiu Chen verläuft die Bewegung umgekehrt: Ihre Bilder sind Ausgangspunkte und Kraftfelder für die gesamte Verschönerung des umgebenden Raumes in Harmonie mit allen anderen Gegenständen dort. Als Lehrerin für Feng Shui, also für die Herstellung eines Einklanges von inneren mit äußeren Räumen, ist diese Integrierung von Kunstobjekten in ein Gesamtensemble für sie geradezu eine Selbstverständlichkeit.

Die meist nur spärliche Belegung der Bildfläche mit Detaildarstellungen von Blüten und Pflanzen weist auf die Offenheit für solche Korrespondenzen mit der Umgebung hin. Wenn also der Betrachter die Aquarelle von Chao-Hsiu Chen in Verbindung setzt mit sich und seinem Ambiente, ihre Formen- und Farbenpracht eindringen läßt in seine Wahrnehmung, mag sich ereignen, wozu die Künstlerin ihre ganze Kunstfertigkeit immer wieder aufbietet: In der durch die Kunst stimulierten Übereinstimmung des Betrachters mit den Gegenständen der sichtbaren Welt, nämlich der Natur, wird er sich allmählich einschwingen in die Rhythmen und Zeitmaße der unsichtbaren, inneren Welt. Auf ihre Weise und mit ihren Mitteln erlangt so die Künstlerin, was im Grunde auch jedes Arrangement von Naturkultivierung und damit jede Landschaftsgestaltung, jede Gartenschau beabsichtigt. Es ist ein Stück vom höchsten auf Erden erreichbaren Glück zu zeigen, das die Natur denen schenkt, die dies zu erfahren noch fähig sind.

Dieser Glückszustand wäre, mit westlichen Augen gesehen, das Paradies. Im Hohen Lied Salomons ist es als »Garten der Gärten« beschrieben. Wenn nun die höchste Steigerung kultivierter Natur, der Garten, und die höchste Steigerung des Glücks, der Zustand des Paradieses, dargestellt werden sollen, dann müssen dafür auch die höchsten verfügbaren Mittel des Menschen eingesetzt werden. Dieser Herausforderung stellt sich die österreichische, in München lebende Malerin *Veronica von Degenfeld*. In kräftigen, leuchtenden Farben, in innerer Ausgewogenheit der Komposition und Farbabstimmung ihrer Gemälde und Aquarelle, in Akzentuierungen, wie wir sie von der deutschen expressionistischen Malerei oder von den französischen »Fauves« kennen, vergegenwärtigt die Künstlerin in ihrem Zyklus »Garden of Gardens« die Geschichte aller Geschichten, die Erschaffung der Erde zu einem Garten aller Gärten.

Der schönste Garten, der für den Menschen je vorstellbar war und sein wird, nämlich der Garten Eden, wird gefeiert in der gleißenden Darstellung eines Zitronenbaumes oder in einem die gesamte Malfläche bedeckenden Farbenrausch roter Rosen. Das Paradies der christlichen Heilsvorstellung ist keine sich selbst überlassene, unberührte Natur, sondern eine, in der Natur und Mensch sich miteinander verbinden zu einer sonst schmerzlich vermißten Einheit. Solche Einbeziehung des Menschen in den Paradiesgarten thematisiert Veronica von Degenfeld, indem sie die Verwobenheit der menschlichen Figur in die umgebende Landschaft so im Bildgeschehen inszeniert, daß eine unterscheidende Herauslösung der Entscheidung des Betrachters anheimgegeben ist. Diesen Kunstgriff erleben wir auf die Spitze getrieben in der Darstellung mit dem Titel »David und Goliath«, in der die Figuren völlig aufgehen in der sich verflüchtigenden Materie. Die Körper sind nahezu unsichtbar, erst bei näherem Hinsehen wird eine Vermutung über ihr Vorhandensein möglich (in der Mitte des unteren Bildteils) – ein Akt des »Glaubens« also, der beim Lesen des Bildes vollzogen wird.

Hier bemerken wir den wesentlichen Unterschied der beiden gleichermaßen auf Meditation und auf Versenkung in die inneren

Gärten der Seele ausgerichteten Künstlerinnen: Während Chao-Hsiu Chen in ihrer Kunst die menschliche Fähigkeit zur Herstellung einer Urharmonie in Kraft setzt, bezieht Veronica von Degenfeld ihre Kunst auf die Energie einer verborgenen, im Glauben sich offenbarenden Welt. Der Wiedereintritt in den »Garten der Gärten« ist daher bei ihr nicht mehr nur eine meditativ-ästhetische Leistung, sondern auch eine moralische, bezogen auf Schuld und Unschuld, wie das wunderschöne Gemälde des »Judasbaum« als einer Projektion der Sünde des Menschen auf die Natur verdeutlicht.

Die menschliche Schuld gegenüber der Schöpfung angesichts sich häufender ökologischer Katastrophen auf sich zu nehmen und die Natur und damit auch sich selbst zu befreien, erfordert Einhalt und Besinnung, welche der Dialog der beiden Künstlerinnen aus Ost und aus West herbeiführen kann.

Dr. Elmar Zorn
Kunstkurator
der Bundesgartenschau
Potsdam 2001

Anhang

Das Modell dreier Gärten

Gemäß der Wiesengrund-Philosophie präsentiert sich dieses Buch zu seinem Ende mit dem *Modell dreier Gärten,* hinter dem sich die Idee eines möglichen *Praxistransfers verbirgt,* wie mein Freund Albin das zu nennen pflegt. Hinter jedem dieser drei *eigenständigen Gärten* steht jeweils ein Mensch mit den entsprechenden *Arbeitsfeldern,* denen er in seinem Leben die größte Bedeutung beimißt und die er am tiefsten umgegraben, mit der größten Hingebung kultiviert hat. Diese Autonomie sowie eine innige geistige Verbundenheit bilden die Grundlage freundschaftlicher Zusammenarbeit. Unser gemeinsames Forum ist der *magische Garten,* in dem 3 x 1 weit mehr ist als die Summe seiner Teile und dessen Zugang wir im kreativen Austausch pflegen. Sowohl in den einzelnen Gärten wie auch dem gemeinsamen, der immer stets neu entsteht und sich nach Beendigung der Arbeit wieder unsichtbar in sein geistiges Wurzel- und Netzwerk zurückzieht, das von Mal zu Mal wächst, wie die Knollen mancher Sommerblumen, forschen wir daran, die diesem Buch zugrundeliegenden Prinzipien zur Anwendung zu bringen. Je nach Bedarf und Herausforderung arbeiten wir in allen Kombinationen zusammen, aber auch einzeln. Mehr über unsere Arbeit und die **Wiesengrund-Philosophie** erfahren Sie unter **www.wiesengrund-projekt.de** im Internet. Ein **Praxisbuch,** in dem wir unsere jeweilige und gemeinsame Arbeit vorstellen, ist in Vorbereitung. Im Folgenden die Seminar- und Kursleiter sowie ihre Angebote:

Ralf Sartori, 1962 in München geboren, ist ein erfahrener Landschaftsgärtner, der seit 1981 freiberuflich als Gartengestalter und -berater in München sowie Berlin tätig ist. Stets führte er auch alle handwerklichen Arbeiten selbst aus. Diese Tätigkeit vertiefte seine Hinwendung zum ›Weisheitsbuch der Natur‹. Dennoch wollte er diese Kenntnisse nicht nur auf den konkreten Garten angewendet wissen. Da für ihn die Einheit von Kunst und Leben immer ein wertvolles Gut war, ließ ihn seine universale Suche schließlich auch vor anderen beruflichen Pfaden nicht Halt machen: 1989 begann er eine neue Laufbahn als Tänzer in Berlin. Dabei widmete er sich vor allem den verschiedenen Richtungen des Argentinischen Tango, wie er noch heute in den Ballsälen von Montevideo und Buenos Aires getanzt wird. 1994 gründete er in München *Tango à la carte,* die Schule für Argentinischen Tango. Heute ist er auf vielseitige Weise in beratenden Funktionen, auch für gärtnerische Fragen, tätig, arbeitet als Bühnentänzer, Choreograph, Tanzpädagoge, Buchautor und Lyriker. Die Hauptthemen seiner Bücher und seiner praktischen Arbeit sind Eros, Beziehung, inneres Kind, Kreativität und *das Wissen des Gärtners,* das sich zuletzt seinen Weg zu dem Buch »*Wiesengrund*« gebahnt hat. Anhand des argentinischen Tango und auf der Grundlage einer mehrjährigen T'ai-Chi-Praxis hat er sich ein bewegungs- und tanztherapeutisches System im weitesten Sinne erarbeitet, für das ihm der Tango als *Metapher in Bewegung,* als Übungsfeld für ein *getanztes Beziehungsideal* und die Vereinigung von Gegensätzen stets mit neuen Entdeckungen und Herausforderungen inspiriert. Er bietet Tanzunterricht mit den Schwerpunkten Beziehung (männlich/weiblich, Mann/Frau), Dialog und Kommunikation, Nähe, Distanz, Autonomie und Hingabe an. Nach Wunsch findet die Arbeit mehr auf der tänzerischen, der philosophischen oder der paartherapeutischen Ebene statt. Dieses Angebot wendet sich ausdrücklich nicht nur an Tänzer und Tango-Interessierte.

Ralf Sartori
Ilmmünsterstraße 9
D-80686 München
Tel. 0049 / (0) 89 / 56 48 37
e-mail: tangoalacarte@aol.com
www.tango-a-la-carte.de und www.wiesengrund-projekt.de

Ralf Sartoris erstes Buch »*Tango. Die einende Kraft des tanzenden Eros*« entstand in Zusammenarbeit mit Petra Steidl. Es ist ebenfalls bei *Atlantis* im Heinrich Hugendubel Verlag erschienen.

Parallel zu »*Wiesengrund*« entstand im Sommer 2000 ***»Der Ozeangarten«,*** ein Lyrikband, erschienen im Kleb Verlag, der seinen Schwerpunkt auf den *Garten des Eros* legt und sich speziell mit den Themen *Eros und Individuation,* dem *erotischen Weg zum verlorenen Paradies,* befaßt. Darin sind die *Essenzen* dieses Buches in Form von Gedichten, Aphorismen und einer lyrischen Novelle, *»Letzte Worte einer Quell-Nymphe«,* poetisch verdichtet worden.

Petra Steidl, 1968 in Landshut geboren, begann ihre akademische Ausbildung mit dem Studium der Grundschulpädagogik, das sie, mit Hauptakzent auf Musik, Pädagogik und Geographie, mit dem 1. Staatsexamen beendete. Ihr besonderes Interesse am Menschen und die intensive Auseinandersetzung mit Musik in Theorie und Praxis (Klavier, Gesang) führten sie dazu, ein umfassendes Studium der Allgemeinen Pädagogik, Musikwissenschaft und Philosophie aufzunehmen, das sie derzeit, unterstützt durch ein Vollstipendium der Universität Würzburg, mit einer Dissertation auf dem Gebiet der Musikphilosophie und -pädagogik abschließt. Ein Arbeitsschwerpunkt liegt auf der Kreativität und Spiritualität des Menschen, die sie anhand pädagogisch-philosophischer, auch spirituell-mystischer Konzepte darstellt. Ihr besonderes Anliegen ist, diese Konzepte nicht nur einer begrenzten Fachwelt, sondern vor allem einem breiten Publikum verfügbar zu machen. Sie versteht diese Konzepte nicht als weltabgewandte Theorien, vielmehr macht sie deren Anwendbarkeit und Aktualität praktisch erfahrbar. Die Musik bietet sich dafür in besonderer Weise an. In jahrelanger Eigenerfahrung, Vortragsarbeit, Seminar- und privater Unterrichtstätigkeit haben sich Arbeitsschwerpunkte wie das Erleben von Musik als sinnliche, seelische und geistige Dimension sowie das ganzheitliche, bewußte Spielen und Hören von und Meditieren mit Musik herauskristallisiert. Petra Steidl ist Mitautorin des Buches *»Tango. Die einende Kraft des tanzenden Eros«,* in welchem sie in einer umfassenden *»Philosophie des Eros«* auf das Verhältnis von Eros und Kunst eingeht. Ein Buch über die Beziehung von Mensch und Musik ist in Vorbereitung.

Petra Steidl
Nibelungenstraße 76
D-80639 München
Tel. 0049 / (0) 89 / 12 71 29 96
Fax 0049 / (0) 89 / 12 71 29 97

Dr. Albin Peither, Diplom-Kaufmann, 1961 in München geboren, begann seine Laufbahn als Kunstschreiner und Berater für Inneneinrichtungen. Parallel dazu bildete er sich im Immobilienbereich fort und war danach acht Jahre als Hausverwalter und Projektentwickler tätig. Seit etwa sieben Jahren verbindet er seine weiteren beruflichen Erfahrungen als Unternehmensberater und Seminartrainer mit einer besonderen spirituellen Begabung und dem entsprechenden Wissen in kreativer Anwendungsvielfalt. Seine praktische Tätigkeit, die Aspekte aus der humanitären Bewegung und der Weisheit der Natur miteinbezieht, zielt auf Integration ökonomischer Interessen mit den Werten des Lebens und seiner Entfaltung. Ein Ziel seines Wirkens ist, den Menschen individuell den Weg in eine Spiritualität integrierende Ökonomie aufzuzeigen. Für Unternehmen bietet er Beratung, Coaching, Trainings und Vorträge für den persönlichen Weg an, zeigt Perspektiven und Hindernisse auf, immer auch in Einklang mit typisch betriebswirtschaftlichen Bereichen wie Grundlagen der Kommunikation, Teamentwicklung oder Führungsstil.

Seine Seminare und Vorträge für private Interessenten umfassen ein breites Spektrum wie Förderung der Kreativität, Spiritualität und Meditation für Erwachsene und Kinder, für die Anwendung im Alltag. Die leicht zu erlernenden Übungen und Techniken zielen darauf ab, wie wir uns in unserer Tätigkeit an die göttliche schöpferische Kraft des Universums anschließen können, was uns zu mehr Freude an der Arbeit und dadurch auch zu größerem Erfolg verhilft. Ein Buch für die Praxis über die Beziehung von Mensch und spiritueller Ökonomie ist in Vorbereitung. Eine Basis für dieses Buch bietet das Seminar »Motivation und Erfolg aus der Kraft der inneren Stille« mit dem Thema: »Der innere Gärtner im eigenen Garten«.

Unternehmensberatung & Training
Dr. Albin Peither
Bodenstedtstraße 36
D-81241 München
Tel. 0049 / (0) 89 / 17 80 91 20
Fax 0049 / (0) 89 / 17 31 95 06
e-mail: albin.peither@t-online.de
www.management-force.de
www.multivation.de

Geschichte und Bedeutung der Bundesgartenschauen

Laut Presseinformation verband sich mit der letzten Bundesgartenschau in Magdeburg (1999) ein fünfzigjähriges Jubiläum in der Tradition Gartenschauen durchzuführen. Nach dem Zweiten Weltkrieg war Hannover die erste Stadt, in der eine solche Veranstaltung (1951) stattfand. Diese stand noch ganz im Zeichen des Wiederaufbaus, indem man sie nutzte, das Gelände um die Stadthalle von Kriegsspuren zu befreien. Seitdem gab es in unserer Republik 25 Bundesgartenschauen (BUGA) beziehungsweise Internationale Gartenbauausstellungen (IGA). Dadurch entstanden in 17 Städten etwa 1.800 Hektar Park- und Gartenanlagen mit einer Besucherzahl von etwa 130 Millionen während der Ausstellungsdauer.

Die Bedeutung der Gartenbauausstellungen definiert sich heute, wie wir der Homepage der *Bundesgartenschau-Gesellschaft mbH* entnehmen, in der »*Entwicklung und Aufwertung der Grünsituation,* (der) *Rückgewinnung, Überarbeitung und Entwicklung neuer Grünräume und Grünverbindungen,* (der) *Sicherung ökologisch bedeutender Freiflächen* (und der) *Verbesserung der Wohn- und Verkehrssituation«.* Es ergebe sich daraus auch ein Konsens aus Umweltschutz und Wirtschaftsförderung.

Mir persönlich stellt sich dabei die Frage, ob sich diese positiven Zielsetzungen im Sinne eines ganzheitlichen Ansatzes zur Schaffung eines *menschengerechteren Lebensraumes Stadt* womöglich noch dadurch verstärken ließen, wenn man das Konzept der Gartenbauausstellungen gelegentlich mit dem einer Internationalen Bau- und Architekturausstellung verbinden würde, um so Wohn- und Gartenraum – zumindest auf einer begrenzten Fläche – zu einer harmonischen Einheit zu verbinden. Das könnte Modellcharakter finden für die Stadtentwicklung der Zukunft, die Kreativität genialer Gärtner und Architekten zusammenführen und bündeln.

In Potsdam entschied man sich für ein nachhaltiges und dezentrales Konzept der Stadtentwicklung in vier Kulissen, der historischen Innenstadt, den Orten am Fluß, dem BUGA- und späteren Volkspark im Bornstedter Feld und der Lennéschen Feldflur. Dadurch wurde unter anderem ein ehemaliges Militärgelände umgewandelt und eine Wiederannäherung an den historischen Stadtgrundriß sowie eine Rekonstruktion der großen gartenkünstlerischen Traditionen in Potsdam erreicht.

Quellen

Im Text enthaltene Zitate und wiedergegebene Inhalte entstammen:

Adorno, Theodor Wiesengrund: *Minima Moralia, ges. Schriften.* Frankfurt a. M. 1997

Andreas-Salomé, Lou: *Die Erotik, vier Aufsätze.* München 1979

Addison, Joseph: *Pleasures of the Imagination,* in: *Spectator* Nr. 411-412. London 1712.

Alberti, Leon Battista: *De Re aedificatoria.* Florenz 1485, in: *Architecture et Humanisme de la Renaissance.* Paris 1981

Boldt, Rosemarie / Eichler, Wolfgang: *Friedrich Wilhelm August Fröbel.* Köln 1982

Colonna, Francesco: *Hypnerotomachia Poliphili.* Genf / Bibliothèque Publique et Universitaire 1546

Dent, Jenny: *White Eagle.* Die Meisterseele. Grafing 1995

Dent, Jenny: *White Eagle.* Naturgeister und Engel. Grafing 1997

Dent, Jenny: *White Eagle.* Geistige Jahreszeiten. Grafing 1997

Fröbel, Friedrich Wilhelm August: *Aus dem pädagogischen Werk eines Menschenerziehers.* Berlin 1986

Gibran, Khalil: *Der Prophet.* Düsseldorf 1995

Giovetti, Paola: *Engel, die unsichtbaren Helfer des Menschen.* Genf / München 1991

Goethe, J. W. von: *Faust,* in: *Gesamtausgabe in 22 Bänden.* Essen 1982.

Heiland, Helmut: *Friedrich Fröbel in Selbstzeugnissen und Bilddokumenten.* Reinbek bei Hamburg 1982

Heine, Heinrich: *Das Buch der Lieder.* Hamburg 1827

Jai, Roni: *Sacred Gardens.* New Alresford / England 1998

Kleist, Heinrich von: *Über das Marionettentheater.* München 1970

Kohelet: *Das Hohelied / Das Lied der Lieder,* in: *Bibel.* Stuttgart 1980

Laotse: *Tao te king.* München 1989

Montaigne, Michel de: *Essays.* Zürich 1993

Nietzsche, Friedrich: *Werke.* München / Wien 1967

Platon: *Das Gastmahl – Symposion.* Hamburg 1993
Russell, Vivian: *Monets Garten.* Köln 1996
Saint-Exupéry, Antoine de: *Der kleine Prinz.* Düsseldorf 1976
Sartori, Ralf / Steidl, Petra: *Tango.* Die einende Kraft des tanzenden Eros. München 1999
Sartori, Ralf: *Der Ozeangarten, eine lyrische Novelle, Gedichte und Bilder.* Wangen i. Allg. 2000
Saudan, Michel / Saudan-Skira, Silvia: *Zauber der Gartenwelt.* Köln 1977
Schiller, Friedrich: *Über die ästhetische Erziehung des Menschen in einer Reihe von Briefen.* Stuttgart 1965
Schubart, Walter: *Religion und Eros.* München 1966
Sri Yukteswar Giri: *Die Heilige Wissenschaft.* Weilheim 1993
Tagore, Rabindranath: *Der Gärtner.* Freiburg i. Br. 1959
Tagore, Rabindranath: *Die Gabe des Liebenden.* Freiburg i. Br. 1968
Tompkins, Peter / Bird, Christopher: *Das geheime Leben der Pflanzen.* Frankfurt a. M. 1977
Wieland, Dieter: *Bauen und Bewahren.* Eine mehrteilige Sendereihe des Bayerischen Fernsehens.
Yogananda, Paramahansa: *Autobiographie eines Yogi.* Bern 1997